Citas con el cielo

✦ ✦ ✦

Citas con
EL CIELO

La historia verídica de un doctor
y sus encuentros con el más allá

✦ ✦ ✦

REGGIE ANDERSON
con JENNIFER SCHUCHMANN

Tyndale House Publishers, Inc.
Carol Stream, Illinois EE. UU.

Visite Tyndale en Internet: www.tyndaleespanol.com y www.BibliaNTV.com.

Visite www.citasconelcielo.com.

TYNDALE y el logotipo de la pluma son marcas registradas de Tyndale House Publishers, Inc.

Citas con el cielo: La historia verídica de un doctor y sus encuentros con el más allá

© 2014 por Reggie Anderson. Todos los derechos reservados.

Originalmente publicado en inglés en el 2013 como *Appointments with Heaven: The True Story of a Country Doctor's Healing Encounters with the Hereafter* por Tyndale House Publishers, Inc., con ISBN 978-1-4143-8045-2.

Fotografía de la portada © por peter zelei/Getty Images. Todos los derechos reservados.

Fotografía del autor © 2012 por Hatcher & Fell Photography. Todos los derechos reservados.

Diseño: Dean H. Renninger

Traducción al español: Raquel Monsalve

Edición del español: Mafalda E. Novella

Publicado en asociación con la agencia literaria de Creative Trust, Inc., 5141 Virginia Way, Suite 320, Brentwood, TN 37027.

El texto bíblico ha sido tomado de la *Santa Biblia*, Nueva Traducción Viviente, © Tyndale House Foundation, 2010. Usado con permiso de Tyndale House Publishers, Inc., 351 Executive Dr., Carol Stream, IL 60188, Estados Unidos de América. Todos los derechos reservados.

Library of Congress Cataloging-in-Publication Data

Anderson, Reggie.
    [Appointments with heaven. Spanish]
    Citas con el cielo : la historia verídica de un doctor y sus encuentros con el más allá / Reggie Anderson, con Jennifer Schuchmann.
        pages cm
        ISBN 978-1-4143-9162-5 (sc)
    1. Medicine—Religious aspects—Christianity—Anecdotes. 2. Healing—Religious aspects—Christianity—Anecdotes. 3. Future life—Christianity—Anecdotes. 4. Heaven—Christianity—Anecdotes. 5. Physicians—United States—Biography. 6. Anderson, Reggie. I. Schuchmann, Jennifer, 1966- II. Title.
        BT732.A5318 2014
        236'.2—dc23   2014008890

Impreso en Estados Unidos de América
Printed in the United States of America

20   19   18   17   16   15   14
7   6   5   4   3   2   1

Dedicado a Karen,
¡mi consejera, mi ancla!
Soli Deo gloria!

✦   ✦   ✦

Contenido

Prefacio

✦ ✦ ✦

Conocemos a Reggie Anderson desde hace más de veinte años. Las familias Anderson y Chapman han compartido muchos altibajos, lo que ha creado una unión que muy pocas familias llegan a conocer. Nuestros hijos crecieron juntos, fueron a la misma escuela, jugaron en los mismos equipos deportivos y compartieron mucho de su vida. Tanto así que en el 2009, nuestro hijo Caleb y Julia, la hija de ellos, se casaron, continuando así nuestra trayectoria. ¡Bueno, lo que falta es que ahora esos hijos nos sorprendan con un nieto o nieta!

Hemos experimentado juntos mucha risa, lágrimas, tiempos buenos y tiempos difíciles. En un hermoso día de sol, en la primavera del 2008, nuestra hija menor hizo su viaje a su hogar en el cielo, como resultado de un accidente en nuestra casa. Ese fue en verdad el día en que el mundo perdió sentido y nuestra vida se desmoronó. La vida, tal como la habíamos conocido, cambió para siempre. Dos de las primeras llamadas telefónicas que hicimos fueron a Karen y a Reggie Anderson. Ellos llegaron al hospital de inmediato, y han estado a nuestro lado en este increíblemente difícil camino desde entonces. Nos abrazaron, nos dieron hospedaje, y nos dieron su amor y compasión incondicionales una y otra vez en los primeros días, y en las semanas y meses siguientes. Fueron las manos y los pies de Cristo mientras nosotros comenzábamos a adaptarnos a nuestra nueva vida.

En los meses que siguieron a la pérdida de Maria, comenzamos el proceso de duelo, de sanación y de aceptar lo que había sucedido. Durante ese tiempo nos dimos cuenta de que Reggie escribía mucho en lo que supusimos que sería su diario personal. En cierto momento descubrimos que lo que él estaba comenzando a escribir eran historias de las pérdidas que había sufrido tanto en su vida personal como en su vida profesional de doctor en medicina. La muerte de Maria le había despertado el impulso de escribir su propia historia.

A medida que iba pasando el tiempo, nos dimos cuenta de que esos recuerdos estaban ayudando a Reggie a recibir sanidad y a reconciliar las partes difíciles de su vida. Él comenzó a identificar esas historias como citas divinas, y cuanto más escribía, más cuenta se daba de que Dios había estado creando un panorama mucho más grande del que él se había imaginado. Reggie también se dio cuenta de que él nunca había estado solo y que el Dios del universo había estado orquestando en su vida una elaborada historia de redención y de propósito, que ahora ha culminado en este profundo y brillante libro.

Dios le habla con claridad a Reggie en la forma de sucesos milagrosos. Reggie reconoce esos milagros por lo que son: obras divinas y deliberadas que Dios hace para que Reggie sepa que Dios lo ama y lo cuida. Este doctor, que es un hombre del campo, en el estado de Tennessee, ha sido bendecido con un don extraordinario. A medida que Reggie usa este don, él quiere ser fiel y decirles a otras personas las sorprendentes cosas que Dios hace para que lo podamos VER verdaderamente.

En *Citas con el cielo*, Reggie ha tejido un tapiz bellísimo, entrelazando sus propias experiencias con las historias de otras personas que ha conocido, ya sea a través de su familia, sus amigos o su práctica como médico. De manera conmovedora, Reggie comunica su transformación de un jovencito miedoso que sufría y huía de Dios, a un doctor sorprendentemente intuitivo quien ahora corre hacia Dios en tiempos de incertidumbre y de tragedia. Desde su encuentro con Cristo en un viaje de campamento, hasta conocer a

Karen, su esposa, Reggie en verdad escucha la voz de Dios de formas verdaderamente extraordinarias.

Reggie le ofrece a usted, el lector, un tesoro precioso. En primer lugar, su historia revela algo que usted y yo necesitamos escuchar, conocer y experimentar en el corazón... la verdad de que ¡Dios nos persigue de formas extremas y magníficas! En segundo lugar, provee un vistazo de los propósitos eternos de Dios. Las citas de Reggie con el cielo, entretejidas en historias verdaderas, revelan que Dios tiene un plan para cada uno de nosotros —un plan que incluye dolor, sorpresas y gozo—, y que hay una razón para todo lo que existe bajo el sol, si nosotros elegimos VER dicho plan.

Y ahora, usted, el lector, puede disfrutar de este libro por lo que es... una cita con el cielo que lo hará sonreír y llorar a medida que usted se sumerge en él.

Eligiendo VER a Dios en todo lo que sucede en la vida,
Mary Beth y Steven Curtis Chapman

P.D. Como apéndice a este prefacio, yo (Mary Beth) quisiera recordarle al lector que detrás de todo hombre extraordinario hay una mujer aún más extraordinaria... (ja, ja). Sin embargo, en el caso del doctor Reggie Anderson, es cierto. Karen es una mujer que demuestra en su vida el fruto del Espíritu. Yo la he visto ayudar a su esposo, hijos y amigos de forma maravillosa y con toda generosidad. Ella me ha enseñado a buscar y a perseguir la paz, y está llena de sabiduría. Sin Karen, Reggie no podría ser la persona que es, y todos los que los conocen saben que esto es verdad. Yo estoy en deuda con ella por el aliento que me ha dado a mí y que les ha dado a mis hijos... Te amo, querida amiga.

Parte 1:

SI HAY UN DIOS,
¿DÓNDE ESTABA?

Capítulo 1
EL PACIENTE

✦

SEPTIEMBRE DEL 2011
ASHLAND CITY HOSPITAL, ASHLAND CITY, TENNESSEE

Él era un orgulloso hombre de Alabama, de ochenta y dos años de edad, que yacía en una camilla en la unidad de cuidados intensivos, y aunque yo no sabía cuándo moriría, sí sabía la causa de su muerte. Por más de un año, este hombre había estado luchando con el síndrome mielodisplásico, una enfermedad en la cual la médula ósea deja de producir los glóbulos que se necesitan para luchar contra las infecciones. Su sistema inmunológico estaba deteriorado y había desarrollado una infección de estafilococos que era casi imposible de tratar. Su cuerpo se había vuelto séptico, y la inflamación estaba devastando sus órganos. Sabía que el hombre tenía los días contados, pero no podía soportar el pensamiento de que se fuera a morir.

Yo lo conocía de toda la vida. Era maestro y granjero, un hombre inteligente y determinado, orgulloso y obstinado. También era un hombre de mucha fe y no veía razón alguna para prolongar su vida en la tierra más allá del propósito que Dios tenía para él. Al igual que muchos de mis pacientes ancianos, él creía tener una cita con el cielo, y que Jesús lo estaba esperando al otro lado.

Como doctor, he visto lo que les sucede a los pacientes cuyos seres queridos no quieren dejarlos ir. Esas personas se aferran con desesperación al miembro de su familia y exigen que los médicos empleen medidas extraordinarias para mantener a la persona aquí, cuando, en realidad, el creyente moribundo solo quiere pasar tranquilamente al otro mundo. A veces los doctores pueden posponer por semanas o por meses la muerte de un paciente, pero a menudo eso involucra tomar medidas drásticas para mantener a la persona viva, conectada a máquinas y a tubos de alimentación. La calidad de vida del paciente no es lo que consideran los familiares cuando toman la decisión al principio y raramente es lo que el paciente desea.

Para el momento en que Dios lo llamara a su hogar, el hombre estaba listo.

Yo no quería mantener a este paciente vivo por medio de máquinas y tampoco lo deseaba él. No obstante, yo tenía buenas razones para alargarle la vida. Él tenía una familia unida, con muchos parientes, algunos de los cuales no vivían en la ciudad y esperarían tener la oportunidad de despedirse. Con intervención médica intensa, yo podría posponer su muerte el tiempo suficiente como para darles a esas personas la oportunidad de verlo una última vez. Su familia no estaba lista para dejarlo partir y yo me compenetré con eso totalmente. Yo tampoco estaba listo para que él se fuera.

Pensé en otras muertes que había presenciado, incluyendo una experiencia inolvidable que sucedió cuando era médico residente.

✦ ✦ ✦

Mientras estaba en la facultad de medicina, yo había cuidado a pacientes en lechos de muerte, pero esa fue la primera vez que yo, como el médico residente supervisor, estaría a cargo cuando muriera un paciente. No sabía qué esperar.

«Dr. Anderson —comenzó a hablar la anciana, cuya voz comenzaba a fallar—, por favor, ¿podría sostener mi mano? Voy a ir a ver a Jesús y necesito alguien que me escolte».

Aquella noche, tuve la experiencia de presenciar cuando se parte el velo, es decir, el velo que separa esta vida de la siguiente. Mientras sostenía entre mis manos las manos de la mujer que moría, sentí el calor que produjo su alma al pasar cerca de mi mejilla cuando dejó su cuerpo, arrastrada por una brisa inexplicablemente refrescante, en un cuarto de aire pesado. Percibí la conocida fragancia de lilas y de frutas cítricas, y supe que el velo se había separado para permitir que su alma pasara a través de él.

Desde aquella primera paciente, yo he caminado con muchísimos otros pacientes hasta la puerta del cielo y los he visto entrar al paraíso. En muchas ocasiones, mientras sostenía la mano de los moribundos, Dios me permitió un vistazo a la entrada del cielo, mientras observaba a cada paciente deslizarse al otro mundo.

He sentido que Jesús está en el otro lado, de pie en el vestíbulo del cielo, dándoles la bienvenida a los muertos que son renovados otra vez. He vislumbrado colores y vistas que son casi inexplicables y he escuchado sonidos más intensos que ninguna otra cosa que haya experimentado en este mundo en el que vivimos. He aspirado el aroma de las lilas, aromas cítricos, madera de cedro recién cortada y pan horneado, con más fragancia de la que pensé que fuera posible.

A veces he sido testigo de pacientes que dejan este mundo y que regresan. Cuando ellos comparten sus historias conmigo, a menudo he recordado aquella vez, cuando era joven y cuando Dios me permitió entrar al vestíbulo del cielo, aunque yo ya no creía que él fuera real.

Lo que estas experiencias tienen en común es la intensidad de lo que se ve, de los sonidos, las fragancias y los sentimientos que experimenté. El cielo es más real que cualquier cosa que experimentamos aquí, y el sentimiento de paz, gozo y amor sobrecogedor va más allá de cualquier descripción.

✦ ✦ ✦

Recuerdos de otros pacientes moribundos, así como de mis vistazos personales al cielo, me pasaron por la mente mientras estaba sentado al lado de mi paciente aquel día en la unidad de cuidados intensivos. Yo tenía la confianza total de que lo que le esperaba iba a ser mucho más gozoso que cualquier otra cosa que él hubiera experimentado.

Sin embargo, por egoísmo, no estaba listo para verlo desaparecer a través de la puerta. Como su médico de cabecera, la familia esperaba que yo los guiara. Yo podía recomendar que le hicieran una transfusión de sangre que le prolongara la vida por unos cuantos días más; con varias transfusiones, yo podría extender su vida por una semana o más.

O podía dejarlo ir.

De cualquier forma, sabía que su familia me escucharía y haría lo que yo sugiriera.

Tenía que tomar una decisión difícil, y mis decisiones médicas estaban complicadas por lo que mis pacientes y yo habíamos experimentado al otro lado del velo. No obstante, mi lucha era aún mayor debido a quién era yo.

Yo no era solo el médico del paciente... también era su hijo.

Capítulo 2
EL PRIMER SUEÑO

✦

Mi padre y mi madre venían de una larga línea de maestros, predicadores y granjeros. Durante generaciones, los granjeros nos enseñaron a trabajar duro; los predicadores nos enseñaron que sin Dios, el trabajo duro no significaba nada; y los maestros nos enseñaron que todo en la vida nos deja una lección.

Mis padres eran maestros de enseñanza secundaria. Estaban igualmente dedicados a enseñarnos a mis hermanos y a mí en el hogar, y no necesitaban libros de texto o de tecnología para hacerlo. En la primera parte de la década de 1960, la única tecnología que teníamos era un aparato de radio y un televisor Zenith blanco y negro, y no hubiéramos podido tener otras cosas, aunque hubieran estado disponibles. Nuestro libro de texto era la tierra en la cual vivíamos y la comunidad de la cual formábamos parte.

Crecimos en el campo en Plantersville, Alabama. El semáforo más cercano quedaba a más de treinta kilómetros en Selma. Mi padre enseñaba agricultura en la secundaria local y mi madre había dejado de enseñar economía doméstica mientras nos criaba a nosotros. Cathy, mi hermana mayor, era la única que estaba en la escuela en aquel tiempo, pero mis padres trataban de inculcarnos las mismas lecciones que enseñaban a sus estudiantes adolescentes en las clases. En nuestro hogar, mamá le enseñó a Cathy el arte de ser una ama de casa y papá nos enseñó a mí y a Tim, mi hermano menor, todo lo relacionado con la granja y criar animales. Desde el momento en que tuve edad para sentarme por mí mismo en el automóvil, mi papá me llevó consigo cuando visitaba a sus alumnos en sus granjas para evaluar sus proyectos de clase: típicamente, la crianza de animales para participar en ferias. Después de la visita, y en medio de los sacudones que daba el automóvil por esos caminos rurales, mi padre me decía lo que el alumno estaba haciendo bien y lo que él o ella debía hacer mejor.

«Algún día vas a tener tu propio ternero», me decía, mientras subrayaba la importancia de la comida correcta para el animal o la manera apropiada de cepillarlo. Mi padre sabía que la responsabilidad de cuidar a un animal le enseñaba a un muchacho lecciones que no podía aprender en los libros de estudio.

Todos los años, mi padre compraba uno o dos terneros para nosotros y los criábamos para tener carne. A los cuatro años de edad, yo mezclaba la leche y sujetaba la mamadera para que los animales tomaran la leche, hasta que eran lo suficientemente grandes como para comer granos y heno. Una vez, un cervatillo se enredó en el gallinero de mi abuelo y nosotros lo incluimos en nuestro pequeño grupo de animales y lo criamos igual que a los otros animales. Yo quería mucho a los animales que criábamos, pero también entendía que un día formarían parte de nuestra cena. Aunque no me deleitaba pensando en comer los animales que cuidaba, estaba agradecido por la carne, ya fuera de un ciervo, una vaca o una ardilla.

Mientras me ocupaba de mis tareas, dándoles de comer y cepillando a los animales o trabajando en la huerta, soñaba con llegar a ser veterinario y ayudar a los animales enfermos o heridos. Sin embargo, con solo predicadores, maestros y granjeros pobres como modelos, la carrera de veterinario resultaba tan realista como mi otra fantasía: ser un *cowboy*.

✦ ✦ ✦

A menudo, después de terminar nuestras tareas, toda la familia miraba televisión. Teníamos tres canales y cada uno de nosotros tenía su programa favorito. A mi padre le gustaban las noticias de la tarde, mientras que Cathy, Tim y yo preferíamos el programa de *Popeye*. Juntos nos reíamos de las payasadas de nuestro querido marinero mientras trataba de salir de un aprieto, o de salvar a Olivia Olivo, usando solamente el cerebro, la fuerza física y una lata de espinacas. El primo Cliff, el mago de buen corazón, vestido con una chaqueta y una gorra de marinero, era el anfitrión del programa, y entre los dibujos animados deleitaba a sus jóvenes admiradores con títeres y trucos de magia.

Una de las primeras cosas que recuerdo sucedió un caluroso día de junio de 1962, cuando yo tenía cuatro años y medio de edad. Estábamos mirando *Popeye*, y cuando el programa terminó, el primo Cliff hizo un anuncio extraordinario. Él y Popeye iban a tener una competencia.

«¿Les gustaría ganarse este hermoso poni Shetland?», preguntó el primo Cliff.

En la pantalla, una película medio borrosa lo mostraba a él llevando un poni alrededor del establo. Un niño con ropa de montar y un sombrero de *cowboy* estaba en la silla del poni y sostenía las riendas. El primo Cliff continuó: «Viene completo con brida y silla, listo para que lo monten, y es el primer premio en un concurso que tenemos Popeye y yo».

Es difícil imaginarse algo que entusiasme más a tres niños de Plantersville que el pensamiento de tener un animal tan bello y que podríamos turnarnos para montar. Admiramos su crin larga y sedosa mientras nos imaginábamos montados en el caballito y sujetando las riendas.

«Lo que tienen que hacer es enviarle una postal a Popeye a la estación WAPI en Birmingham. No tienen que escribir nada, no tienen que enviar la tapa de ninguna caja de comida y no tienen que comprar nada», dijo el primo Cliff.

«Mamá, ¿podemos entrar en el concurso?», le pregunté.

«Todos los que miran el canal 13 —nos recordó Cliff—, tienen la oportunidad de ganarse el poni».

Cathy se unió a mi súplica: «*Por favor*, ¿podemos mandar una postal para el poni?».

Mamá estuvo de acuerdo, e hizo de la situación una lección de lectura, escritura y cómo trabajaba el sistema postal. Nos dejó a cada uno elegir una postal y nos mostró cómo poner la dirección y escribir nuestro respectivo nombre y dirección, aunque tuvo que escribir casi todo en la tarjeta de Tim y en la mía. Nos dio a cada uno una estampilla de correo para que le pasáramos la lengua y nos mostró dónde la debíamos colocar.

«Los voy a llevar al correo por la mañana para que las pongan en el buzón», nos prometió.

Para un niño de cuatro años y para su hermana de siete, y aún para nuestro hermanito de dos años, ganar un poni sería como descubrir oro.

Cathy ya estaba hablando sobre la forma de cepillar a un poni y sobre ponerle cintas en la melena. «Quiero un vestido de vaquera que haga juego, para usarlo cuando cabalgue en el poni», dijo ella.

Mis pensamientos eran más prácticos.

«Yo voy a montar el poni para traer el ganado cuando sea la hora de darle de comer», dije, recordando las películas de *cowboys* que había visto en la televisión. A los cuatro años y medio de edad, mis sueños no se basaban en la realidad. No había considerado que nunca teníamos que traer los terneros a la hora de darles de comer. Simplemente seguían a papá hasta el abrevadero cuando él traía el balde de la comida.

A la mañana siguiente, cuando mamá nos llevó a la oficina de correos, todavía estábamos pensando en todo lo que podríamos hacer con el poni.

«Yo puedo montarlo cuando juegue a los *cowboys* e indios», dije desde el asiento posterior del automóvil.

«Cuando me gane el poni, ¡yo voy a montarlo para ir a la escuela!», dijo Cathy.

Su comentario me preocupó. Volví mi atención a mamá, que estaba en el asiento delantero.

—No mandes las tarjetas de Tim y de Cathy —le dije.

—¿Por qué no? —me preguntó.

—Anoche tuve un sueño, y Dios me dijo que yo iba a ganar el poni, así que solo tienes que enviar *mi* tarjeta.

Cathy me miró como si yo estuviera loco, así que no entré en detalles, pero la noche anterior había tenido un sueño en el cual yo estaba montando el poni a pelo, en un campo cubierto de tréboles rojos. El cielo estaba claro y el aire era fresco. Una voz con autoridad, aunque no en tono alarmante, me habló: «Tú vas a ganar ese poni, pero lo debes compartir con todos los que quieran montar ese caballo especial». La voz era calmada y tranquilizadora, y de inmediato supe que era Dios. Luego me parafraseó algo que yo había escuchado en la iglesia: «A quien mucho se le da, mucho se le exige».

No compartí esos detalles ni con Cathy ni con mamá. En cambio, continué con lo que pensaba que era un razonamiento lógico. «Cathy y Tim no van a ganar, así que no envíes las tarjetas de ellos para que no se sientan desilusionados», le dije.

Por supuesto que yo tenía mucho que aprender acerca de las relaciones entre hermanos.

«Eso no es justo; ¡yo quiero enviar mi tarjeta también!», protestó Cathy.

«¡Yo quiero ese poni!», dijo Tim llorando, sin entender lo que estaba sucediendo.

Para entonces, mamá había estacionado el automóvil y apagado el motor. Ella se volteó y me miró a mí, que estaba sentado en el asiento de atrás. Hizo una pausa antes de hablar y me miró a los ojos. Yo podía ver que ella estaba eligiendo las palabras con cuidado.

—Reggie, hay miles de niños que han enviado tarjetas. No quiero que te sientas desilusionado si no ganas.

—No me voy a desilusionar —dije con completa confianza—, porque yo *voy* a ganar ese poni. Dios me lo dijo en mi sueño.

Ella suspiró.

—Si Dios elige a otro niño, quiero que sepas que él sigue siendo real y no quiero que te enojes con él si no ganas.

—Entiendo, mamá, pero yo voy a ganar —dije mientras tiraba de la manilla de la puerta del automóvil.

Los cuatro entramos a la oficina de correos y mamá le explicó al cartero, el señor Fisher, que nosotros teníamos tarjetas para enviarle a Popeye. Él no se sorprendió; aquel día ya había habido una gran cantidad de niños entusiasmados con tarjetas.

—Yo voy a ganar ese poni —le dije con confianza al señor Fisher mientras le entregaba mi tarjeta.

—Bueno, hijo, no te ilusiones demasiado —me dijo con voz amable—. Muchos otros niños y niñas también han enviado sus tarjetas.

Yo quería decirle al señor Fisher que las grandes esperanzas que tenía no eran simplemente ilusiones, que yo estaba seguro. Y que eso no venía de mí —venía de Dios—, pero todavía no tenía las habilidades lingüísticas para expresar todo lo que estaba pensando. Además, se me estaba haciendo obvio que la gente encontraba difícil creerme.

—Sí, señor —le dije con cortesía.

✦ ✦ ✦

Mi mamá dice que yo aceptaba la fe en Dios con más facilidad que mi hermano y mi hermana. Si eso es cierto, no recuerdo por qué o cómo. Crecí en el campo y no recuerdo un tiempo en el cual no creyera en Dios. Mi fe era tan real para mí como la arcilla roja que pisaban mis pies descalzos y con callos, y Dios era tan suave como el algodón que volaba de los campos. Al igual que las hierbas del campo, que echaban raíz y crecían en toda dirección sin que nadie las cuidara. Yo sabía que Dios estaba tan presente en mi vida como los centenarios robles que crecían en nuestra tierra. Su bondad, gracia y misericordia eran tan vivas y abundantes para mí como las palomas, las ardillas y los pinos que veía todos los días.

Por supuesto que creciendo en el sur del país, también teníamos religión formal. Mis padres eran típicos bautistas, presentes en la iglesia cada vez que se abrían las puertas. Aunque siempre asistía con ellos, no siempre estaba de acuerdo con lo que escuchaba. Yo prefería pensar que Dios usaba miel y no vinagre para atraer a sus seguidores, y cuando los predicadores de las campañas de avivamiento hablaban acerca del infierno, yo me cerraba un poco.

Mamá enseñaba una clase de la escuela dominical y papá era diácono, así que yo siempre estaba dentro o alrededor de la iglesia, pero a diferencia de mis padres, nunca abracé la idea de que Dios estaba *en* la iglesia. Dios estaba *en todos lados.* Yo escuchaba sus sonidos en el lago mientras pescaba y lo veía cuando yacía sobre mi espalda en el campo mirando los cúmulos de nubes que se desplazaban en un mar de cielo azul. Para mí, estar cerca de Dios no era estar sentado en silencio en la iglesia; era estar quieto en presencia de su creación y escuchar su voz suave y apacible. Dios era tan visible y presente como el paisaje, especialmente en las estribaciones de los montes Apalaches. La vida al aire libre se había convertido en mi catedral; y de la tierra, Dios nos había bendecido grandemente con comida, ropa y un hogar.

No había nada más que yo necesitara... o quisiera.

✦   ✦   ✦

Nuestra familia estaba trabajando en el huerto cerca de nuestra casa y Tim estaba durmiendo la siesta cuando a través de una ventana abierta escuchamos que sonaba el teléfono. Mamá corrió adentro a contestar la llamada. Muy pronto nos llamó desde la puerta: «¡Dejen lo que están haciendo y entren!».

Dejé el azadón y con cuidado caminé entre los brotes que ya comenzaban a asomarse en la tierra.

«¡Apúrense!», nos dijo.

Papá, Cathy y yo nos apresuramos y cuando entramos en casa, mamá estaba en la sala tratando de hacer funcionar el televisor. Yo podía escuchar la estática cuando entré por la puerta de atrás.

«Todavía está en la CBS; ¡alguien corra afuera para cambiar la antena!», gritó mientras continuaba ajustando el dial.

«¿Qué pasa?», escuché preguntar a mi papá mientras corría hacia la parte de atrás de la casa donde estaba la antena. Dos de las tres estaciones nos llegaban de Birmingham y la tercera era de Montgomery. Alguien tenía que salir de la casa, mover manualmente la antena en la dirección de la señal y entonces nosotros gritábamos a través de la ventana para que la colocara en la posición correcta si queríamos ver una estación que venía de la otra dirección.

—¿Está funcionando? —gritó él.

—Un poco más a la izquierda —dijo mamá.

Él la ajustó de nuevo.

—No, no tanto —dijo mamá, y enseguida agregó—: ¡Allí mismo!

La estática había cesado y ahora yo podía escuchar la voz conocida del primo Cliff.

—¿Qué pasa? —dijo papá mientras entraba apresuradamente por la puerta de atrás y se unía a nosotros en la sala.

—¡Shhh! —dijo mamá señalando hacia el televisor.

«Hoy, más temprano, sacamos la tarjeta para el primer premio de nuestro concurso —dijo el primo Cliff—. ¡Felicitaciones al ganador de Tex, el poni, Reginald Anderson de Plantersville!».

Cathy y mis padres se veían atónitos.

El primo Cliff continuó: «Te vamos a llamar la semana próxima, Reginald, y ¡Tex casi no puede esperar para que lo montes!».

En ese momento todos se volvieron a mirarme. Esperaban una respuesta, o una explosión de emociones, pero yo no estaba seguro de qué hacer o decir. Estaba agradecido, pero no sorprendido.

—Reggie, ¡ganaste el poni! —dijo Cathy, dándome un abrazo.

—Lo sé —le dije en voz baja—. Te lo dije.

—¿Pero cómo lo sabías? —me preguntó mamá.

—Dios me lo dijo en mi sueño —le recordé.

Una semana más tarde, Tex, el poni, llegó en medio del toque de trompetas a Plantersville. El primo Cliff salió del automóvil con su gorra de marinero y ayudó a bajar al poni, un Shetland blanco y negro, del remolque. Sosteniendo en sus manos las riendas, llevó a Tex hasta el patio del frente de la casa, donde toda la familia estaba de pie. Después de que el primo Cliff ensilló a Tex, yo lo monté, y luego el primo Cliff ayudó a Cathy a montarlo detrás de mí. Yo sostuve las riendas mientras Cathy sostenía un muñeco de Popeye que le había dado el primo Cliff. Papá y mamá estaban de pie detrás de nosotros con Tim, quien no entendía lo que estaba pasando. Por razones que no pude entender, de pronto me convertí en una celebridad local. Una multitud de personas estaba allí y un fotógrafo sacaba fotos mientras otro hombre de la estación WAPI nos filmaba. Cathy y yo tomamos turnos cabalgando el poni por el jardín y una semana más tarde, nos vimos en la misma escena, solo que esta vez fue en la televisión. Cathy y yo nos veíamos felices. Mamá y papá tenían miradas perplejas.

Aproximadamente unas quinientas personas vivían en Plantersville en aquel entonces y en las siguientes semanas nos hicimos amigos de muchas de ellas. Creo que todo el mundo escuchó acerca del niño de la localidad que había ganado el poni y pasaban por nuestra casa para que sus hijos pudieran montar a Tex. La gente estaba sorprendida de la buena suerte que yo había tenido, pero yo sabía que todo había sucedido tal como tendría que haber sido.

La forma en que Dios dijo que sucedería.

Una vez que mis padres se sobrepusieron del asombro, creo que estaban contentos con las lecciones que vinieron con Tex. Yo aprendí a compartir a Tex, no solo con mis hermanos sino también con la comunidad. Aprendí a darle de comer y a cepillarlo, así como a limpiar su establo.

También hubo otras lecciones menos obvias pero más importantes que aprender. Aprendí que Dios me habla, que nos habla a todos, pero que escucharlo requiere de fe. Aprendí a confiar en Dios y a tener fe en mis experiencias con él, aun cuando otros se mostraban escépticos. Además aprendí que Dios obraba en forma activa en mi vida, que él es bueno y que tenía planes para mí.

Sin embargo, algunas de esas lecciones muy pronto fueron olvidadas y tuve que aprenderlas de nuevo de la forma más dolorosa imaginable.

Capítulo 3

EL DÍA QUE MURIÓ PAPÁ NOEL

✦

DICIEMBRE DE 1965
PLANTERSVILLE, ALABAMA

Cristo siempre fue una parte de la Navidad en Plantersville. Ya sea que estuviéramos en casa, en la iglesia o aun en la escuela, se nos relataba la historia del nacimiento virginal a través de las palabras del libro de Mateo. En aquellos días no se escuchaba el término «vacaciones de invierno»; teníamos «vacaciones de Navidad», y todos en el pueblo asistían a una de las tres iglesias cristianas que estaban alrededor de la plaza, rodeada de árboles, en el centro de la ciudad. Todos los años, nuestro árbol se decoraba con los mismos adornos plateados y luces intermitentes. Aunque el pesebre que estaba debajo de sus ramas era arreglado todos los días, el niño Jesús siempre se colocaba al frente y al centro.

Los días que precedieron a mi octava Navidad no se sintieron diferentes de los días que llevaron a mis previas siete Navidades. Cortábamos un árbol y lo colocábamos en el mismo rincón de la casa. El aroma del pino recién cortado y las pegajosas pinazas que caían nos permitían comenzar a soñar con los juguetes que Papá Noel nos traería pronto. La Navidad era predecible en cuanto a las tradiciones y lo mismo era Papá Noel.

No obstante, esa Navidad sería diferente. Durante el intercambio de regalos de mi clase de tercer grado, el automóvil de juguete que yo había traído no era el regalo más grande ni el más bonito, pero fue recibido con una gran sonrisa y un entusiasta «¡Muchas gracias!». Sin embargo, cuando me llegó el turno de abrir mi regalo, me sentí desilusionado de ver que el que me lo regalaba era Arthur. Todo el mundo sabía que la familia de Arthur luchaba para poner comida en la mesa. Arthur usaba ropa remendada y zapatos rotos. Aunque me sentí triste de no recibir un juguete nuevo, me propuse no dejar ver mi desilusión. Yo sabía que lo que fuera que me regalara Arthur sería más de lo que su familia podía gastar.

Arthur debe haberse sentido tan incómodo como yo cuando levanté la tapa de la cajita y vi el paquete de pastillas. Mi regalo ni siquiera era un juguete; ¡era un paquete de dulces! Mis compañeros de clase contuvieron el aliento mientras esperaban ver mi reacción. «¡Son mis favoritas!», le dije al tiempo que me ponía una en la boca. Todo el mundo se sonrió, pero la sonrisa de Arthur fue la más grande de todas.

Yo me sentía verdaderamente agradecido por el regalo de Arthur. Sentía lástima por él; debía ser difícil ser tan pobre.

✦ ✦ ✦

Aquel año yo no me sentaría en las rodillas de Papá Noel en la tienda Woolworth. Como ya tenía ocho años de edad, estaba demasiado grande para eso. En cambio, Tim, mi hermano, y yo decidimos que una carta lograría el mismo propósito. Nos sentamos a la mesa de la cocina, con papel y lápiz en nuestras manos, y nos quedamos extasiados mirando los catálogos con todas esas posibilidades. En nuestras cartas, no solo le dijimos a Papá Noel todo lo que queríamos con lujo de detalles, sino que también le informamos que había sido un buen año, que la mayor parte de las veces habíamos obedecido a nuestros padres y que no nos habíamos peleado mucho.

También le recordamos lo duro que habíamos trabajado.

En aquella época, mi papá era el único que tenía un trabajo fuera de la casa y que ganaba un sueldo. Mamá nos cuidaba y atendía nuestro huerto; ella envasaba frutas y vegetales para que tuviéramos comida durante todo el invierno. Aquel año el dinero era muy escaso en nuestro hogar. Mis padres habían ahorrado todo lo posible para comprar una vieja escuela que iban a echar abajo. El plan era usar los ladrillos y la madera que se podía rescatar para construir una nueva casa para nuestra familia en aumento, pero sus escasos ahorros no eran suficientes para eso. Sin pedir dinero prestado no podrían comprar el destartalado edificio, y sin los materiales que pudieran sacar de allí, nunca podrían construir una nueva casa. Así que aunque detestaban tener que hacerlo, pidieron dinero prestado.

Puesto que no había dinero disponible para contratar ayuda, nos tocó a mi hermano y a mí rescatar los materiales de construcción del edificio. Tim y yo hicimos lo que pudimos limpiando los viejos ladrillos, sacando los clavos de los trozos de madera y separando la madera que se podía usar de las tablas que estaban tan dobladas que era imposible usar. Entonces, cuando no tenían tareas por hacer, que era casi nunca, mi padre y mi abuelo usaban los materiales que servían para construir nuestra nueva casa. Tim y yo ayudábamos cuando podíamos. Con seguridad, esto nos ganaría más buena voluntad de Papá Noel.

El día de Navidad me levanté antes que nadie, pero la tradición y el respeto establecían que no debía acercarme al árbol con la pila de regalos hasta que mis hermanos estuvieran a mi lado. Desperté a Tim y a Cathy, lo cual no fue difícil. Estaban tan entusiasmados como yo por ver la cantidad de regalos que cada uno había recibido del hombre con la barba blanca.

Los tres corrimos a la sala donde estaba el árbol de Navidad, pero nos detuvimos de golpe cuando vimos algo que no esperábamos. La pila de regalos al pie del árbol no era en realidad una pila. En realidad, solo vimos dos paquetes: uno con el nombre de Cathy y el otro con el nombre de Tim.

«¿Dónde están todos los regalos?», preguntó Tim, desilusionado por lo poco que había al pie del árbol.

«Oh, ¡esto es para mí!», dijo Cathy con voz chillona cuando vio dos muñecas sencillas apoyadas en el lado derecho del tronco del árbol.

La pregunta de Tim todavía parecía sonar en el aire, pero él se repuso. «¡Soldados!», gritó, cuando vio las figuras vestidas de verde en el costado. En el árbol, vi un sobre grande que tenía mi nombre, pero eso era todo. No había ningún otro regalo a la vista. *¿Habría escondido los regalos Papá Noel? ¿Habría una clave dentro del sobre?* Cathy estaba encantada con las muñecas y escuché que Tim le gritaba a uno de los soldados: «Póngase en formación». Yo saqué la carta del sobre; me temblaban las manos de la anticipación, o tal vez de temor. La carta estaba escrita en la misma clase de papel en que yo le había escrito a Papá Noel, pero esta vez él la había escrito y estaba dirigida a mí.

«Querido Reggie —comenzaba la carta. Me sorprendí que estuviera escrita con la letra de mi madre—. La escopeta de aire comprimido que recibiste para tu cumpleaños es también tu regalo de Navidad. Siento mucho que Papá Noel no te pueda traer otra cosa este año. El año próximo será mejor. Recuerda que tus padres te aman mucho. Papá Noel».

Totalmente abrumado, hice lo que hubiera hecho cualquier niño de ocho años de edad. Rompí en llanto y lloré en forma incontrolable.

Por supuesto que me acordaba de la escopeta. Yo la había pedido para cazar ardillas para alimento de la familia. Como granjeros, nosotros cosechábamos lo que comíamos, y como cazadores, matábamos los animales que comíamos. Yo necesitaba esa escopeta para hacer mi parte. Mirando de nuevo la carta manchada por las lágrimas, recordé que papá había dicho que un arma era un regalo caro, pero que de alguna forma lo habían podido comprar. No obstante, ahora, el día de la Navidad, mientras mi hermano y mi hermana tenían en sus manos sus nuevos juguetes y me miraban boquiabiertos, yo estaba tratando de entender cómo Papá Noel, con todos sus recursos, no había podido comprar algo para mí. Me tiré sobre el sofá y lloré con más intensidad.

Mis padres se despertaron con el ruido y corrieron a la sala. Dejé de llorar el tiempo suficiente para recuperar el aliento y ellos comenzaron a hablar en voz baja.

—No pensé que iba a sentirse tan herido —dijo mamá—. Yo nunca recibí regalos de Navidad cuando era niña.

—Yo tampoco me imaginé que iba a suceder esto —dijo mi padre.

Al escuchar eso, gemí todavía más fuerte. Ellos no entendían. Yo no solo me sentía mal por no haber recibido ningún regalo, sino que me sentía herido porque mi hermana mayor y mi hermano menor *habían recibido regalos*. ¿Por qué Papá Noel había podido traerles regalos a ellos y no a mí? Aun Arthur pudo comprar un paquete de pastillas. ¿No podía Papá Noel haber comprado *algo* para mí?

Oculté la cabeza en el almohadón y continué llorando. Mamá se sentó a mi lado en el sofá y me frotó la espalda. Cuando terminé de llorar, me di vuelta, me puse de lado y la miré. «¿Por qué? —le pregunté—. ¿Por qué fui yo el único que no recibió un regalo?».

Mamá se puso de pie de golpe y se fue a otro lugar con mi padre. Yo los podía escuchar susurrando. Después de que terminaron de hablar, mi padre tomó el teléfono. Secándome las lágrimas con la palma de la mano, de pronto me sentí lleno de esperanzas.

—¿Está llamando a Papá Noel? —pregunté.

—No, está llamando al señor Tom Tomlinson —dijo mi mamá.

Al principio, me sentí desilusionado. No veía la forma en que eso iba a ayudar a la situación. El señor Tomlinson era el dueño de la ferretería local. *¿Qué podría hacer él?*

Entonces escuché lo que decía mi padre. Él estaba tratando de persuadir al hombre para que abriera su negocio el día de Navidad. «Solo será por unos minutos —le dijo papá—. Papá Noel se olvidó de mi hijo y yo tengo que hacer algo al respecto. Queremos ir a su negocio y elegir una bicicleta».

Aparentemente, eso despertó la atención del señor Tomlinson y también mi atención. *¿Una bicicleta nueva?* ¿Podía ser verdad? ¿Iba a elegir yo una bicicleta nueva para la Navidad?

Papá pudo persuadir al señor Tomlinson de que él era la clase de cliente que merecía que le abrieran la ferretería el día de la Navidad. Papá colgó el auricular, agarró sus llaves y me dijo: «Ven, hijo, vamos a la ferretería». Esto era mucho más de lo que yo hubiera esperado. Papá Noel se había olvidado de mí, pero papá y mamá estaban a punto de arreglar eso de la mejor forma posible: ¡una bicicleta nueva! Sentado en el asiento delantero del automóvil, no podía contener mis emociones. Silbé y moví las piernas durante todo el viaje. Nunca había demorado tanto tiempo llegar a la ciudad como aquel día de Navidad.

Cuando estacionamos el automóvil, noté que la ciudad estaba desierta. No pensé que la ferretería estuviera abierta hasta que vi que se encendía una luz adentro. El señor Tomlinson nos dio el encuentro en la puerta y nos guió hacia donde estaban las brillantes bicicletas en el fondo. «Aquí están», dijo el señor Tomlinson con un ademán teatral.

Miré a mi padre con anticipación. «Mira bien y fíjate cuál es la que te gusta», me dijo, señalando hacia la hilera de armazones de metal y ruedas negras. Caminé varias veces alrededor de las bicicletas antes de ver una roja, de carrera, marca Schwinn, de tamaño de hombre. Tenía letras pintadas en blanco, frenos en el manubrio y los pedales daban vueltas cuando ponía los pies en ellos. Esa bicicleta sería mi orgullo para siempre.

Papá miró la etiqueta del precio y luego miró al señor Tomlinson. Mientras me imaginaba andando en esa bicicleta por rampas y colinas, vi que mi padre y el señor estaban mirando los precios de unas bicicletas cercanas marca Huffy. «¿Quieres mirar una de estas?», me preguntó papá.

No quise. Yo quería la bicicleta roja marca Schwinn.

«Está bien, la compramos», le dijo papá al señor Tomlinson.

«¡Gracias!», le dije a mi padre con efusión, dándole un abrazo estilo oso. El rostro de mi padre se iluminó al igual que el árbol de Navidad que nos esperaba en casa.

Mientras el señor Tomlinson y mi papá caminaban hacia el frente de la tienda, hablaron sobre el precio. Yo tomé la bicicleta y con mucho cuidado la llevé hasta el frente de la ferretería. Cuando llegué a la caja, escuché decir a mi padre: «Creo que el precio es razonable; el problema es que no tengo esa cantidad de dinero. ¿Puedo darle un dólar hoy y un dólar por semana hasta cubrir el precio?».

No pude escuchar lo que le dijo el señor Tomlinson, pero era claro que no estaba feliz.

—Por favor, es para mi hijo y hoy es Navidad —le dijo mi padre.

—¡Sé que es Navidad! Vine especialmente para abrir la ferretería para usted, ¿y ahora me dice que no tiene dinero para pagarme?

—Por favor, ¡le ruego que acepte! —le dijo mi padre en un susurro que se suponía que yo no escuchara—. Le prometo que voy a venir todos los viernes y que le voy a pagar lo que pueda. —La voz de mi padre sonaba desesperada. Yo sabía que mi padre no estaba pidiendo que le regalaran nada —estaba pidiendo crédito—, pero para él era lo mismo. Nunca había visto a mi padre actuar de esa forma. Él jamás le rogaba nada a nadie. Era un hombre orgulloso y nunca pedía ayuda.

Entonces todo se me hizo claro.

Papá Noel no se había olvidado de mí.

El bondadoso hombre que usaba un traje rojo, en el cual yo había creído por tantos años, nunca hubiera permitido que mi padre se humillara pidiendo algo que con tanta facilidad él mismo me hubiera podido traer. A menos que Papá Noel no tuviera el poder que yo creía que tenía. O no era real. Entonces fue cuando lo supe. No había Papá Noel. No existía.

Los hombres terminaron de hablar, y yo miré mientras la puerta se abría y sonaba la campanilla. «Muchas gracias. Usted no sabe lo que significa esto para mí», dijo mi padre dándole la mano al señor Tomlinson. Él sostuvo la puerta abierta mientras yo sacaba la bicicleta y la dirigía hacia el automóvil. Caminamos hacia el vehículo, y yo miraba hacia delante, para no tener que mirar a mi padre a los ojos. Pusimos la bicicleta en la maletera. «Es muy linda», dijo papá, pero para mí, la bicicleta había perdido su brillantez.

Avergonzado por lo que había visto y por la forma en que había actuado, con todo gusto hubiera devuelto la bicicleta a cambio del orgullo perdido de mi padre. Pero sabía que no podía deshacer lo que ya había pasado. Papá se había rebajado para que yo tuviera una bicicleta. Él lo sabía y el señor Tomlinson lo sabía, y para el Año Nuevo, todo el pueblo lo sabría. Así que ahora lo que yo tenía que hacer era fingir que no me había dado cuenta de eso; era la única forma de hacer que el sacrificio de mi padre valiera la pena.

Durante todo el camino a casa traté de mantener la apariencia de felicidad.

—¿Te gusta tu bicicleta?

—¡Es la mejor bicicleta del mundo!

—¡Es probable que te dure muchos años!

—Probablemente el resto de mi vida —dije con todo el entusiasmo que pude expresar—. Muchas gracias por comprármela.

Cuando llegamos a casa, papá me ayudó a sacarla del automóvil.

—¿Puedo salir a dar una vuelta en la bicicleta ahora? —pregunté.

—Por supuesto que sí, pero no demores mucho. Tu mamá va a servir el almuerzo de Navidad pronto. —La sonrisa de papá le iluminó el rostro, y yo monté en la bicicleta y pedaleé tan rápido como me fue posible por la calle.

Él interpretó mi ansiedad por salir como que estaba encantado con mi nueva bicicleta. La verdad era que yo no podía soportar verlo cuando le dijera a mi mamá cuánto le había costado la bicicleta y lo que había tenido que soportar para comprármela.

Mientras pedaleaba con rapidez por el camino rural, más allá del crecido riachuelo, no podía sacarme de la mente la escena de la que había sido testigo en la ferretería. Tan pronto como me perdí de vista, me salí del pavimento. Pedaleé dejando atrás las moreras y entré al bosque. Allí me bajé de un salto de mi bicicleta nueva y la empujé por el campo. Una vez que me escondí, dejé que la bicicleta cayera suavemente en la tierra y luego me dejé caer al lado de ella. Allí, en medio de las secas hojas de los árboles y las enredaderas, lloré lágrimas calientes de vergüenza, y me prometí que nunca más iba a permitir que sucediera algo como eso.

✦ ✦ ✦

Cuando terminaron las vacaciones de la Navidad, regresé a la escuela y le rogué al conserje que me diera trabajo. Por veinticinco centavos al día, yo ayudaba al conserje a vaciar papeleras, borrar los pizarrones y a recoger basura.

Papá Noel murió para mí aquella Navidad. Desde entonces supe que no habría más cosas gratis en la vida. Si yo quería algo, tendría que ganármelo.

Capítulo 4
UNA PERSONA DEL CAMPO

✦

De joven, ya sabía la importancia de haber nacido en determinado lado de las vías del ferrocarril, aunque no entendía por qué. Aunque éramos pobres, vivíamos en la calle Mulberry, que quedaba en el lado correcto de las vías del ferrocarril. Nuestra casa estaba a la sombra de una mansión llamada «La Casa», que había sido construida antes de la Guerra Civil de Estados Unidos por el rey Algodón, y que ahora era propiedad de la familia Martin, quienes reinaban allí.

Mac Martin, el hijo mayor de ellos, y yo éramos amigos, y a mí me recibían en la histórica casa donde la familia me trataba como si fuera uno de ellos. Sin embargo, yo sabía que existían diferencias económicas entre nosotros. Un día, las puertas de la prestigiosa Auburn University se abrirían de par en par para Mac. Si yo trabajaba duro, las puertas de la University of Alabama se abrirían un poquitico para mí, y yo podría esforzarme para entrar a través de ellas.

Sin embargo, para otro de mis amigos, las puertas *nunca* se abrirían.

Sam también vivía en la calle Mulberry. Económicamente, mi familia estaba mucho más cerca de la familia de Sam que de la familia Martin, pero Sam vivía del otro lado de las vías del ferrocarril. A pesar de los durmientes que nos separaban, compartíamos el mismo placer de cazar ardillas. Con su perro y mi rifle calibre

.22, nos abríamos camino en el bosque, y con esas excursiones se desarrollaron lazos de amistad, al igual que con Mac. No obstante, los adultos de alrededor de nosotros veían las cosas de otra manera, y yo vi los efectos del prejuicio de ellos. Por ejemplo, Sam no podía ir a la casa de Mac conmigo. Yo era demasiado chico como para darme cuenta de que la razón era el color de su piel. Para mí, el que Sam fuera negro no importaba más que el hecho de que Mac y yo fuéramos blancos.

Sin embargo, le importaba a mucha gente, y en marzo de 1965, la Guardia Nacional se instaló en nuestra ciudad y nos pidió a todos que nos quedáramos dentro de nuestras casas. Habían sido enviados para mantener la paz mientras los que marchaban por los derechos civiles entraban a la ciudad de Selma, a unos treinta kilómetros de mi casa. Desde ese entonces, parecía que los discursos flotaban en el aire y lo que escuchaba dependía de la puerta que yo abría.

Cuando abría una puerta en un lado de la vía, aun después de dos años de haber dado su discurso, escuchaba esperanza y optimismo para el futuro mientras alguien repetía los puntos resaltantes del discurso de Martin Luther King «Tengo un sueño». No obstante, si la puerta estaba del otro lado de las vías, se abría a la retórica del Antiguo Sur y a los derechos de los estados, a medida que George Wallace, el gobernador de Alabama, se expresaba y trataba fervientemente de aferrarse al pasado. Pasarían años antes de que esos umbrales al futuro pudieran ser cruzados libremente y que las barreras fueran derribadas.

Crecer en las sombras de Selma y tener amigos como Mac y Sam me enseñó a mantener la puerta abierta para todos los que vinieran después de mí.

✦ ✦ ✦

La familia de mi madre era de Georgia, donde vimos una línea de demarcación diferente. La «línea de los mosquitos» era una demarcación geográfica que separaba el norte de Georgia, que no tenía mosquitos, del sur de Georgia, que estaba lleno de mosquitos. Si un viajero iba al sur de Georgia, sabía que había cruzado la línea porque de pronto se veían tejidos de alambre en todos los porches, ventanas y puertas.

La familia de mi madre vivía al sur de la línea de los mosquitos en una pequeña comunidad de granjeros llamada Desser, la cual muy pocas veces se encontraba en un mapa y estaba ubicada a unos pocos kilómetros de las líneas de separación entre los estados de Alabama y Florida. Teníamos familiares en una zona de unos treinta kilómetros alrededor de Desser hasta llegar a Donalsonville, que se jactaba de tener el único semáforo de la zona. Las raíces de los habitantes de esa zona estaban tan enredadas que me recuerda algo que siempre decía mi abuela Anderson: «Cásate con alguien de otro estado».

Aunque ella no tenía estudios de genética y solo había llegado al octavo grado en sus estudios, mi abuela era una persona muy sabia y tuvo el buen sentido de advertirles a todos sus nietos sobre lo que sabía. En Desser, los de la localidad estaban bastante seguros de que todos los blancos eran parientes de todos los demás blancos y las personas negras también estaban relacionadas a todos los demás de su raza, de alguna forma. Estoy bastante seguro de que había algunos blancos que estaban emparentados con algunas personas negras, pero en aquellos días, nadie hablaba de esas cosas.

Mi abuelo era dueño de un negocio que estaba ubicado en una de las esquinas de la calle principal de Desser, y la iglesia estaba en la otra esquina. La iglesia, de setenta y cinco miembros, que llegaba a unos cien durante la semana de avivamiento, tenía un cementerio en donde estaban enterradas generaciones de mi familia, remontándose al siglo XVIII.

Cada vez que visitábamos el lugar, nos quedábamos en la casa de nuestros tíos, Sophie y Luther, porque la casa de ellos era más grande que la de mis abuelos. Ellos tenían dos hijos, Susie y Johnny. Susie era de mi edad, pero yo prefería pasar tiempo con Johnny, que era siete años mayor que yo. Él me enseñó a pescar, a cazar y a manejar un tractor. Yo creía que Johnny era lo máximo y quería hacer todo lo que él hacía.

✦ ✦ ✦

Con solo un hijo y un par de peones, el tío Luther necesitaba ayuda en la granja, y durante los veranos a mí me encantaba ayudarlo. Especialmente cuando me enteré de que me iba a pagar. La cosecha principal del tío Luther era de maní. Tenía cientos de hectáreas plantadas, pero el maní no se recogía y vendía hasta fines de agosto o principios de septiembre, así que durante junio y julio, la familia de mi tío vivía literalmente de lo que les quedaba de maní del año anterior. Para ayudar a su presupuesto, el tío Luther plantaba sandías, lo que le daba el dinero que necesitaba cuando las vendía durante el verano.

Yo tenía solo ocho años de edad cuando comencé a trabajar en el campo. En mi primer día de trabajo, me desperté cuando todavía estaba oscuro, con el aroma del tocino fresco de la granja y de los panecillos con mantequilla. Me vestí rápidamente y me encontré con el resto de los hombres abajo, en la cocina donde el sonido de las mujeres batiendo huevos y luego cocinándolos en la grasa de la sartén, que ya estaba caliente, hizo que me pusiera alerta y que me sonara el estómago.

Todavía estaba oscuro después del desayuno y salimos de la casa con solo la luz de los tractores para guiarnos. Condujimos hasta los plantíos de sandía y llegamos cuando la luz comenzaba a vislumbrarse en el horizonte. Los peones, Leroy y Big John, ya estaban allí esperando. Esos hombres fueron mis maestros en la forma de elegir una buena sandía. Me enseñaron la diferencia entre una sandía que necesitaba más tiempo al sol y una que ya estaba madura y lista para el mercado, con la pulpa roja llena de sabor y rogando ser digerida.

Yo sabía que Leroy y Big John tenían que usar la puerta de atrás en el negocio de mi abuelo, pero nunca lo relacioné con el color de su piel. Cuando trabajábamos en el campo, puede ser que comenzáramos el día como personas de diferente color, pero al finalizar el día, todos estábamos del mismo color: del polvo de la tierra.

El tío Luther y Leroy eran los cosechadores con más experiencia.

Podían mirar una sandía y saber si estaba madura o no; si tenían alguna duda, ponían las manos sobre la sandía e inmediatamente sabían si debía permanecer en el campo por más tiempo. Con un cuchillo, rápidamente cortaban las ramitas de las sandías que estaban maduras y les daban vuelta con la parte amarilla hacia arriba, para que los que estaban en la línea supieran cuáles eran las que estaban listas para ser cargadas en el remolque. La línea de trabajadores en el campo se formaba detrás de sus expertas manos. A continuación había trabajadores temporales, quienes recogían las sandías y las lanzaban a otros trabajadores en la fila hasta que llegaban al remolque donde se cargaban.

Con ocho años de edad, yo era muy pequeño para lanzar las sandías, así que yo manejaba el tractor mientras los hombres colocaban la fruta madura en el remolque. No obstante, al año siguiente, yo había crecido lo suficiente como para recoger y lanzar una sandía de unos trece kilos a unos tres metros, lo que significó que fui promovido. Al trabajar en la línea, le lanzaba las sandías a Big John, quien a su vez las lanzaba unos nueve a doce metros a uno de los peones, quien finalmente se la pasaba a mi primo Johnny para apilarlas en el remolque. Una vez que los dos remolques estaban llenos, los llevábamos a la sombra de un árbol, desde donde cargábamos las sandías en el camión.

Temprano en la mañana, el calor del verano era sofocante, y la hora del almuerzo no parecía llegar con suficiente rapidez. Una vez que los camiones estaban cargados, celebrábamos nuestros logros con un almuerzo al estilo del sur del país, que era un banquete, y lo único que lo superaba eran los almuerzos de la iglesia los domingos.

Después del almuerzo, Johnny y los peones se dirigían a Atlanta con un camión cargado de quinientas a seiscientas sandías para vender en el mercado de granjeros de Atlanta. Tan pronto como el camión se vaciaba en el mercado, el conductor era enviado de vuelta a recoger más sandías para llenar el camión de nuevo. La única interrupción en la rutina era el día domingo, en que asistíamos a la iglesia. Después de observar el día de descanso, comenzábamos a trabajar nuevamente.

Al final de cada verano, mi tío Luther sumaba los recibos, descontaba la cantidad que había gastado en gasolina y en otros gastos, y luego por lo general me daba unos quinientos dólares. Para un niño que ganaba veinticinco centavos por día ayudando a un conserje, eso era una cantidad enorme de dinero. Para la época en que salí de mi hogar para ir a la universidad, yo tenía tres o cuatro mil dólares en mi cuenta bancaria.

+ + +

El verano en que cumplí diez años fue un verano muy importante para todos nosotros. Johnny obtuvo su licencia de conducir y el tío Luther decidió expandir sus cuatro hectáreas de sandías a ocho. Eso quería decir que podría tener dos puestos en el mercado, lo cual tenía el potencial de doblar sus ingresos. Sin mencionar que eso doblaba los riesgos en que incurriría. Para que su plan funcionara, él compró un segundo camión para que lo manejara Johnny, así que él y su hijo podrían llevar dos camiones a la vez a Atlanta. No obstante, eso requeriría el doble de tiempo trabajando en el campo para recoger las sandías.

Después de consultar con mis padres, el tío Luther decidió que yo tenía la edad suficiente como para atender los puestos de venta mientras los hombres iban y venían a la parte suroeste de Georgia para recargar los remolques. Él tenía la confianza de que yo podía estar en el mercado de veinticuatro a cuarenta y ocho horas solo. Los tiempos eran diferentes en aquel entonces, pero aun así era mucha confianza para depositar en un niño de diez años. Mi trabajo era vender el mayor número de sandías posible, tan rápido como pudiera, a los compradores que llegaban al mercado, mientras que Johnny y el tío Luther gastaban los neumáticos de los camiones en viajes de ida y vuelta para traer sandías recién cosechadas.

Mientras trabajábamos en los campos recogiendo sandías para llevar al mercado, el tío Luther me preparó para hacerme cargo de los puestos de venta. Me explicó la forma en que se cultivaban las sandías y también me dijo lo que les debía decir a los compradores que buscaban la mejor fruta para sus verdulerías y restaurantes. «Tú les tienes que decir que ¡en la parte suroeste de Georgia crecen las mejores sandías del mundo! —me dijo—. Y recuérdales que estas son sandías plantadas por una familia y que han sido cultivadas con amor». Me explicó la forma en que eran plantadas y cuidadas durante la primavera, hasta que llegaba la época de la primera cosecha. Me enseñó la forma de mostrarles a los compradores cuándo una sandía estaba madura y cómo apilarlas de forma que las más maduras estuvieran siempre en la parte de arriba.

Aquel día, después del almuerzo, cargamos dos camiones: el viejo camión del tío Luther y el nuevo de Johnny, un Ford flamante de dos toneladas y media, de cinco cambios. Los dos tenían el mismo nombre: «Granjas de Odom e Hijo», pintado en las puertas.

«¿Puedo viajar contigo, Johnny?» le pregunté, y él estuvo de acuerdo. Yo prefería viajar con Johnny, no solo porque su camión era nuevo y porque él le había hecho instalar una casetera de ocho pistas en la que podíamos escuchar a Charley Pride, Elvis y a Tammy Wynette; sino porque además él no fumaba cigarrillos Camel sin filtro como lo hacía mi tío.

Condujimos los camiones hasta el negocio de mi abuelo, donde nos encontramos con Jimmy y Jerry Alday y sus remolques de sandías. La granja de ellos estaba contigua a la nuestra y ellos tenían su puesto al lado de Luther en el mercado. Yo los había conocido antes y sabía que éramos parientes, una clase de primos segundos, pero eso era cierto de casi todo el mundo en la zona de Donalsonville. Así que con cuatro camiones cargados, comenzamos el viaje por los caminos menos transitados, estilo caravana.

Camino a conectarnos con la carretera I-75 norte hacia Atlanta, estábamos viajando por un camino desde Americus a Vienna que tenía zanjas profundas a ambos lados. Cuando miré por la ventanilla, noté que no había mucho borde, y cuando digo «no mucho», lo que quiero decir es *nada*. Si Johnny viraba levemente mientras conducía, o si le pegaba a algo o perdía el control, estaríamos enterrados bajo seiscientas sandías al fondo de la zanja.

Comencé a pensar en el sermón que el pastor había predicado el día anterior. «Confía y obedece. No temas si Jesús está en tu corazón». Traté de recordar las otras cosas que él había dicho. Algo acerca de «el camino es estrecho y angosto, y pocos son los que lo hallan» y que «el infierno está lleno de tontos». Comencé a pensar en lo tonto que era de estar viajando por ese peligroso camino con un conductor novato y comencé a orar, lo mejor que pude, la oración del pecador. Johnny también debe de haber estado preocupado por el borde, porque pisó el freno y trató de disminuir la velocidad.

«Espero que los frenos nuevos respondan con esta carga», dijo, mirando en mi dirección con una expresión de preocupación en los ojos.

En el espejo del lado del pasajero, vi que estábamos dejando una nube de humo a nuestro paso.

El tío Luther, quien nos seguía, estaba acostumbrado al humo en la cabina de su camión, pero cuando olfateó que el humo era de neumáticos quemados en lugar de cigarrillos Camel, tomó su transmisor para radioaficionados. «Llamando, llamando, Johnny, ¡disminuye la velocidad! ¡Estás quemando los neumáticos!».

Estábamos yendo cuesta abajo, llegando a la parte más abrupta de la colina, cuando de pronto escuché un ruido como el de un tiro de rifle. El transmisor de comunicación sonó de nuevo.

«¡Para! ¡Reventaste un neumático!».

Definitivamente, Dios estuvo con nosotros aquel día mientras Johnny bajaba los cambios, pisando el freno suavemente hasta que nos detuvimos al pie de aquella colina. No estoy seguro del límite de peso que podía levantar el gato de aquel camión, pero estoy seguro de que aquel día probamos sus límites cuando tuvimos que cambiar el neumático interior de aquel camión cargado de sandías. Un trabajo que normalmente toma quince minutos se convirtió en una experiencia difícil de dos horas, aun con la ayuda de los hermanos Alday.

✦ ✦ ✦

A la edad de diez años, yo no estaba consciente de las divisiones que separaban a las personas negras de las blancas, a los ricos de los pobres o a los que vivían donde no hay mosquitos de los que vivían donde abundaban los mosquitos. Había otra distinción que otras personas veían pero que yo no veía: la barrera entre este mundo y el que viene. Aun si alguien me hubiera dicho que esa barrera existía, yo no lo hubiera creído.

Yo no veía el cielo y la tierra como separados. Para mí, no había barrera de separación entre el lugar donde yo vivía y el lugar donde Dios residía . Como granjeros y personas que asistían a la iglesia, sabíamos que el Señor que adorábamos los domingos era el mismo Dios que nos daba la lluvia y el sol en las cantidades correctas, en el tiempo correcto, para cosechar los alimentos que nos sostenían. Como yo lo veía, el velo fluía libremente entre los dos reinos. Como granjeros, arábamos la tierra, plantábamos las semillas y orábamos por la lluvia. Si llegaba, llegaba, y era la voluntad de Dios. Si no llegaba, eso también era la voluntad de Dios.

Mientras en la iglesia se adorara a Dios, ya fuera una iglesia bautista o una metodista, yo no creía que hubiera mucha diferencia. De hecho, la única diferencia que yo veía entre nuestra iglesia en Plantersville y la iglesia que estaba en Desser era que la iglesia de Desser tenía predicadores más interesantes en sus campañas de avivamiento.

El verano que cumplí doce años, tomé un descanso de trabajar en el puesto del mercado de granjeros para escuchar a un predicador evangelista que visitó la iglesia de Desser. Toda la familia fue a la iglesia cada noche durante la semana de los servicios de avivamiento. Algo que dijo el predicador hizo que me diera cuenta de que yo debía cuidar mi alma de la misma forma en que un granjero cuida sus plantas para que crezcan. Si yo quería producir fruto, tenía que plantar mis propias raíces de fe. Decidí bautizarme.

Aunque sabía que Dios me había creado y nunca me había sentido separado de él, este era el momento de *decirles* eso a todas las personas que conocía. Así que una noche durante esas reuniones de avivamiento, Susie y yo, al igual que todos nuestros otros primos que nos precedieron, caminamos por el pasillo de redención para reconocer nuestros pecados y proclamar a Jesús como nuestro Salvador. El predicador nos hizo entrar al agua y fuimos bautizados por inmersión.

Nunca me había sentido más limpio.

Mis padres nunca habían estado tan orgullosos.

Sin embargo, solo cuatro años más tarde, todas las cosas acerca de Dios que habían sido tan importantes para mí aquella noche dejarían de existir.

Capítulo 5
PARIENTES Y SANDÍAS

✦

Aunque no asistía a la escuela durante el verano y estaba bastante lejos de mi hogar, continué aprendiendo lecciones de otra clase en el mercado de granjeros de Atlanta. No solo aprendí a manejar un negocio, sino que también aprendí a ser hombre.

Mis instructores de verano fueron Jerry y Jimmy Alday, los primos terceros o cuartos de mi madre, nadie lo sabía con seguridad. Nuestros puestos compartían un cobertizo largo, dividido por pilares de concreto, y sus puestos estaban al lado de los míos.

Al igual que la mayoría de las familias de granjeros de nuestra zona, el mayor de los hermanos Alday trabajaba en la granja y transportaba las cosechas al mercado con su papá, Ned, mientras que los hermanos más jóvenes se quedaban en el mercado de Atlanta. Jimmy era el más joven de la familia y el que estaba más cerca de mi edad. Aunque había nueve años de diferencia entre nosotros, Jimmy y yo nos compenetramos mientras trabajábamos en aquel mercado, simplemente por la posición que ocupábamos en nuestras respectivas familias.

Jerry era el mediano; era diez años mayor que Jimmy y diecinueve años mayor que yo. Su cabello era oscuro y sus patillas parecían cada vez más largas con el paso de los años. El primer verano que pasé en el mercado, él tenía veinte y nueve años de edad y todavía no se había casado. No obstante, poco después de haber cumplido treinta años, Jerry se casó con una muchacha de la localidad de Donalsonville llamada Mary. Si Jimmy era el hermano mayor que nunca tuve, Jerry era como un segundo padre para mí. Durante los veranos en el mercado, vivíamos juntos las veinticuatro horas del día, los siete días de la semana, y yo llegué a amar a estos hombres tanto como a mi propia familia.

✦ ✦ ✦

El mercado de granjeros de Atlanta abrió sus puertas por primera vez en el año 1959 y se suponía que era el mercado al aire libre más grande del sureste de Estados Unidos. Con más de sesenta hectáreas de puestos, toda clase imaginable de producto de la temporada estaba a la venta. Desde tomates en el verano hasta calabazas en el otoño y árboles de Navidad en diciembre, si algo crecía en la tierra de la región, se podía comprar allí.

Dentro del mercado, los primeros cobertizos estaban reservados para los granjeros de Georgia y era allí donde estaban colocados nuestros puestos. Durante la noche, los granjeros traían camiones y remolques llenos de productos y los descargaban en los puestos.

Aunque ambas familias vendían sandías, no competíamos entre nosotros. Nos ayudábamos mutuamente a descargar las sandías y a arreglarlas en los puestos para los clientes que llegaban antes del amanecer. Si yo vendía un pedido grande de sandías, ellos me ayudaban a cargarlo en el camión del cliente, y yo hacía lo mismo por ellos.

El tiempo más ocupado del día era entre las tres y las cinco de la mañana, que era cuando llegaban los compradores al por mayor. Nosotros éramos el primer lugar adonde iban, porque querían comprar de granjeros locales. Las sandías se vendían regularmente entre US$2,50 y US$3,00 cada una, dependiendo de la cosecha de esa estación.

«Si compran más de cien sandías, les puedes rebajar el precio», me había enseñado el tío Luther.

Yo podía cobrar de $1,50 a $2,00 por sandía, pero mi

responsabilidad era tratar de vender al precio más alto posible sin perder la venta. Los mayoristas y los distribuidores llegaban al mercado con un montón de dinero en efectivo, y por supuesto, el trabajo de ellos era comprar los mejores productos al menor precio posible. Aprendí matemáticas y tácticas de negociación en ese trabajo, así que podía hacerles frente a esos experimentados regateadores. Ese mercado era un punto importante de distribución de productos frescos, no solo para la región sureste del país, sino para todo Estados Unidos, y formar buenas relaciones con los mayoristas y los distribuidores era una parte importante de un negocio exitoso.

Una vez que se llegaba a un acuerdo en el precio, el comprador me daba el dinero en efectivo y yo lo guardaba en los bolsillos de mis pantalones para que estuviera seguro hasta que llegara mi tío Luther. Una semana particularmente buena, el verano que yo tenía doce años de edad, recuerdo haberme vaciado todos los bolsillos y haberle dado más de dos mil dólares en efectivo.

Casi todos los compradores necesitaban ayuda para cargar la compra en su camión. «Estoy enfermo del corazón —decía el comprador, poniendo la mano sobre el pecho, tan pronto como se completaba la venta—. Tú vas a tener que cargar esto en mi camión». Si Jerry y Jimmy estaban demasiado ocupados con sus propios clientes, yo hablaba por el altoparlante y pedía ayuda. El pago era cinco centavos por sandía y siempre había alguien dispuesto a ayudar a cargar los camiones.

Después de las ocho o nueve de la mañana, las cosas comenzaban a marchar con más lentitud, pero las ventas continuaban durante todo el día. Los dueños de restaurantes compraban los productos más frescos y las familias buscaban las mejores ofertas.

La cafetería y las duchas más cercanas quedaban como a un kilómetro de distancia, pero aun los granjeros más cubiertos de tierra no querían ducharse en esas condiciones insalubres a menos que no pudieran evitarlo.

Para llegar allí, la persona tenía que caminar el kilómetro cuesta arriba, a través de zonas sin luz, pasando por los botes de basura llenos de los productos que se habían malogrado y que despedían un terrible mal olor. Jerry y Johnny me habían dicho que ese era el lugar donde a menudo dormían los hombres que habían bebido mucho. Puesto que este era un negocio donde todo se pagaba con dinero en efectivo, no era seguro que yo fuera por allí solo. En las raras ocasiones en que fui a la cafetería para tomar un descanso o comer una comida caliente, Jimmy o Jerry me acompañaron.

✦ ✦ ✦

Aunque los veranos pasaban con mucha rapidez, los días en el mercado eran largos y siempre estábamos buscando formas de divertirnos.

—Te apuesto a que puedo hacer más "barras" que tú —me desafió Jimmy una calurosa tarde.

—¡Ni lo sueñes! —le dije agarrando la barra que había arriba de mi cabeza y comenzando a elevarme.

—¡Uno, dos, treees... cuatro! —dijo Jimmy, exagerando mis intentos de elevarme una vez más. Yo solté la barra y me dejé caer al piso del mercado.

Jimmy tomó la barra con ambas manos y se elevó diez veces por encima de ella antes de que yo le rogara que no siguiera. No fue una sorpresa para mí; Jimmy era mayor que yo, más corpulento y más fuerte. Desde aquel día en adelante tuvimos muchas competencias, de flexiones, saltos o lucha libre. Jimmy era el que siempre ganaba, pero eso no me hizo dejar de competir o de creer que algún día yo le ganaría a él.

Si Jimmy y yo hacíamos demasiado alboroto, Jerry intervenía porque era como un padre para nosotros.

«¡Suficiente!», nos decía cuando las luchas se intensificaban demasiado.

O como cuando en forma «accidental» se nos caía una sandía solo para poder comernos la parte de adentro, él nos miraba seriamente y nos decía: «¡Esa sandía que rompieron costaba dos dólares!».

Cuando estábamos descargando los camiones, los tres teníamos un concurso para ver quién dejaba caer más melones, y el «perdedor» tenía que comprarles helados a los otros dos. Jimmy y Jerry siempre me ayudaban. Ellos me ponían primero en la línea para que yo solo tuviera que lanzar y no agarrar las sandías. A continuación contaban el total de los melones que se les habían caído y de alguna forma, a ellos siempre se les caían más melones que a mí.

—Creo que tira muy corto —Jerry le decía a Jimmy con un guiño mientras dejaba caer un melón que ya estaba dañado.

—¡Alguien debe tener ganas de tomarse un helado! —decía Jimmy bromeando.

A mí me encantaban esos momentos. Me hacían sentir amado y aceptado, como si yo fuera su tercer hermano.

Yo trabajé en el mercado desde que tenía diez años de edad hasta los dieciséis. El primer y segundo año, me quedaba solo en el mercado por unas veinticuatro a cuarenta y ocho horas por vez, pero a medida que fui creciendo, me quedaba solo allí toda la semana. El tío Luther y Johnny venían los lunes o martes, y juntos descargábamos mil quinientas sandías en nuestros puestos de unos tres por seis metros. Recogían el dinero que se había recaudado en la semana, dormían un poco y luego partían al sur de Georgia para recoger más fruta, esperando que para cuando regresaran, los puestos estuvieran por lo menos parcialmente vacíos.

✦ ✦ ✦

Los hermanos Alday eran hombres jóvenes muy trabajadores y temerosos de Dios. En la parte sur de Georgia había una iglesia cada siete u ocho kilómetros y la gente asistía a la que estaba más cerca de su casa. Los miembros de la familia Alday ayudaron a edificar la iglesia a la que asistían y eran la piedra angular de su comunidad. Jimmy y Jerry estaban entre los mejores cristianos que yo conocía. Nunca toleraban malas palabras en su presencia o ninguna clase de falta de respeto, especialmente hacia las mujeres. Yo aprendí a respetar a las mujeres observando la forma en que ellos trataban a las mujeres de su familia.

Dios era una parte muy grande en la vida de ellos, tanto en las cosas grandes como en las pequeñas. Siempre le daban gracias a Dios si algo bueno ocurría. Ya fuera una cosecha abundante de sandías, o sentirse mejor después de un resfriado de verano, o simplemente un helado de vainilla, ellos siempre se tomaban tiempo para darle gracias a Dios por sus bendiciones, porque se daban cuenta de que todo venía de él. Todos los días, durante cinco veranos, me enseñaron la forma de ser agradecido y de cómo confiar en Dios. Ellos querían que yo creciera y fuera más que un buen hombre; querían que fuera un hombre de Dios.

Aunque yo siempre había asistido a la iglesia, el asunto del pecado me confundía. Por supuesto que había escuchado a algunos predicadores hablar acerca del pecado. Por ejemplo, sabía que se suponía que no fuéramos al cine los domingos, pero puesto que nadie me llevaba al cine, yo no tenía la oportunidad de pecar. Una vez, cuando tenía doce años de edad, jugué al póker de centavos con un primo. Yo sabía que eso no estaba bien, pero de todas formas lo hice. Perdí treinta y siete centavos. Fue la primera y la última vez que jugué un juego de azar en toda mi vida. Aun en aquella época yo sabía que Dios nos perdona nuestros pecados, así que no cargué con ningún sentimiento de culpa. Simplemente confesé mi pecado, me perdoné a mí mismo tal como Dios me perdonó, y continué adelante de la misma forma en que lo hacían mis padres cuando me perdonaban por algo malo que yo había hecho.

Yo había vivido una vida bastante protegida. Mi fe era inocente. No estaba fundada en luchas ni en privaciones y nunca había sido probada. Mi vida era idílica y yo era feliz. Creía que Dios era todopoderoso y omnipresente. Todas las personas que eran mis modelos demostraban gracia y bondad, lo cual reforzó mi creencia de que Dios era bueno.

✦ ✦ ✦

El mercado tenía su propia moralidad, y Jimmy y Johnny me enseñaron las reglas. Cuando veían a un granjero que se emborrachaba o que coqueteaba con alguna clienta, Jimmy me decía: «Eso es peligroso y no es bueno para ti».

«Esos hombres van de camino al infierno», me recordaba Jerry mientras los borrachos trastabillaban por el mercado maldiciendo, gritando y comenzando peleas. Los hermanos Alday no se burlaban de esos hombres ni les hacía gracia lo que hacían; eran los primeros en ayudar a alguien que necesitaba ayuda, aun si la persona estaba embriagada, y nunca eran condenatorios. Ellos simplemente trataban de enseñarle a un hermano menor la forma en que debía caminar y, en lugar de usar sus propias vidas como buenos ejemplo, usaban el mal comportamiento de otras personas como demostración de lo que no se debe hacer para enseñarme la diferencia entre el bien y el mal.

En el mercado se podía comprar y vender prácticamente de todo y funcionaba las veinticuatro horas del día, especialmente de noche. Jimmy y Jerry me advirtieron que no me acercara a las «damas de la noche». (Sus buenos modales impedían que se refirieran a ellas usando otras palabras). «Si tienes un cliente a las dos de la mañana, está bien, mientras no sea una mujer. No hagas negocios con esa gente», me dijo Jerry en mi primer verano en el mercado.

Algunos años después supe por qué. Casi todas las noches veíamos automóviles con esas mujeres que llegaban y se estacionaban en la oscuridad. Usaban ropa llamativa y mucho maquillaje, y caminaban por los oscuros pasillos del mercado, negociando con los muchachos granjeros quienes les pagaban por sus favores. «Las cosas mundanas traen pecado y destrucción —me dijo Jerry una noche, mientras observamos a varios granjeros que conocimos desaparecer en la oscuridad—. Ese comportamiento es pecaminoso y Dios no lo tolera».

Los hermanos Alday rechazaban completamente esa actividad. «Al igual que el mercado está abierto las veinticuatro horas del día, Dios requiere fidelidad las veinticuatro horas del día —me dijo Jimmy—. Que nunca te vea haciendo algo como eso».

Ellos nunca lo harían. Yo quería ser tan bueno como ellos, y sabía que el tío Luther me tenía mucha confianza. Con esa confianza había también una enorme responsabilidad para un jovencito, pero a mí me encantaba la presión y la libertad de esos largos y calurosos días de verano en el mercado. Aquel tiempo en Atlanta ayudó a formarme de maneras que ninguna otra experiencia podría haberlo logrado, y los hermanos Alday tuvieron una parte enorme en ello. Para mí, aquellos veranos en el mercado fueron una especie de Disneyland, el lugar más feliz del mundo.

Capítulo 6
LOS DEMONIOS FUERON A GEORGIA

✦

Para el mes de mayo de 1973, las marchas a favor de los derechos civiles en Selma se habían normalizado. Los nuevos lemas del día eran «paz» y «amor», y la tela de moda era la de los jeans. En mi secundaria usábamos la tela sencilla, desteñida y a veces con adornos de cuentas. No obstante, en aquel día caluroso de primavera, cuando se abrió la puerta de mi sala de clase de historia, no fue la tela de jeans lo que vi, sino el terno de mi padre. Yo sabía que algo grande iba a suceder.

Mi padre no era solamente el profesor de agricultura en mi pequeña secundaria; también era el subdirector y estaba a cargo de la disciplina. A menos que estuvieras criando un ternero para presentarlo en la feria, te aseguro que no querrías tener una razón para verlo. Mientras que la presencia de mi padre era algo común en los pasillos, rara vez lo vi en un salón de clase, y *nunca* lo había visto interrumpir una clase. Mientras le susurraba algo al señor Peters, mi maestro de historia, yo hice una corta oración por el amigo que se había metido en un problema tan grande que debía ser sacado de la clase de historia.

«Reginald, el señor Anderson quiere verte en el pasillo», me dijo el señor Peters.

Confundido, miré a mi padre. Al ver la expresión de su rostro, supe que algo horrible había ocurrido. Me hizo señas de que saliera al pasillo.

Me puse de pie y me temblaban las piernas cuando caminé a

través de la sala de clase. No tenía idea alguna de lo que me esperaba. Lo seguí al pasillo y cerré la puerta detrás de mí. Dándoles la espalda a los casilleros de los alumnos, mi padre puso sus manos en mis hombros y me miró a los ojos. Su mirada era tan intensa y tan triste que no pude sostenerle la mirada. En cambio, enfoqué la vista en una envoltura de chicles que había en el piso.

—Hijo, acabo de recibir una llamada de tu tía. Algo terrible sucedió cerca de Donalsonville. —Él hizo una pausa para calmar el temblor en su voz, que generalmente era fuerte—. Hubo un tiroteo y Jerry y Jimmy fueron asesinados. Lo siento tanto; sé lo mucho que ellos significaban para ti.

Levanté la vista y vi que mi padre parpadeaba para contener las lágrimas.

—¡No! ¡Debe haber un error! —le dije. *¿Cómo podría haberle pasado eso a los hermanos Alday?*—. ¡No pueden estar muertos! Todo el mundo ama a Jerry y a Jimmy. ¡Es imposible!

—No es un error. La policía encontró sus cuerpos hoy a las dos de la madrugada. Han estado en la casa rodante de ellos investigando desde entonces.

—¿Estás seguro? —le pregunté, tratando de entender lo que él me estaba diciendo.

—Sí. Reggie, sé que esto es difícil de escuchar, pero no solo Jimmy y Jerry fueron asesinados, sino que también mataron a Chester, a Ned y a Aubrey. Ha sido una masacre.

¿Una masacre? ¿En Donalsonville? Era demasiado horrible para creerlo. Mi mente no pudo abarcar todo eso. Chester era el hermano de Jimmy y de Jerry. Él llevaba las sandías al mercado con Ned, su padre. Aubrey era hermano de Ned, y ocasionalmente iba con ellos, así que yo los conocía a todos.

Mi padre continuó: «Lo que se especula es que algunas personas desconocidas estaban manejando por el lugar. La policía está buscando el automóvil, pero no hay más detalles ahora. Tu tía Sophie me dijo que nos va a llamar a casa esta noche. Estoy seguro de que van a saber más para entonces».

En aquel momento, mi mundo se dio vuelta completamente. Yo estaba demasiado aturdido como para reaccionar. Debía haber llorado o gritado, pero en cambio, en estado de shock, simplemente me di vuelta y comencé a caminar hacia mi clase de historia. Mi padre puso su brazo sobre mis hombros.

«Siento haber tenido que decirte esto de esta forma —me dijo—, pero sé la amistad que tú tenías con esos jóvenes, y pensé que querrías saberlo». Asentí con la cabeza.

Cuando llegamos a la puerta, papá se detuvo antes de abrirla. «Hay algo más. Ora por Mary, la esposa de Jerry. Ha desaparecido y no pueden encontrarla».

Elevé la vista hacia mi padre y él abrió la puerta para que yo entrara a clase. Cuando entré, vi que todos me miraban fijamente.

—¿Estás bien? —me preguntó el señor Peters.

Asentí con la cabeza. La clase se detuvo y todos esperaban alguna clase de explicación.

¿Cómo explico esto?

—Algo malo le ha ocurrido a mi familia en Georgia —musité y me senté en mi lugar.

El señor Peters se mostró muy preocupado y miró a mi padre que estaba en la puerta.

—¿Necesita irse?

—Él está bien —dijo mi padre—. Lo va a superar.

Entonces se fue, cerrando la puerta detrás de sí.

✦ ✦ ✦

Mi padre estaba equivocado. Yo *no* estaba bien y nunca lo *superaría*. Dos personas a quienes yo amaba, y las personas que ellos amaban, estaban muertas o desaparecidas. A medida que el señor Peters continuó su disertación, con estoicismo miré directamente hacia adelante, pidiendo que mi cuerpo no dejara ver los sentimientos que estaban dando vueltas en mi interior.

Durante las dos clases siguientes luché contra sentimientos de temor, dolor y enojo que se agitaban en mi mente como nubes de tormenta.

¿Qué podría querer alguien con la familia Alday? Si querían dinero, había gente más rica que ellos en la ciudad. *¿Y por qué tuvieron que matarlos?* Jimmy y Jerry les hubieran dado cualquier cosa que hubieran querido. Yo los había visto hacer eso incontables veces en el mercado de granjeros. Ellos le regalaban una sandía a una familia pobre que parecía que no tenía dinero para comprarla, me compraban helados a mí cuando yo no lo merecía y les pagaban el almuerzo en la cafetería a las personas que no les alcanzaba el dinero.

Tres años antes, cuando Jerry y Mary se casaron, habían comprado una casa rodante y la colocaron en la tierra que tenía la familia, en una parte remota del condado. La casa de ellos se encontraba en un camino sin salida, en un lugar aislado, rodeado de hectáreas de tierra de cultivo cerca del lago Seminole. De todos los lugares del mundo que parecían seguros, yo hubiera dicho que Donalsonville era uno de los mejores. Sin embargo, esas cinco muertes en aquella casa remolque significaban que nadie estaba seguro.

¿Están todavía en esa zona los hombres que hicieron esto? ¿Quiénes más corren peligro? Sentí que se me rompía el corazón cuando pensé en el tío Luther, la tía Sophie, Johnny y Susie en su casa grande en la cual habíamos pasado tantos veranos y días feriados. No muy lejos de ellos vivían mis abuelos y otros tíos y tías y primos. Pensé en los peones, Leroy y Big John, y sus familias; la gente que trabajaba en la tienda de mi abuelo y que me servía Coca Colas y pastelitos; y toda la gente de la iglesia donde almorzábamos los domingos. Temblaba pensando que alguno de ellos pudiera ser el próximo.

Mientras oraba por la seguridad de ellos, pensé en Mary. *¿Dónde está? ¿Está escondida en algún lugar porque tiene miedo y siente temor de salir de allí? ¿Se hirió tratando de escapar? ¿Se la llevaron con ellos?*

De pronto, el calor que sentí de mi odio por los asesinos comenzó a derretir el shock que me había hecho permanecer pasmado. El temor y el enojo estimularon una tempestad cada vez más grande dentro de mí. Hice todo lo posible por no perder la calma hasta la última campana, pero tan pronto como la escuché, salí corriendo de la clase hasta llegar a mi escondite en la profundidad del bosque, detrás de nuestra casa.

La tormenta que se había estado desarrollando dentro de mí se desató con todo su poder. El sudor y las lágrimas me cegaron mientras corría, y tuve que hacer esfuerzos para respirar. Una vez que estuve en la profundidad del bosque, donde nadie podía verme u oírme, grité a todo pulmón y luego exploté. Pateando los árboles y gritando, golpeé con los puños la corteza de un árbol. Perdí el control y dejé que eso sucediera.

«¿Por qué? —le grité a Dios—. ¿Por qué lo hiciste? —Una y otra vez grité—: ¿Por qué dejaste que sucediera esto, Dios? *¡Ellos te amaban!*».

✦ ✦ ✦

Aquella noche nos llamaron por teléfono el tío Luther y la tía Sophie. Papá y mamá pasaron la mayor parte del tiempo hablando con ellos, pero yo pude hablar con ellos brevemente cuando contesté la llamada. Aun a través del teléfono, sonaban traumados. Habían encontrado a Jerry y a Aubrey en el dormitorio que daba al sur; Ned y Chester habían sido llevados al dormitorio que daba al norte. Jimmy había sido encontrado boca abajo en el sofá de la sala. Todos los hombres de la familia Alday habían muerto a tiros, estilo ejecución. La sangre se había encontrado en charcos o salpicada por todos lados en la casa, aun en la cocina. Nadie sabía cómo había sucedido o por qué. Fue la escena de crimen más horripilante que había visto el *sheriff* del condado de Seminole, y probablemente la más espantosa en la historia de todo el estado.

Yo continuaba escuchando pequeños detalles a medida que mis padres hablaban por teléfono, pero uno era muy singular: el automóvil de Mary había desaparecido y ella todavía no había sido encontrada.

Yo no quería seguir escuchando nada más sobre eso. Fui a mi dormitorio y me preparé para acostarme. Por lo general, lo último que hacía antes de meterme en la cama era apagar la luz, pero aquella noche la dejé encendida. Acostado en la cama y mirando a través de la ventana, me sentí inútil y abatido. No había nada que yo pudiera hacer para arreglar esto; apenas podía entender lo que había sucedido.

Traté de orar, pero aun mis oraciones estaban llenas de preguntas y de acusaciones. *¿Por qué permitiste que pasara eso? Ellos tenían fe en ti. ¿Cómo es posible que hicieras esto? Esos hombres locos todavía andan por ahí. ¿Quién es el siguiente? ¿Cómo puedo confiar en ti para que me protejas, o a otra persona, cuando no los protegiste a ellos?*

Agotado por las emociones del día, sentí que me estaba poniendo somnoliento, pero todavía tenía otra oración importante; era más bien una súplica. Jerry y Mary habían estado casados tres años y habían estado tratando de tener hijos. Aunque todavía no lo habían anunciado, había rumores de que Mary finalmente estaba esperando un bebé. Me dormí aquella noche haciendo la única cosa que podía hacer por la familia que yo amaba tanto y que me había amado tanto a mí. Le rogué a Dios que protegiera a Mary de la misma forma en que Jerry y Jimmy me habían protegido a mí.

Querido Dios, por favor, por favor, te pido que protejas a Mary. Protégela de todo mal, y permite que ella y su bebé sean encontrados bien y sin haber sido heridos. Amén.

✦ ✦ ✦

Al día siguiente, me enteré de que Mary había sido encontrada en el bosque. Tenía una bala en la espalda y la otra le había traspasado el cráneo.

La historia nos llegó parte por parte, pero a través del tiempo supimos que ella había sido violada de la peor manera imaginable, dos veces debajo de la mesa de la cocina y luego en el bosque, antes de que esos monstruos la balearan y luego tiraran su cuerpo en el bosque. Yo tuve que luchar contra una oleada de náuseas cuando escuché esa noticia. Jimmy y Jerry siempre habían respetado mucho a las mujeres de su familia. Solo la maldad encarnada pudo haber cometido esos hechos odiosos más allá de la comprensión.

Los investigadores siguieron la pista de los criminales y dentro de la semana, encontraron a esos desalmados en el estado de West Virginia. Los terribles detalles de sus crímenes fueron revelados en las noticias de los periódicos y finalmente en las transcripciones de la corte de justicia.

Carl Isaacs, el cabecilla, se había escapado de una institución penal en el estado de Maryland junto con su medio hermano, Wayne Coleman, y George Dungee, que era amigo de Wayne. Camino a Florida, esos tres recogieron a Billy Isaacs, el hermano menor de Carl, que en ese entonces tenía quince años de edad. Mientras conducían a través del condado de Seminole, a los tres hermanos y a su amigo se les estaba acabando el combustible del automóvil. Pensando que habían visto una bomba de gasolina detrás de la casa rodante de Jerry y Mary, se acercaron al lugar. Aunque no era una bomba de gasolina, decidieron robar la casa vacía.

Sin saber lo que estaba sucediendo dentro de su casa rodante, Jerry llegó con su padre, Ned. Carl los encaró en la puerta y les ordenó que entraran y que vaciaran sus bolsillos. Luego fueron llevados a dormitorios separados, donde fueron ejecutados con tiros en la nuca. Minutos más tarde, Jimmy llegó en un tractor y tocó en la puerta de atrás. Wayne forzó a Jimmy a entrar a la sala y a sentarse en el sofá, donde Carl lo baleó por la espalda. Luego Carl salió a mover el tractor que estaba bloqueando la salida del automóvil de ellos.

Sin tener noción del mal que había ocurrido dentro de su hogar, Mary llegó en su automóvil y cuando entró, los hombres la acosaron, la ataron y la dejaron en la cocina. Una vez más, Carl fue a mover el tractor, pero en ese momento llegaron Chester y Aubrey en su camión. Los criminales se encontraron con los granjeros en la puerta y forzaron a los inocentes hombres a entrar en dormitorios separados donde sus familiares yacían muertos en sus propios charcos de sangre. Mataron a tiros a los dos hombres mientras Mary, todavía atada en la cocina, estaba escuchando y gritando. Luego Carl envió a George y a Billy afuera, mientras él y Wayne tomaron turnos violando a Mary en la cocina antes de ordenarle que se vistiera y que fuera con ellos.

Además de su propio automóvil, también se llevaron el de Mary, pero dándose cuenta de que no necesitaban dos vehículos, abandonaron el automóvil con las placas de fuera del estado en el bosque. Y puesto que Mary ahora podía identificarlos, la dejaron también, pero la volvieron a violar antes de dispararle. La dejaron tirada en el bosque, desnuda y boca abajo sobre una montaña de hormigas venenosas.

✦ ✦ ✦

El funeral se realizó el 17 de mayo, pero debido a que las clases estaban a punto de terminar, no pudimos asistir. Más de cinco mil personas asistieron al servicio, el cual tuvo que realizarse en un campo abierto para dar cabida a la multitud.

Los seis féretros fueron enterrados detrás de la iglesia que la familia Alday había ayudado a construir.

✦ ✦ ✦

Aun desde el asiento de atrás del automóvil de mis padres, yo me pude dar cuenta de que las cosas habían cambiado en el condado de Seminole cuando nosotros llegamos ese verano. Estaba lloviendo y lo que antes había sido un alegre paisaje de cielo azul y dorado sol ahora estaba envuelto en un sudario gris. Las nubes ocultaban el sol y las sombras cubrían el corazón de la gente de la localidad. Se sentía una pesadez en el aire y todo el condado parecía tener olor a azufre. Para mí, todo se veía como si tuviera una atmósfera cargada y sucia, tal vez porque la gente permanecía adentro de sus casas y fumaba más.

Toda la gente estaba conmocionada, agitada y nerviosa. Los vecinos, que antes confiaban los unos en los otros, ahora desconfiaban. Yo solía entrar y salir con libertad de las casas de mis primos; las puertas siempre estaban abiertas. Ahora yo tenía que tocar a las puertas porque estaban cerradas con llave y las cortinas de las ventanas permanecían cerradas. De noche, era más difícil ver las estrellas porque las luces quedaban encendidas; las personas de la localidad le tenían miedo a la oscuridad.

Aun en la iglesia las cosas parecían diferentes. El predicador continuaba diciendo que Dios todavía estaba a cargo y que podía darnos consuelo en nuestras tribulaciones, pero pocos parecían prestarle atención. Los hombres se escarbaban las uñas o miraban al vacío; las mujeres se apretaban las manos y sacaban un pañuelo de las mangas para secarse los ojos. Todos lloraban, ya sea de miedo, enojo o amor por los seres que habían perdido. También eran más reservados; habían descubierto el dolor que ocasiona perder alguien a quien se ama. Parecía que sentían que era mejor dejar de amar que arriesgarse a experimentar ese sufrimiento de nuevo.

Todas las Biblias del condado de Seminole parecían estar abiertas en el Salmo 23. Ese pasaje me era familiar y sabía el consuelo que les había proporcionado a muchas personas. Varias veces levanté una Biblia y lo leí por mí mismo.

«El Señor es mi pastor; tengo todo lo que necesito. En verdes prados me deja descansar; me conduce junto a arroyos tranquilos».

Pero ya no hay verdes prados, y los arroyos son turbulentos.

«Aun cuando yo pase por el valle más oscuro, no temeré, porque tú estás a mi lado. Tu vara y tu cayado me protegen y me confortan».

Yo he estado en el valle más oscuro, pero tu vara y tu cayado no protegieron mis seres amados, ni me han confortado a mí. Obviamente, a Dios no le importaba ni la familia Alday ni yo, pero continué leyendo.

«Me preparas un banquete en presencia de mis enemigos».

Por cierto que Dios no permitió que los enemigos de Mary prepararan la mesa de la cocina para ella.

Cerré la Biblia. No podía soportar seguir leyendo.

Capturaron a los criminales y los trajeron de vuelta a Donalsonville para ser juzgados. Yo no podía esperar para irme de ese lugar. Tan pronto como las sandías estuvieron lo suficientemente maduras como para ser recogidas, me fui a Atlanta, al norte del mal que se cernía sobre el condado de Seminole.

✦ ✦ ✦

Los puestos de Jimmy y de Jerry los alquilaron otros granjeros del sur de Georgia. Yo los conocía, pero no era lo mismo. No había concursos para ver quién podía hacer más barras. Nadie dejaba caer sandías con el solo propósito de comérselas. Después de haber descargado el primer remolque de sandías y de que Johnny y el tío Luther se alejaron en el camión, me compré mi primer barquillo de helado, pero una sola lamida fue suficiente para darme cuenta de que no tenía el mismo sabor. Lo tiré detrás del puesto y nunca más compré otro.

En el condado de Seminole, la gente del lugar estaba tan indignada que se hablaba de linchar a los criminales. Sin embargo, Bud Alday, el hermano menor de Ned, habló en contra de hacerlo. Finalmente, para protegerles la vida, los prisioneros fueron llevados a la cárcel del estado en Atlanta.

El mal me había seguido cuando fui al norte.

Nada me parecía que estaba bien. Aquel verano pasé mucho tiempo leyendo libros. A veces me sentía enfermo. El fétido olor de los productos descompuestos era abrumador y dificultaba la respiración.

Los clientes regulares sabían lo que había sucedido y cada vez que pasaban por mi puesto me daban el pésame y formulaban oraciones. Aunque las luces siempre estaban encendidas en el mercado, ese verano me parecieron más tenues. El ambiente era más apagado de lo que yo recordaba. Las «damas de la noche», con los labios pintados de rojo, me parecían más tristes que pecaminosas.

Pasé aquel verano en el mercado solo con mis recuerdos y asustado por mi nueva habilidad de imaginarme el mal. El pecado tenía nuevas profundidades y la depravación tenía un nuevo significado. Yo no tenía protección de la oscuridad que se cernía a mi alrededor.

Mis hermanos mayores y protectores terrenales se habían ido.

No le podía tener confianza a mi Protector celestial. Ahora me parecía inútil poner mi fe en Dios.

✦ ✦ ✦

Tal vez Bud Alday hubiera tomado una decisión diferente en cuanto al linchamiento si hubiera sabido en aquel entonces de la lentitud con la que actuaría la justicia. Carl Isaacs estuvo con la sentencia de pena de muerte durante treinta años antes de ser ejecutado, Wayne Coleman y George Dungee fueron condenados a cadena perpetua, y Billy Isaacs fue puesto en libertad en el año 1994 por haber cooperado con las autoridades. No obstante, fueron necesarios dos juicios e innumerables apelaciones antes de que algo de esto sucediera. Muchas personas consideraron que la justicia no actuó como debería haber actuado.

Al fin y al cabo, los asesinatos que llegaron a conocerse como la Masacre de los Alday dejaron a todo el mundo en el condado de Seminole sintiendo que sus derechos habían sido violados.

✦ ✦ ✦

Cuando mi familia salió de Donalsonville a fines de agosto de aquel año y nos dirigimos a Plantersville para regresar a la escuela, yo me senté, mirando fijamente por la ventanilla del automóvil, con la cabeza apoyada en mis manos. Todavía tenía más preguntas que respuestas, especialmente acerca de Dios. ¿Cuál había sido el papel de Dios en todo esto?

Cada vez que pasábamos por una iglesia con un cementerio en el patio de atrás, yo me daba vuelta para mirarlo por la ventanilla posterior del vehículo. Cada vez se veía más y más pequeño, y yo pensaba en otra iglesia con un cementerio en la parte de atrás. Aunque nunca quise ir a verlo, yo sabía que había seis ataúdes enterrados en el patio de atrás de la iglesia que la familia Alday había ayudado a construir. Mientras miraba cómo la iglesia que acabábamos de pasar se hacía cada vez más pequeña en la distancia, me di cuenta. *Dios no existe.*

De pronto, fue muy obvio para mí. ¡A él no le importaba porque no hay Dios!

La epifanía no me sorprendió; lo que sí me sorprendió es que me hubiera llevado tanto tiempo darme cuenta. A los ocho años de edad me había dado cuenta de que Papá Noel no existe.

Cuando cruzamos la línea del condado, miré por última vez por la ventanilla de atrás.

La iglesia había desaparecido.

Y también Dios.

Él había muerto y estaba enterrado con los cuerpos ensangrentados de mis primos.

Capítulo 7
ÍDOLOS ACADÉMICOS

✦

Siempre asumí que cuando creciera sería granjero. Los hombres de mi familia eran granjeros. Dios le había dicho a Adán que cultivara la tierra y ese mismo consejo para elegir una carrera había estado en mi familia desde tiempos inmemoriales. Esa fue la primera y la más antigua carrera del hombre, y por la mayor parte de mi vida había sido mi *única* elección. Se me había inculcado que la agricultura era una profesión sagrada en la cual se unían, al igual que en un matrimonio fructífero, el trabajo duro y la fe. No obstante, ahora que yo había dejado a Dios, cultivar la tierra había perdido todo su atractivo.

El verano siguiente a la masacre de la familia Alday fue un momento decisivo para mí. Comencé a mentirles a mis padres y les decía que iba a la iglesia con mi novia, cuando en realidad no asistía a la iglesia. En ese entonces es cuando decidí que iba a ir a la universidad, no para recibir una educación, sino para salir de la granja. Aunque había estado ahorrando dinero para asistir a la universidad desde que tuve ocho años de edad, siempre había asumido que sería como mi padre, un granjero educado, pero que había regresado a la tierra de la familia. Sin embargo, ahora, lo que quería era alejarme de la familia que estaba tan arraigada en la fe.

No podía esperar para alejarme de ese lugar y conseguir un trabajo que no fuera al aire libre. No quería pasar el resto de mi vida pensando en la condición del tiempo y en quién era el que lo controlaba. Yo quería un trabajo donde existiera aire acondicionado en el verano y calefacción en el invierno. Si Dios no había intervenido cuando más lo necesitábamos, ¿por qué debía pasar el resto de mi vida trabajando para él?

En cambio, me dedicaría a la ciencia; mi vida sería el mundo de los hechos y de la evidencia, no de la fe. Los libros siempre me habían servido de evasión, pero ahora se convirtieron en una *vía de escape*. Eran mi plan de evacuación de emergencia cuando quería evadir una situación difícil. La lectura de un libro me llevaba a un lugar nuevo en el cual mi mente estaba totalmente ocupada y libre del dolor del mundo en el que vivía. Ya fuera una novela o un libro de texto, elegía libros que se basaban en la ciencia y rechazaba los que se basaban en la religión. Abrir un libro y volver sus páginas algo gastadas me garantizaba que en lo único que tenía que pensar era en las ideas en blanco y negro frente a mí.

La lectura no solo me aislaba de mi familia y de la conversación acerca de Dios, sino que también me separaba de mis emociones. Si había algo en la televisión o en la radio que hiciera solo una velada sugerencia acerca de Dios, yo apagaba el aparato y me iba a mi dormitorio. Mis padres observaron los cambios en mí. Mi madre respondió haciendo oraciones más largas y con más frecuencia, pero ni ella ni mi padre me hicieron ninguna pregunta, lo cual fue bueno, porque yo no quería hablar acerca de ese asunto.

✦ ✦ ✦

Con mi nuevo enfoque en los asuntos académicos, la vida de nuevo se desarrollaba sin altibajos. Los estudios y el conocimiento eran dioses fáciles de adorar. No requerían mucho tiempo y constantemente recibía elogios debido a las notas buenas que sacaba. Era un alumno modelo en la secundaria, y para el penúltimo grado, ya había tomado todos los cursos de ciencia que allí se ofrecían. Me transferí a una secundaria en Selma que ofrecía cursos avanzados en química y física.

En mi nueva secundaria conocí a Mike O'Brien. Los dos éramos de la misma altura y teníamos el mismo color de pelo, pero esas eran las únicas similitudes. Yo vengo de una línea larga de muchachos buenos de la Convención Bautista del Sur, del estado de Alabama. La familia de Mike era de católicos irlandeses del norte.

A pesar de nuestras diferencias, nos hicimos muy buenos amigos cuando supimos que los dos teníamos planes de asistir a la University of Alabama en Tuscaloosa el año siguiente.

«Voy a solicitar una beca de la Fuerza Aérea», me dijo Mike. El padre de Mike había sido piloto de la Fuerza Aérea de Estados Unidos. Aunque yo jamás había volado en un avión, me sentí intrigado con la idea, así que cuando Mike sugirió que yo también postulara, no me llevó mucho tiempo aceptar el plan. Ser piloto de guerra era mucho mejor que no tener planes en cuanto a una carrera, y una beca ayudaría mucho para pagar la universidad.

Unas pocas semanas después de haber mandado nuestras solicitudes, Mike y yo recibimos la notificación de que los dos habíamos sido aceptados con becas completas. Desafortunadamente, Mike tuvo que conformarse con ser ingeniero. No pasó el examen de la vista y no pudo ser candidato para una de las cincuenta becas para piloto que se dieron ese año. Sin embargo, yo pasé el examen físico sin problema alguno e iba camino a ser piloto.

A cambio de que yo estudiara ciencias y de que en el futuro sirviera al país, la Fuerza Aérea me pagaría mis estudios y los libros; además me daría un estipendio de cien dólares por mes por dos años. Al cabo de los dos años, iban a reevaluar mi situación para asegurarse de que cumplía con los requisitos antes de renovarme la beca por los dos años siguientes. ¡Yo estaba muy entusiasmado!

El otoño siguiente, a la edad de dieciocho años, Mike y yo fuimos a la University of Alabama, donde compartimos el mismo dormitorio. Yo me sentía invencible. Tenía un plan para mi vida y mis estudios estaban pagados. Imperturbable, sin compromiso y determinado a abrirme camino en el mundo, tenía todo lo que se necesita para tener éxito: un buen historial académico, ahorros para mis estudios y una beca de la Fuerza Aérea. No podía esperar para volar hacia mi futuro.

✦ ✦ ✦

—¿Cuántas horas quieres tomar? —me preguntó la persona que me estaba registrando.

Revisé mis papeles de matrícula buscando la respuesta. No tenía ni idea.

—Bueno, no estoy seguro. ¿Cuántas debería tomar?

La mirada de ella me dijo todo lo que yo necesitaba saber: la estaba haciendo perder el tiempo.

«Bueno, lo voy a averiguar y regresaré», le dije, mirando la larga fila de impacientes estudiantes de primer año que estaban esperando para matricularse.

Salí del edificio, busqué un teléfono público y llamé a mi casa.

—Papá, ¿cuántas horas de clase se supone que tome?

—En Auburn, yo tomé de veinte a veintidós horas —me respondió.

—¡Gracias! —le dije y me apresuré a volver a la larga fila de alumnos.

Para cuando llegué otra vez ante la empleada, estaba preparado. La Fuerza Aérea requería que nos especializáramos en física, química o ingeniería. Yo decidí comenzar con una clase de química, porque esa había sido mi materia favorita en la secundaria. Además, Mike también estaba tomando esa asignatura, y yo conocería a alguien en mi clase. También me inscribí en algunas clases de inglés. Me gustaba mucho escribir, y pensé que estudiar literatura sería un buen cambio de mis clases de ciencia.

Durante las primeras semanas, disfruté de mis clases y pensé que me estaba yendo bien. Luego llegó el primer examen de química. Mike y yo estudiamos juntos, pero el examen fue muy difícil. Me encontré cambiando algunas respuestas varias veces. Cuando lo entregué, no estaba seguro si mi examen tenía más marcas de lápiz o marcas de las cosas que había borrado. Nos entregaron los exámenes unas pocas semanas después y mis peores sospechas fueron confirmadas. Mi nota fue cincuenta y ocho puntos. Fue mi primer examen en la universidad y no lo pasé. Sabía que tenía que hacer algo de inmediato si quería mantener mi beca. Hice una cita para hablar con el profesor esa misma tarde. Cuando entré a su oficina, él parecía contento de verme.

—No creo estar en la clase apropiada —le dije—. Necesito que usted me firme este papel para poder dejar su clase.

—¿Qué te hace pensar eso? —me preguntó.

—Saqué cincuenta y ocho puntos en el examen.

—Sacaste la segunda nota más alta de la clase. ¡El promedio fue cuarenta puntos!

Su respuesta me sorprendió. Conversamos unos minutos y supe que ese examen había sido diseñado para eliminar a los alumnos que en realidad no estaban interesados en graduarse en química. Él me aseguró que si yo persistía, me iría bien.

Cuando llegué a nuestro dormitorio me encontré con Mike y me enteré de que él también había estado muy preocupado; había sacado cincuenta y dos. Le conté las buenas noticias y decidimos celebrar tomando unos tragos.

Fuimos a un bar de la localidad llamado Down the Hatch, donde nuestros tragos estuvieron de acuerdo con el nombre del lugar; bajaron a nuestro estómago. Cuando estábamos allí, vimos entrar a nuestro profesor de química, quien nos preguntó si se podía sentar con nosotros. Desde ese entonces, a menudo lo veíamos en los bares y tomábamos una copa o dos juntos. Una noche, me preguntó si yo quería ser su asistente de investigación y yo acepté esa oferta. Aunque no me pagaban, los beneficios eran más que suficientes. Hacíamos un poco de investigación y luego nos íbamos a los bares para tomar.

La química era una combinación de física y matemáticas, envuelta con una bonita cinta científica, y cuanto más química aprendía, tanto más la entendía. No pasó mucho tiempo hasta que decidí que me especializaría en química, con inglés como mi asignatura secundaria. En mi segundo año en la universidad, tomé química orgánica y me gustó mucho. El profesor vio mi pasión por esa materia, así que me pidió que lo ayudara a diseñar y a crear una molécula basada en su tesis para su doctorado. Eso era algo muy abstracto, parecido a aprender un nuevo idioma, pero yo me sentía feliz de entrar a los mundos nuevos que se estaban abriendo delante de mí.

✦ ✦ ✦

Sentía que tenía una cosmovisión mucho más avanzada de la que había tenido mientras crecía en Plantersville. Mi trabajo en química y en las otras clases de ciencia, como biología y física, hacían más y más vívido ese sentimiento. A medida que estudiaba el origen de la vida, comencé a rechazar las cosas que mis padres me habían enseñado. *Están atrasados,* me dije. La química y la ciencia abarcaban todo lo que explicaba la religión, pero las ciencias eran las que tenían pruebas documentadas.

Mis creencias se reforzaron cuando comencé a identificarme con Clyde, el hermano de mi padre. El tío Clyde era profesor de matemáticas y fue uno de los vicepresidentes de la compañía IBM durante la década de los sesenta. Había ganado muchísimo dinero, siempre tenía automóviles nuevos y era miembro del country club local. Él era el «diferente» de la familia porque era intelectual y agnóstico y no compartía nuestras creencias religiosas. Su fe no estaba en Dios sino en la ciencia y en las matemáticas. En las reuniones familiares, él era el que siempre ganaba una discusión y ahora yo sabía por qué. Mis estudios habían confirmado que el *tío Clyde* era el que tenía razón. Si yo tenía alguna duda, todo lo que tenía que hacer era mirar el éxito material que había obtenido Clyde y que ninguno de los otros miembros de mi familia tenía.

Comencé a pensar en mi familia como mal encaminada e ignorante. No era culpa de ellos el ignorar la verdad; nunca habían estudiado ciencias. Eran simples paisanos incultos que tenían fe en Dios porque no conocían nada mejor. No quería ser como ellos. Yo quería tener éxito al igual que el tío Clyde; y para mí, el éxito comenzaría con mi primer vuelo a través del cielo azul como piloto de un avión de guerra.

✦ ✦ ✦

No obstante, la ley de la gravedad me hizo hacer un aterrizaje forzoso. A los dos años de estar en la universidad, se me requirió que volviera a solicitar mi beca. Era una simple formalidad. Yo había cumplido todos los requisitos y me había ido bien académicamente. Sin embargo, cuando fui a pasar el examen físico, me hicieron parar en el último puesto.

«¿Puedes leer esa línea de nuevo?», me preguntó el doctor.

Le leí, pero él no pareció satisfecho.

«Una vez más, por favor», me dijo y esta vez me cubrió el otro ojo.

Yo tenía que ir a una clase y me estaba impacientando. La leí de nuevo, esta vez con irritación en la voz.

El doctor sacó el instrumento que me cubría el ojo y lo puso en una bandeja.

—Lo siento. No has pasado el examen físico. No tienes la vista que se requiere para ser piloto.

—¡No es posible! —le dije—. ¡Hace dos años tenía la vista perfecta!

Él se encogió de hombros.

—Las cosas cambian. Lo siento. Me temo que esto quiere decir que ya no eres elegible para una beca de piloto de la Fuerza Aérea. Te podemos recetar lentes y puedes ser navegante. Es posible que haya otras oportunidades para ti en la Fuerza Aérea, pero no puedes ser piloto.

—¿Por qué querría estar en la Fuerza Aérea y no ser piloto? ¡Es estúpido! —dije. Me sentía herido. Mi vida durante los últimos dos años y medio había estado planeada en una carrera volando entre las nubes. Ahora, después de una prueba de la vista, me habían hecho hacer un aterrizaje forzoso.

—¿Quieres que te recetemos lentes? —me preguntó el doctor.

—No, gracias —le dije—, no quiero ser navegante.

Regresé al campus totalmente destrozado. *¿Qué voy a hacer ahora?* Sabía que académicamente estaba en una buena posición y que tenía opciones, pero no tenía idea alguna de qué elegir. Además, aunque tuviera un plan, ¿cómo pagaría mis estudios sin la beca? Me sentía totalmente perdido. Necesitaba sabiduría, así que hice lo que sabía que se debe hacer en esas circunstancias desesperadas. Hice una cita con mi consejero académico.

✦ ✦ ✦

Mi consejero era profesor de sociología y estaba exilado de Irán. En los dos últimos años, habíamos descubierto que teníamos mucho en común. Debido a que había salido de su país y se había radicado en Estados Unidos, había perdido a muchos seres queridos y esas pérdidas lo habían afectado profundamente.

En su oficina, me senté enfrente de su escritorio mientras hablábamos, él con su acento árabe y yo con mi acento sureño. Le conté lo que me había pasado en el examen médico y que me habían quitado la beca.

—Así que, amigo, ahora que no puedes volar, ¿qué vas a hacer el año que viene cuando te gradúes? —me preguntó.

—Estoy en mi segundo año. El año próximo será mi tercer año —le recordé.

—Sí, lo sé. Te graduarás el año próximo.

Yo estaba confundido.

—Creía que esta universidad era de cuatro años.

—Lo es. Sin embargo, tú, amigo, has tomado más de veinte horas todos los semestres, así es que te vas a graduar el año *que viene*.

En ese momento fue cuando recordé la llamada que le había hecho a mi padre cuando llegué. Cuando papá estaba en Auburn University, seguían el sistema de trimestres, y veinte horas hubiera sido el equivalente de quince horas en el sistema de semestres. Cuando me matriculé para las clases era muy novato para darme cuenta de que mi universidad tenía el sistema de semestres. ¡En dos años, yo había tomado suficientes clases como para graduarme un año antes!

—¿Por qué no me dijo esto antes? —le pregunté, sabiendo que él firmaba mis programas de estudio todos los semestres.

—Bueno, porque sacabas buenas notas y trabajabas muy duro, pensé que era algo que estaba bien para ti. Así que, ¿qué quieres hacer? —me preguntó.

—Ese es el problema. No lo sé —le dije en voz baja.

—¿Has pensado en ser ingeniero? —me preguntó con una amable sonrisa.

Los ingenieros no tienen mucha interacción con otras personas. A mí me gustaba pasar tiempo en los bares con mis amigos y los profesores, así que quería una carrera que involucrara al público.

—No —le dije—. A mí me gusta trabajar con la gente.

—Tal vez te gustaría ser dentista. Es un buen trabajo, se gana bien y puedes tener una buena vida familiar.

Como crecí en el campo, nosotros no teníamos acceso a dentistas o a médicos. Nunca había conocido a un dentista, así que no sabía cómo sería la vida de un dentista. No obstante, hacía poco que las facultades dentales y médicas habían estado reclutando estudiantes para que tomaran los exámenes de admisión para sus programas. No tenía mucho tiempo y esa era la mejor idea que tenía, así que ese mismo día me inscribí para el examen de admisión para ser dentista.

Ahora tenía un plan nuevo. Sería dentista.

✦ ✦ ✦

Unas pocas semanas después fui de nuevo a la oficina de mi asesor con el resultado del examen de admisión para ser dentista. La primera mitad del examen era académica y probó mi conocimiento en química, física y biología. La nota que saqué en esa parte fue altísima. Sin embargo, la segunda parte del examen se basaba en la percepción visual. Debido a que yo era pobre, no había ido al oculista para que me recetara lentes o para que corrigiera los problemas visuales que tenía.

Había fracasado en la segunda parte del examen y ser dentista ya no era una opción.

Yo estaba inquieto en la silla mientras mi consejero miraba los resultados del examen, esperando su veredicto.

«Te fue muy bien en la primera parte del examen —me dijo—, pero veo que tuviste problemas con la parte visual. Toma el examen de admisión para ser médico —me dijo—. No tiene nada de esa parte visual».

Justo lo que el mundo necesita, pensé. *Un médico ciego de Plantersville, la tierra de las granjas familiares y donde las hierbas del campo crecen desmesuradamente.* No obstante, ¿qué otra elección tenía?

Tomé el examen de admisión para la facultad médica y esta vez me anoté un gol. Mis notas fueron mejores de lo que esperaba. Celebré esa victoria con una cena en la casa de mi asesor.

Asistiría a la facultad de medicina. El único problema era, ¿cómo pagaría mis estudios?

Capítulo 8
LA DAMA DEL LABORATORIO

✦

Los químicos con los que yo había andado en la universidad eran todos agnósticos o ateos y nunca mencionaban a Dios. Mis amigos de la clase de literatura hablaban de Dios solo en cierta clase de tono épico, no en ninguna clase de forma personal o íntima. Una de las personas más inteligentes que conocía era mi profesor de filosofía. Era ateo y se oponía a todo lo que tenía que ver con Dios. Cuando surgía el tema de la religión o de Dios, él simplemente respondía: «Si son lo suficientemente inteligentes se van a dar cuenta».

Y yo me había dado cuenta.

Dios no existía.

A mí me encantaba lograr que la gente estuviera de acuerdo conmigo y con mucho éxito me rodeaba de personas que pensaban como yo, probando aún más que yo estaba en lo cierto. Estaba seguro de conocer todas las respuestas, y Dios no estaba en ellas.

Me había convertido en un esnob intelectual.

Sin embargo, la vida académica no era una religión muy reconfortante. Si sabía las respuestas, era recompensado con una palmadita en la espalda. Si no las sabía, a nadie le importaba. Al final del día, yo no sentía satisfacción emocional alguna por un trabajo bien hecho.

Tampoco podía encontrarle un propósito muy grande a la vida.

✦ ✦ ✦

Desde el año 1976 hasta fines de 1977, mis dos primeros años en Tuscaloosa, mi compañero de dormitorio fue Mike O'Brien, mi amigo de la secundaria. Teníamos un amigo mutuo que también se llamaba Mike, y él fue mi compañero de cuarto durante mi tercer año en la universidad. Mike Ledet era un muchacho de Louisiana de ascendencia cajún, quien me enseñó a beber whiskey directamente de la botella. Los dos Mike, O'Brien y Ledet, eran católicos, y a menudo asistían a misa los sábados por la noche.

—Ven con nosotros —me dijo Ledet una noche.

—No es algo que me interese —le dije—. En realidad no creo en Dios.

—¿Crees en la cerveza? —me preguntó Ledet.

—¡Tú sabes que sí!

Después de aquella primera celebración por un examen de química aprobado, a menudo yo frecuentaba los bares locales, participando en juergas y comportándome mal. ¿Y por qué no? No había nada en mi sistema de creencias que me impidiera actuar de esa manera. Lo único que me hacía ir más despacio era la falta de dinero para comprar cerveza.

—Ven con nosotros —me decía O'Brien—. Puedes dormir durante la misa si quieres, pero después ¡el cura tiene un barril de cerveza!

De pronto, me di cuenta del atractivo que tenía el catolicismo. Si eso era lo que hacían los buenos muchachos católicos, yo quería aprender más. Así que comencé a asistir a misa los sábados. Sin embargo, no *dormía*. En realidad, prestaba atención al servicio y a las enseñanzas.

Después de la misa tomábamos cerveza, íbamos al cine, y jugábamos a las barajas y a los dados con el cura. Era la antítesis de todo lo que había experimentado en mis años de crecimiento en la iglesia bautista y nada de aquello a lo que yo estaba acostumbrado. Era agradable experimentar un sistema religioso que permitía divertirse en la vida.

✦ ✦ ✦

Para la mayoría de los estudiantes que se matriculaba en una facultad de medicina, llegar a ser médicos era su Plan A y habían pasado años ahorrando dinero para poder lograrlo. Para mí fue el Plan C. De pronto me di cuenta de que yo no tenía los recursos para presentarme a la facultad de medicina. Tenía que ser estratégico en cuanto a mis solicitudes para asegurarme de ingresar a algún lugar, así que limité mi elección a las dos facultades en el estado. Yo ya tenía dos cosas en contra mía. Era joven (me había graduado de la universidad en tres años en lugar de cuatro), y había otros candidatos más calificados que yo de mi universidad, algunos de los cuales no habían sido aceptados en ninguna institución de estudios. Así que me sentí en las nubes cuando recibí una llamada telefónica de la University of Alabama en el último minuto y me dijeron: «Tenemos un lugar disponible todavía, y quisiéramos que usted se matricule la semana próxima».

Los estudios en la facultad de medicina eran muy caros y no tenía dinero para pagarlos. Durante los veranos, yo había vendido libros a domicilio y me había ido bien, pero no estaba ni cerca de la cantidad de dinero que necesitaría para cuatro años de estudios en la facultad de medicina. Investigué las opciones que tenía y finalmente firmé con la organización National Health Service Corps. A cambio de que yo estuviera de acuerdo en trabajar como el doctor de atención primaria de una clínica en una comunidad pobre una vez que me graduara, ellos me proveerían becas y préstamos para ayudarme a través de la facultad de medicina.

No era mi Plan A, pero era un buen Plan C.

✦ ✦ ✦

Hacía mucho calor en la ciudad de Birmingham el primer día que asistí a la facultad de medicina en julio del año 1979, y tan pronto como entramos al laboratorio, nos recibió el fuerte y algo dulce olor del formaldehído. Ciento sesenta alumnos y treinta cadáveres ocupaban la sala. Las personas vivas estaban nerviosas porque nunca habían estado tan cerca de las personas muertas.

La mayoría de nosotros nunca había visto tantos cadáveres o siquiera tocado un muerto, mucho menos disecarlo. A medida que nos acercamos a los cadáveres, el olor era apabullante, y nos irritó los ojos y los orificios nasales. Justo cuando pensamos que no podíamos aguantar más, dos profesores entraron al lugar. El que estaba a cargo tenía cabello largo que estaba comenzando a ponerse gris en las sienes y una barba que le hacía juego. Usaba lentes de marco de metal y me recordó a un hippie que estaba envejeciendo. Él habló en voz baja con toda la reverencia de un sacerdote en un velatorio.

«Bienvenidos a la clase de anatomía topográfica. Soy el doctor Jerry Brown, y junto con el doctor Hand, les vamos a enseñar muchas cosas en esta clase. Sin embargo, la lección más importante que van a aprender es la forma de honrar y de respetar a las personas que han donado sus cuerpos para que ustedes puedan crecer y llegar a ser médicos».

Su aire de autoridad nos desconcertó mientras nos recordaba que muchas familias se habían sacrificado para que nosotros pudiéramos aprender medicina. «Lo menos que pueden hacer es honrar ese sacrificio tratando los cuerpos de estas personas con dignidad. No se tolerará ningún tipo de bromas», dijo, tratando de hacer contacto visual con cada uno de los ciento sesenta de nosotros.

«Hace dos años, dos estudiantes de medicina decidieron sacar su cadáver a dar una vuelta en automóvil. Ya no están en la facultad de medicina», dijo, haciendo una pausa para que sus palabras nos impactaran.

Estábamos de pie, firmes como soldados, mientras él continuaba con las reglas y regulaciones del laboratorio. Me recordó a un predicador de avivamientos que había escuchado una vez, predicando un sermón sobre los Diez Mandamientos. «Puedes hacer esto, pero no puedes hacer esto otro. Puedes estar aquí, pero no vayas a ese lugar solo. Puedes tocar esto, ¡pero jamás toques aquello!».

Una vez que las reglas fueron explicadas a fondo, el doctor Brown, ayudado por el doctor Hand, le quitó la sábana al cadáver que estaba al frente de la sala. Con la solemnidad de una ceremonia religiosa, dobló una parte de la tela que lo cubría para que se viera solo una parte del cuerpo que se encontraba en la mesa de disección, el altar de su clase de anatomía. La única parte del cadáver que estaba a la vista era la que él estaba explicando, así que en forma constante acomodaba el lienzo sobre el cuerpo a medida que iba desde la cabeza hasta los pies.

Lo primero que hizo fue instruirnos en la forma correcta de sostener un bisturí. Ni siquiera eso pudimos hacer bien al principio, pero con la práctica, aprendimos. En los siguientes meses pasamos de hacer una simple incisión a disecar músculos, arterias, nervios, venas y la intersección de los músculos en los huesos. Como se nos había instruido, con mucho cuidado cubríamos y descubríamos el cuerpo, revelando solo la parte que era necesaria para el trabajo que estábamos realizando.

«Esto no es solo un asunto de respeto por las damas y los caballeros que sacrificaron sus cuerpos para que ustedes puedan estudiar, sino que es un asunto práctico —nos recordaba a menudo el doctor Brown—. Los lienzos empapados en formaldehído impiden que los cuerpos se sequen».

Los rituales de laboratorio eran más litúrgicos que los que se practicaban en muchas iglesias a las que yo había asistido. Todos los días, desde el frente de la sala, el doctor Brown usaba tonos de voz bajos para demostrar el trabajo del día y todos los estudiantes de primer año nos maravillábamos de la cantidad de conocimientos que tenía, y de lo mucho que nos faltaba a nosotros. Los estudiantes éramos simples seres humanos mientras que él era cierta clase de dios, y todos lo sabíamos.

Durante seis años, esto fue lo más cercano que yo había experimentado en cuanto a la reverencia.

✦ ✦ ✦

Durante nuestras lecciones en el laboratorio, trabajábamos en grupos de cinco o seis, siempre con el mismo cadáver. Mi grupo se refería a nuestro cadáver como «la Dama del Laboratorio». El nombre me recordaba el respeto que Jimmy y Jerry siempre habían demostrado por las mujeres llamándolas «damas». Hasta se referían a las mujeres de mal vivir como *damas* de la noche.

La Dama del Laboratorio me enseñó mucho acerca de cómo funciona la anatomía en un cuerpo, pero por cada pregunta que ella contestaba, surgían nuevas preguntas. El día que terminamos de trabajar en el torso y comenzamos con la cabeza y el cuello fue un día importante para mí. Antes de ese momento, la Dama del Laboratorio me parecía similar a otros animales en cuanto a lo físico. Desde la perspectiva anatómica, fácilmente pudiera haber sido una mona o cualquier otro primate, pero una vez que llegamos a trabajar en la cabeza, me di cuenta de que la anatomía humana es diferente de cualquier otra cosa en el planeta. El día que disecamos un ojo fue como una experiencia religiosa para mí. Me maravilló la complejidad involucrada en el proceso de ver y de procesar imágenes en la mente humana. *¿De dónde viene esto?*, me pregunté más de una vez.

Observando el funcionamiento interior del cuerpo humano, me di cuenta de que la Dama del Laboratorio probaba ser evidencia de algo más grande que un conjunto de sistemas. Ella era más que un cuerpo muerto o un cadáver en la facultad de medicina, y no era un accidente al azar del tiempo y del espacio.

Ella era una obra de arte.

Y el arte requiere de un artista.

Para mí fue obvio que había algo diferente en los seres humanos. Somos mucho más complejos que cualquier otro animal. ¿Cómo era posible que esa maravillosa dama hubiera existido por accidente? ¿Cómo podía decir alguien que *yo* existía por un acto fortuito, por azar? Me sentí intrigado, fascinado y confundido al mismo tiempo. No obstante, lo que más sentí fue curiosidad.

También mi propia ignorancia me hizo sentir humilde.

Como estudiantes, se nos pedía que retuviéramos una enorme cantidad de información. Yo fui de leer libros de menos de trescientas páginas a tomos de más de mil páginas, y lo que se esperaba era que me acordara de todos los detalles que contenían esos libros. Y yo no era el único que se sentía así. El mejor alumno de mi clase de primer año no sabía todas las cosas; su promedio de notas era solo noventa puntos.

En el campo de la medicina, las reglas cambiaban con las nuevas investigaciones. Lo que era bueno el año pasado podía causar cáncer este año. La enorme cantidad de información en el mundo médico me intimidaba. Si la facultad de medicina me enseñó algo es que es imposible que una persona sepa todas las cosas.

Cuanto más consciente llegué a ser de todo lo que no sabía, mi ignorancia comenzó a ir limando poco a poco la arrogancia que había desarrollado en la universidad. Si había tanto que aprender en la medicina, que era mi campo de estudio, tenía que haber un número infinito de cosas que no sabía acerca de otras partes de nuestra existencia. Si el mundo que podía ver y estudiar era así de difícil de entender, ¿cuánto más difícil sería el mundo que no podía ver?

Mi profesor de filosofía de la universidad nos había dicho: «Si son lo suficientemente inteligentes, se van a dar cuenta». Yo estaba bastante seguro de que ninguno de nosotros era tan inteligente. Estaba comenzando a entender que el universo es tan complejo que no había forma de que *alguien* pudiera saber todas las cosas.

El abrirle la cabeza a aquel cadáver también me abrió la cabeza a mí. Ella era un conjunto de pruebas de que algo más grande que la casualidad estaba funcionando. La Dama del Laboratorio hizo obvio que ya sea que hayamos *evolucionado* o no, también fuimos *creados*.

¿Habría cometido un error al negar la existencia de un creador?

Sentía demasiada vergüenza como para formularles esta clase de preguntas a mis compañeros o profesores. Tenía que averiguarlo por mí mismo.

✦ ✦ ✦

La fe de mi niñez era tan familiar y común para mí como mi propia piel. No obstante, la piel había sido chamuscada por la muerte de mis primos. Cuando la piel quemada se desprendió, lo único que quedó fue una zona de supurantes heridas en carne viva.

En una de mis clases de la facultad de medicina aprendí que las víctimas de quemaduras son tratadas con una solución salina químicamente similar a las lágrimas. Aparentemente, las lágrimas no solo sanan las emociones sino que también sanan físicamente. Pensé en todas las lágrimas que había visto en el condado de Seminole y en cómo, tal vez, hubo un propósito sanador en ellas. Yo había llorado al principio, pero después que salí de Donalsonville, rehusé derramar más lágrimas.

¿Qué hubiera pasado si hubiera dejado que continuaran las lágrimas?

Yo sabía que se requerirían más que unas pocas lágrimas para arreglar las cosas entre Dios y yo, *si* Dios existía. Al igual que una persona que se ha quemado recibe un injerto de piel, yo tendría que tener algo completamente nuevo —un injerto de fe— para restaurar mi relación con Dios. *Sin embargo, ¿cómo podría suceder eso? ¿Querría yo que eso sucediera alguna vez?*

Cuando descubrí que dos de mis compañeros de la facultad de medicina eran católicos, comencé a asistir a misa con ellos. Si las respuestas a mis preguntas sobre la vida no estaban en mis raíces bautistas o en mis textos de ciencia, tal vez la iglesia católica tenía las respuestas. Existía la posibilidad de que la iglesia católica fuera mi donante de fe.

Comencé a acosar con preguntas a mis amigos. Cansados de mi insaciable curiosidad, un día después de la misa, mis amigos me llevaron a la oficina del sacerdote.

«Soy el padre Frank», me dijo el joven sacerdote a manera de presentación.

Me invitó a entrar a su oficina y me senté en una silla. Durante nuestra conversación, él me habló un poco de su trasfondo. No había nacido en una familia católica; de hecho, había sido una persona intelectual que había llegado a conocer a Dios por sí mismo sin la influencia de su familia. Yo quería saber más, así que hicimos una cita para conversar.

En otra reunión le dije: «He negado la existencia de un creador por cuatro años, pero ahora estoy viendo evidencia de que existe un creador. Creo que hay algo aquí que la ciencia no puede explicar. Es lo que sugiere la evidencia. Tal vez no sea nada, pero creo que debe haber algo más de lo que vemos. Me pregunto si he cometido un error negando la existencia de Dios». Él estaba intrigado con mi historia y me animó a seguir preguntando. Me sugirió varios libros sobre la fe y la ciencia y también me invitó a una clase de catecismo que estaba enseñando. Acepté la invitación y comencé a asistir a esa clase en forma regular.

Estaba abierto para aprender más.

Capítulo 9
UNA BELLA RUBIA DE OTRO ESTADO

✦

Después de haber firmado el contrato de arrendamiento, el dueño me dio un balde de pintura.

—Toma, lo vas a necesitar.

—¿Por qué? —le pregunté.

—Para que pintes las paredes —me dijo, mientras se ponía en el bolsillo el cheque que le había dado. Aparentemente, mi primer trabajo en el departamento que acababa de alquilar sería pintar las paredes.

Mi departamento estaba en uno de dos edificios separados por un patio. Ambos edificios habían sido construidos en la década de 1930 y tenían pisos de madera, puertas en forma de arco y calefacción a vapor. Uno de los edificios era para personas que acababan de salir de la cárcel y el otro era para estudiantes. Algunos de mis amigos de la facultad de medicina también vivían allí, así como también algunos alumnos de posgrado. Yo no debería haber esperado mucho; la queja común de los que vivían en ese complejo era que nadie tenía dinero. El alquiler era de solo cien dólares por mes, incluyendo los servicios.

No obstante, había algunas cosas que me gustaron, como el patio entre los dos edificios. Los residentes del edificio ocupado por expresidiarios lo mantenían muy bien, y a los costados de los caminos habían plantado fragantes flores. En el centro del patio había una parrilla para uso de toda la comunidad. Por las tardes, alguien encendía el carbón y eso era una invitación para que todos los demás lleváramos nuestras salchichas, hamburguesas, churrascos o lo que fuera que podíamos comprar a una especie de cena en el patio, a la cual traías tu propia bebida y tu propia comida. En algunas ocasiones, cuando tenía tiempo o necesitaba un cambio de atmósfera, yo participaba en esas reuniones.

Una noche, una amiga mía, una alumna de posgrado en nutrición, invitó a algunas de sus amigas para que cenaran con ella. Mientras pasaba por el lugar, las vi hablando y riendo mientras asaban sus salchichas. Yo había planeado ir a mi departamento, pero cuando vi a la rubia cambié de opinión. Era la mujer más bella que jamás hubiera visto. Me di vuelta y me uní al grupo.

Mi amiga nos presentó. «Reggie, quiero que conozcas a Karen. Ella está estudiando para una maestría en nutrición».

Eché una mirada a los encantadores ojos azules de Karen y es probable que haya dicho algo realmente inteligente como lo siguiente: «¿Cómo estás?» o « Encantado de conocerte». De alguna forma, pasamos por la incómoda presentación y comenzamos a hablar. Le pregunté acerca de sus clases y me enteré de que ella había recibido una licenciatura de la universidad Southwest Missouri State.

—¿Por qué de allí? —le pregunté.

—Porque soy de la ciudad de St. Louis...

No escuché el resto de la explicación. El único pensamiento en mi mente era: *¡Qué muchacha tan bonita, rubia y de ojos azules, y no es de este estado!*

Desde que tuve uso de razón, mi abuela nos había dicho a todos sus nietos que no nos casáramos a menos que lo hiciéramos con una persona de otro estado. Ella había visto los hijos de primos que se habían casado y los problemas de salud que tenían. «No dejamos que nuestras vacas engendren con toros de la localidad; ¿por qué permitir que lo hagan nuestros hijos?», decía ella.

Como crecí y estudié en Alabama, no había tenido muchas opciones de salir con muchachas de otro estado, así que yo siempre había salido con quien quería salir, sin preocuparme en dónde había nacido la joven. Sin embargo, cuanto más hablamos Karen y yo, tanto más me encanté con ella. Era diferente a cualquier otra de las mujeres que yo hubiera conocido. No solo era muy hermosa, sino que su conversación era fascinante. Era la clase de muchacha con la que yo había soñado, y siendo de St. Louis, era del tipo que mi abuela aprobaría.

—Tenemos un examen de la clase de anatomía topográfica el viernes en la tarde y algunos de mis compañeros de clase van a ir después a Flanagan's para festejar. ¿Quieres ir conmigo?

Su sonrisa fue toda la respuesta que yo necesitaba, pero ella también me dijo con un titubeo:

—Está bien.

El corazón me dio un vuelco.

+ + +

Me sentía muy contento cuando llegué el viernes adonde vivía Karen. Yo había aprobado el examen de anatomía y ahora estaba entusiasmado por presentarla a mis amigos; estaba seguro de que ella sería la muchacha más bella de la fiesta.

Flanagan's era una combinación de restaurante y bar. También tenía una pista de baile y colgada del techo había una bola de espejos.

—¿Te gusta bailar? —le pregunté a Karen mientras la ayudaba a entrar al automóvil.

—¡Me encanta bailar!

Y bailaba muy bien.

Pasamos esa noche bailando mucho y tomando un poco. Yo hice mis mejores pasos al estilo John Travolta y ella me siguió mientras yo la hacía dar vueltas en la pista de baile. Me di cuenta de lo diferente que era de muchas de las mujeres sureñas con las que yo había salido. Lo que querían muchas de ellas era casarse con un doctor, pero Karen no era así.

«En realidad no me gusta salir con médicos —me dijo—, porque muchos de ellos son maleducados».

Ese fue mi recordatorio para que mi comportamiento fuera el mejor posible.

Me di cuenta de que algunos de mis compañeros de clase estaban bebiendo mucho aquella noche en el restaurante, pero puesto que Karen solo había tomado una copa aquella noche, yo también me controlé, porque quería hacer una buena primera impresión. Fue una decisión inteligente. Para el fin de la velada, muchos de mis amigos necesitaron alguien sobrio que los llevara.

Conduje mi automóvil hasta la casa de Karen, le abrí la puerta del lado del pasajero para que saliera y caminé con ella hasta la puerta de su departamento. Estaba orgulloso de mí mismo por ser tan buen caballero. Yo sabía muy bien la forma de tratar a una dama en una primera cita y había tenido suficientes primeras citas como para saber que las damas aprecian los buenos modales. Mientras nos acercábamos a la puerta del departamento de Karen, yo tenía esperanzas de que ella me mostrara *su* aprecio con un beso de buenas noches.

No obstante, me resultaba difícil darme cuenta de qué era lo que Karen esperaba, así que yo me decidí por una ruta más segura.

—Me divertí mucho. ¿Qué te gustaría hacer el próximo fin de semana?

—De nuestra conversación esta noche me doy cuenta de que no eres creyente.

Debo haber tenido cara de perplejidad, porque ella continuó explicándome.

—Tú no crees en Dios y yo soy cristiana —me dijo.

Yo estaba confundido. *¿Qué tiene que ver eso con salir juntos?* Habíamos hablado un poco acerca de Dios y de religión. *¿Qué le había dicho?* Recordaba haberle dicho que era agnóstico. Esa palabra era relativamente nueva para mí. Por más de seis años había sido ateo, pero las preguntas que me había planteado la Dama del Laboratorio, además de la enorme cantidad de información del universo, me habían dejado con la duda de si una persona puede en realidad saber si Dios existe. *¿La había ofendido eso de alguna forma?*

—¿Es por algo que dije? —Si era así, esperaba podérselo aclarar.

Ella suspiró.

—Sé que algún día vas a ser doctor y eres un hombre muy gentil, pero en realidad no veo que nuestras vidas pudieran viajar por el mismo camino espiritual. Así que en realidad no nos veo con la posibilidad de tener una relación más allá de esta noche.

Se volvió hacia la puerta y comenzó a buscar las llaves en su cartera. Yo tenía que hacer algo rápidamente para rescatar la situación, o la perdería para siempre. Pensé que le diría la verdad.

Tienes razón, no soy cristiano. Creo que tal vez hay un Dios en el universo, pero para mí, en estos momentos eso es solo un debate intelectual. Aunque era verdad, sabía que no lo podría decir. Tampoco le podía decir que había sido creyente y la forma en que había experimentado la presencia de Dios en la tierra y en el lago. O cómo una vez Dios me había susurrado en mi sueño que me iba a dar un poni, lo cual cumplió. Porque si le decía eso, también le tendría que decir que él no tenía corazón. Si Dios existía, no solo les daba caballitos a algunos niños pequeños, sino que permitía que algunas cosas terribles les sucedieran a los primos de ellos. Y esa no era una conversación para una primera cita.

Karen encontró las llaves de su apartamento y metió la llave en la cerradura. Era mi última oportunidad de decir algo, así que le dije lo primero que me pasó por la mente:

—Bueno, ¡mis padres son cristianos!

Tan pronto como las palabras me salieron de los labios, me di cuenta de que sonaban tontas.

Ella pensó lo mismo.

Me miró y puso los ojos en blanco.

—Exactamente lo que dije. Tú no entiendes. Gracias por la cena. Buenas noches.

Y con eso desapareció.

Caminé hacia mi automóvil y me regañé a mí mismo por haber dicho una tontería y por haberla dejado ir. Ella era una dama muy encantadora.

Estoy seguro de que Karen le hubiera gustado mucho a mamá.

✦ ✦ ✦

A medida que las preguntas continuaban surgiendo en mi vida, sentí el conflicto dentro de mí.

Todo lo que alguna vez había querido y esperado estaba comenzando a suceder. Aunque la facultad de medicina no había sido mi primera elección en cuanto a una carrera, yo me había dedicado a mis estudios y estaba sacando buenas notas en todas las clases. Podía salir con cualquier muchacha que quisiera —excepto Karen— y tenía muchos amigos tanto entre mis compañeros como entre mis profesores. Lo que ganaría en el futuro probablemente sería más dinero que el que mi padre pudiera haber soñado jamás. Yo era la definición del éxito.

Sin embargo, muchas veces me sentía vacío, sin propósito.

No me podía sacar a Karen de la mente, no porque quisiera salir con ella —yo sabía que eso no era posible—, sino porque ella fue la primera persona que me hizo un desafío espiritual desde la Masacre de los Alday. Las frías palabras de Karen aquella noche me forzaron a preguntarme: *¿Adónde voy con todo esto? ¿Cuál será el final?*

Karen fue también la primera muchacha que conocí que estaba más interesada en el estado de mi alma que en lo que yo ganaría en el futuro. Su conversación conmigo aquella noche me forzó a que yo también me interesara. O Karen estaba en lo cierto, o yo estaba en lo cierto, pero *los dos* no podíamos estar en lo cierto.

La vida continuó, pero las preguntas persistieron.

✦ ✦ ✦

Aparte de pasar cerca de ella en el campus, hacía más de un mes que no había visto a Karen. Un día, a principios de junio, yo estaba sentado afuera de mi departamento cuando la vi llegar en su automóvil y comenzar a descargar cajas. «¿Necesitas ayuda?», le pregunté.

Me dijo que sí.

Mientras me colocaba una pila de cajas en los brazos, me explicó que se estaba mudando al departamento de una amiga mutua, alquilándolo solo por el verano, para ahorrar dinero. Me preguntó si podía ayudarla a mudar sus muebles el sábado y le dije que sí. Llamé a mi amigo John y le dije: «¿Recuerdas a la muchacha a quien no le gusto? Bueno, se está mudando a mi edificio y necesita nuestra ayuda con los muebles».

Unos pocos días más tarde, John y yo ayudamos a Karen a llevar sus muebles varios pisos por la escalera. Mientras trabajábamos, Karen y yo tuvimos tiempo de hablar. Ella me dijo que estaba ayudando en la iglesia presbiteriana Briarwood a desarrollar un ministerio en la universidad y que también era la líder de un estudio bíblico con muchachas de Samford University.

—Estamos tratando de preparar nuestro corazón para ser más como Jesús.

—¡Oh, qué interesante! —le dije. No estaba muy interesado en el estudio bíblico de mujeres, pero estaba muy interesado en Karen.

Después de haber llevado todas las cosas a su nuevo departamento y una vez que John se fue a su casa, le ofrecí a Karen llevarla a cenar para celebrar la mudanza a su nuevo departamento.

«No, gracias», me dijo con demasiada rapidez.

Yo no estaba listo para desistir. Unas pocas noches después, toqué a la puerta de su departamento y le pregunté si quería charlar conmigo por un rato.

«Las muchachas van a venir acá esta noche para el estudio bíblico», me dijo.

Traté de nuevo unas pocas noches después.

—Tengo mucho que estudiar —me dijo.

—Está bien, podemos estudiar juntos —le ofrecí, pero ella se negó de nuevo.

Al día siguiente la vi cuando estaba estacionando su automóvil, o tal vez yo la estaba esperando afuera hasta que la vi estacionar su automóvil. Ella tenía sus libros y llevaba dos bolsas de comestibles.

—¿Necesitas ayuda? —le pregunté al tiempo que tomaba una de las bolsas.

—Sería fantástico —me dijo.

Caminé con ella hacia su departamento y noté que parecía estar tensa.

—¿Está todo bien? —le pregunté.

—Es que tengo demasiadas cosas que hacer. No solo tengo exámenes en los próximos días, sino que tengo que aprender de memoria parte del libro de Filipenses antes de mi estudio bíblico del miércoles.

—Soy muy bueno para aprender de memoria; tenemos mucho que memorizar en la facultad de medicina. ¿Quieres que te ayude? Yo podría hacerte preguntas.

Ella estudió mi anheloso rostro durante un minuto. Yo podía ver que estaba cansada, pero todavía se veía bellísima para mí. Finalmente, suspiró y me dijo:

—Está bien. Regresa a las siete.

Me sentía tan en las nubes que prácticamente fui saltando a mi departamento. ¡La había hecho ceder! Llegué a las siete en punto y ella me dio una Biblia. Durante los siguientes noventa minutos, este agnóstico le leyó las Escrituras y luego escuché cuando ella me las repetía. No me pasó inadvertido que la Epístola a los Filipenses es uno de los libros más llenos de gracia de toda la Biblia. Tampoco me pasó inadvertido que Karen era una persona muy bella, por dentro y por fuera.

✦ ✦ ✦

Durante varias semanas, cada dos días más o menos, seguí yendo al apartamento de Karen para ayudarla a estudiar. A veces le formulaba preguntas acerca de lo que creía y por qué lo creía. Durante ese tiempo yo también estaba asistiendo a las clases de catecismo con el padre Frank, así que estaba aprendiendo dos enfoques diferentes de la fe: uno de una líder presbiteriana de estudios bíblicos y el otro de un sacerdote católico. Sin embargo, todavía no había encontrado la forma de reconciliar por qué Dios había destrozado las vidas de mis primos de una manera tan atroz cuando ellos habían sido personas muy buenas que lo habían amado mucho.

Karen me escuchaba mientras yo vociferaba, me quejaba y despotricaba contra los fundamentos de su fe. Con paciencia respondía a mis preguntas y prometía orar por mí, pero eso no cambió nuestra relación en absoluto. Una noche la vi en el estacionamiento despidiéndose de las muchachas de su estudio bíblico. Dejé los libros que llevaba para darle la mano a cada una de las muchachas a medida que ella me presentaba. Estaba en camino a mi departamento cuando recordé los libros y me di vuelta para irlos a buscar. Al acercarme, la escuché decirles a las muchachas: «Por favor, oren por Reggie. Es ateo y me parece que es un poco *acosador*».

Me detuve en medio de las sombras. No podía creer que ella me hubiera calificado de esa manera. Comprendía que me llamara acosador, pero por cierto que no era ateo. ¡Yo era *agnóstico*!

No dejé que su falta de entendimiento me detuviera y continué tratando de pasar tiempo con ella. Una noche, después de haberle formulado algunas preguntas difíciles, ella dio vuelta a la conversación y me preguntó algunas cosas sobre mi trasfondo. Le dije que había sido criado en una familia de creyentes y que en un tiempo yo también había sido creyente. Inclusive le conté acerca de Tex, el poni, y la forma en que Dios me había dicho que iba a ser mío.

Entonces, tranquilamente me formuló una pregunta.

—Reggie, ¿por qué estás tan enojado con Dios?

Me lo dijo de la misma forma en que alguien hubiera hecho un comentario sobre el calor que azotaba Alabama aquel mes de junio. Su pregunta me sorprendió y solté lo primero que me vino a la mente:

—Porque Dios me falló.

Entonces le conté mi historia completa. Le hablé de los veranos con Jimmy y Jerry, y la forma en que ellos habían sido mi brújula moral mientras crecía y aprendía a ser hombre. Le dije lo buenos que habían sido ellos, cómo respetaban a las mujeres y la forma en que amaban al Señor. Luego le conté acerca de la masacre y de lo que les había pasado a ellos, a su hermano, a su padre, a su tío y a Mary.

—No puedo creer en un Dios que permite que pasen estas cosas. Ellos eran buenos cristianos que amaban a Dios, y él no los protegió. —Lo siento muchísimo —me dijo con suavidad—. Estoy orando por ti y las muchachas también están orando por ti.

En el camino de regreso a mi departamento, pensé en la pregunta de ella. Karen tenía razón; yo estaba enojado con Dios. Se suponía que él era nuestro Padre celestial, que nos protegía y que nos cuidaba. Yo sabía de las clases de catecismo y de otras conversaciones que las personas que no habían crecido con un padre amoroso a veces luchaban para entender a un Dios de amor. Ese no era mi problema. En realidad, mi problema era exactamente lo opuesto.

Recordé la Navidad en que me sentí tan desilusionado por no haber recibido ningún regalo. Mi padre terrenal hizo todo lo que pudo para arreglar la situación. Yo lo había observado ir en contra de su inclinación natural en cuanto a las finanzas, solo para reparar el dolor que yo tenía en el corazón. Él había comprometido sus propias reglas y valores, e hizo grandes sacrificios para que su hijo no llorara esa Navidad.

Si Dios, quien se suponía que era mi Padre *celestial*, en realidad fuera omnisciente, omnipresente y omnipotente como se me había enseñado mientras crecía, ¿por qué no podía hacer por lo menos tanto como hacía mi padre *terrenal*?

Yo pensaba que tenía todo el derecho de estar enojado con él.

✦ ✦ ✦

Al igual que en todas las otras esferas de mi vida, las clases de catecismo con el padre Frank me trajeron más preguntas que respuestas. Cada vez que el padre Frank presentaba un principio de fe de la iglesia católica, yo lo ponía en tela de juicio. Aparentemente, me estaba convirtiendo en una molestia en la clase. El padre Frank me pidió un día que almorzara con él para hablar del asunto.

El aderezó su comida y yo arremetí con mis preguntas. Finalmente, él me dijo: «¿Has considerado estudiar en el seminario católico? Las preguntas que tú formulas son tan profundas que en realidad deben ser contestadas en un seminario».

Esa era otra pregunta fascinante. Tal vez si fuera al seminario, allí podría encontrar las respuestas, pero a estas alturas en mi vida tenía obligaciones con la facultad de medicina y tenía que pagar los préstamos que habían financiado mis estudios. Lo que resolvió el asunto fue cuando él me dijo:

—Debes considerar la posibilidad de hacerte sacerdote.

—Creo que voy a continuar con mis estudios de medicina —le dije. Yo sabía que nunca podría tomar el voto de celibato—. Pero gracias. Voy a tratar de dejar de hacer tantas preguntas.

Unas semanas después y varias clases más, terminé el curso.

—Aprobaste —me dijo el padre Frank en tono de broma. Luego agregó con más seriedad—: Mis planes son confirmarte el último domingo de julio, en caso de que quieras invitar a alguien.

Entre el padre Frank y Karen, yo estaba recibiendo alimento teológico. El problema era que estaba recibiendo tanta nutrición que no sabía cómo procesarla y digerirla. Había recibido la enseñanza necesaria para convertirme al catolicismo, pero al mismo tiempo, en realidad no sabía lo que creía. Yo estaba seguro de que el padre Frank quería que yo fuera confirmado por la misma razón que quería que fuera al seminario: él sentía que eso me acercaría más a Dios. Y yo lo entendía. Tenía todas las razones para ser confirmado en la iglesia católica menos una: todavía no creía en un Dios que se pudiera conocer.

✦ ✦ ✦

Decidí tomar unas vacaciones durante el fin de semana del 4 de julio para ir a acampar. En la ciudad de Birmingham hace un calor insoportable en julio y no hay clases durante ese feriado. Viajar en automóvil por las montañas de Tennessee me pareció una buena idea, así que elegí un lugar en las montañas cerca de Sparta, Tennessee. Ir a acampar solo era una forma de alejarme de todas las cosas, volver a la naturaleza y pasar tiempo pensando.

Unas noches antes de que me fuera, Karen me hizo un regalo. Ya era bastante sorprendente que ella hubiera accedido a compartir tiempo conmigo, pero jamás me imaginé que me diera un regalo. Las únicas veces que hablábamos era cuando yo la ayudaba a estudiar. Me temblaban las manos cuando desenvolví el paquete. Era un libro titulado *Mero cristianismo*, por C. S. Lewis.

«No quiero que odies a Dios —me dijo—. Cuando lo niegas, estás simplemente negando la verdad debido al dolor que has sufrido. C. S. Lewis luchó con el mismo dolor y con muchas de las mismas preguntas con las que tú luchas. Espero que leer este libro te ayude a no odiar a Dios».

A continuación me alentó para orar lo siguiente: «Dios, si eres real, revélate a mí».

Pensé que era una oración un poco fuera de lo común, pero le prometí que la iba a orar.

El libro permaneció cerrado sobre la mesa de la sala mientras consideraba qué hacer con él. Mientras estaba empacando para mi viaje, lo miré de nuevo y pensé que tal vez debería leerlo mientras estaba de vacaciones. Lo tomé y en el último instante tomé también la Biblia verde de cuero que estaba en un estante. Debido a que sabía lo lejos que yo estaba de mi fe, mi mamá me había mandado esa Biblia cuando yo asistía a la universidad, pero nunca la había leído. Ahora puse los dos libros en mi mochila y la cerré.

Al día siguiente, salí para las montañas, sin noción alguna de cómo cambiaría mi vida al regresar.

Capítulo 10
EL SUEÑO QUE ME CAMBIÓ LA VIDA

✦

Llegué tarde al comienzo del camino el 3 de julio y pasé la noche en mi automóvil. A eso de la mitad de la mañana del 4 de julio salí del lugar de estacionamiento y comencé el camino de más de seis horas a través de la meseta hacia las cataratas de Virgin Falls. A lo largo del camino pasé por varias caídas de agua, cuevas y otras interesantes formaciones geológicas. Lo que forma esa catarata es una corriente subterránea. Desde donde nace, el agua cae sobre un acantilado de más de treinta metros antes de desaparecer en otra cueva al fondo de las cataratas. No lejos de ese lugar, encontré el sitio perfecto para acampar, donde todavía podía escuchar el ruido del agua a la distancia.

Me detuve, respiré profundamente y de inmediato sentí que todo el estrés desaparecía. La vista era maravillosa. El vapor de agua producido por las cataratas generaba algunos de los laureles y helechos más hermosos que jamás hubiera visto. El vapor hacía que todo pareciera más verde y fresco. El aroma no se puede describir. Yo no podría haber pedido que el tiempo fuera mejor. El cielo era azul y yo estaba rodeado de la naturaleza. Todo era prístino; nada había sido tocado por manos humanas y no había ninguna otra alma a la vista.

Tenía suficiente tiempo para organizar mi campamento y poner la tienda de campaña antes de que se ocultara el sol. Al atardecer, hice una fogata; los leños chisporroteaban y las llamas danzaban.

Fue mi celebración privada de fuegos artificiales del 4 de julio. Me acosté de espaldas y miré hacia arriba al dosel formado por nogales y robles que me protegía, recordando las veces que en mi juventud me había acostado de espaldas en la misma posición para mirar el cielo. Pensé en la forma en que mi vida había cambiado desde que era un niño en la granja en Plantersville. Mis sueños de ser piloto y volar habían sido hecho añicos por no tener visión perfecta. Estudiar para ser dentista había sido otro fracaso. Por lo menos me estaba yendo bien en la facultad de medicina, pináculo del intelectualismo, así que debería estar disfrutando mi éxito. En cambio, lo único que podía hacer era lidiar con mis preguntas acerca de Dios y anhelar respuestas que parecían estar ocultas de mí.

Me senté, tomé mi mochila y saqué el libro que Karen me había regalado. Ella me había dicho que C. S. Lewis había sido un intelectual y que se había hecho algunas de las mismas preguntas que yo tenía sobre la vida. No estaba seguro de cómo el hombre que había escrito Las crónicas de Narnia podía saber tanto, pero estaba dispuesto a aprender. Abrí el libro y comencé a leer.

El tiempo pasó con mucha rapidez y el sol se había puesto antes de que yo cerrara el libro. Había estado leyendo a la luz de la fogata y lo leí de tapa a tapa sin parar.

¡Finalmente! Alguien había expresado en forma clara las preguntas sin respuesta que hasta entonces yo había tenido en cuanto al cristianismo. Me sentí compenetrado con C. S. Lewis. Él también había creído en las promesas de la ciencia y en los profetas de la lógica y del conocimiento; y sin embargo había vuelto a amar y a defender al Dios con el cual yo había crecido. *¿Cómo lo hizo?* Traté de entender cómo había llegado él a esa conclusión. *¿Podría yo llegar a ese mismo conocimiento?*

Consideré algunas de las preguntas que me habían perturbado. *¿Dónde estaba Dios cuando la familia Alday fue asesinada? ¿Por qué no pudo protegerlos?* Entonces me formulé la pregunta de si era posible que Dios estuviera aún *más* presente en una tragedia que en nuestras circunstancias comunes y corrientes. Si era así, ¿por qué no lo veíamos o escuchábamos? ¿Podía ser que cuando más necesitábamos a Dios, también era posible que nos apartáramos más de él? ¿Era posible que nuestras lágrimas y gritos nos cegaran de su presencia y nos ensordecieran para no escuchar su voz? Ese era un pensamiento nuevo para mí. Ahora, la oscuridad era completa. Aunque era tarde, yo no tenía sueño. Tomé la linterna y el único otro material de lectura que tenía: la Biblia de cuero verde que mi mamá me había enviado. La abrí, haciendo la primera marca en el lomo del libro. El cuero crujió.

Recordé que Karen había mencionado que un buen lugar para comenzar a leer era el Evangelio de Juan, y Lewis había mencionado a Juan en su libro. Lo encontré en el índice, busqué la página y comencé a leer.

Yo esperaba que mi lectura me presentara nuevas preguntas, como todo lo demás en mi vida, pero esta versión de la Biblia, la *Living Bible*, hablaba en una forma tan práctica y clara que pude leer sin detenerme. Me parecía tener una claridad mucho mayor sobre lo que estaba leyendo y podía imaginarme lo que el escritor estaba diciendo. Nunca había tenido una experiencia así cuando había leído la Biblia antes.

No me sentía cansado, pero tan pronto como terminé de leer la última parte del Evangelio de Juan, se me cerraron los ojos. Sin darme cuenta, caí en un sueño profundo, pero esta soñolencia era diferente de cualquier otra que hubiera experimentado antes. La mente me daba vueltas; parecía estar en una caída libre, al igual que las cataratas cercanas. Me sobrecogió una paz indescriptible y sentí que todo estaba bien en el mundo.

✦ ✦ ✦

Cuando mi mente se detuvo, abrí los ojos y vi la más maravillosa escena de campo que uno se pueda imaginar; todo era vívido y radiante. Mis sentidos estaban muy aguzados, como si me hubiera despertado en alguna clase de realidad mucho más vívida. Frente a mí había una bella pradera llena de flores silvestres de colores muy brillantes. Montones de flores amarillas, naranja, rojas, azules y de color añil se movían en la brisa como arcoíris vivientes. El verde era el tono más exuberante que jamás hubiera visto; el matiz estaba tan saturado que me pareció un color nuevo. ¡El esplendor que tenía frente a mí era maravilloso!

Yo quería respirar esa belleza. Cuando lo hice, inhalé un perfume muy fragante, liviano y agradable, como una mezcla de frutas cítricas y lilas. Contuve la respiración permitiendo que me limpiara interiormente y que me abriera la mente. Escuché un ruido como de una corriente de agua, me di vuelta y vi un arroyo. El agua era clara como el cristal y fluía sobre las brillantes rocas que cubrían el lecho del arroyo. Hacía un sonido burbujeante y tranquilizador. Caminé hacia la corriente de agua y sentí un rocío helado pero refrescante, casi como lo que sentía cuando era chico y abría el congelador en un día caluroso en Alabama. El agua que corría era transparente y de color azul zafiro, pero me sorprendió lo transparente y clara que era cuando metí las manos y saqué un poco de agua.

Todo era muy real, más intenso y tangible que mi vida diaria. Me parecía que los sentidos se me habían despertado y abierto como una flor en el sol. Podía ver, oír, tocar, oler y sentir cosas como nunca antes. No sentí como si estuviera soñando; sentí que esa era la vida real que siempre había estado buscando. Esto era *más real* que mi vida.

Vi una roca grande que estaba cerca del arroyo y me subí a ella para abarcar la magnificencia desplegada ante mí. La paz y la serenidad del lugar me hacían sentir maravillado.

Lo más cercano a esto que pudiera haber experimentado habría sido un día caluroso en Georgia, cuando era niño y no tenía ninguna preocupación en el mundo. No obstante, aun esos vívidos recuerdos de mi niñez eran pobres imitaciones de la brillante luz que ahora emanaba de la escena que tenía frente a mí.

No tuve tiempo para pensar cómo había llegado allí, porque escuché una voz inconfundible que me llamaba desde la distancia.

Era la voz de alguien que antes yo había amado y que todavía me amaba a mí. No fue una voz audible, sino que resonó *dentro de mí* y su eco se escuchó afuera, como si la hubiera escuchado con el corazón, o tal vez con el alma. Era la voz más imponente y a la vez la más reconfortante que yo hubiera escuchado.

Giré hacia la derecha para ver a la persona que me había hablado al corazón y vi una multitud de personas que venían hacia mí. Mientras miraba a esas personas, sentí una fresca brisa. Entonces fue cuando los reconocí.

¡Jimmy, Jerry, Mary, Ned, Chester y Aubrey!

No podía creer lo que estaba viendo, pero no había duda de que eran ellos. Se veían muy felices. Yo nunca había visto a *nadie* tan feliz como ellos. No hablaron con palabras, pero parecían saber lo mucho que yo había sufrido con la muerte de ellos y la forma en que ese trauma había levantado una barrera entre Dios y yo. De la manera más amorosa y amable posible, me comunicaron que ellos no eran obstáculos para mi fe. Estaban allí para quitarme la carga que había estado llevando por tanto tiempo.

Miré sus rostros detenidamente y lo único que vi fue gozo. De alguna forma me hicieron entender que lo que les había sucedido había sido por una razón. Querían que yo supiera que yo no entendería eso completamente hasta que estuviera con ellos otra vez, pero que mientras tanto, no debía culpar a Dios por nada. Me tomó menos de una milésima parte de segundo entenderlo: este era el lugar al cual *pertenecían*. No se lamentaban por haber partido de un mundo caído. Este no era su nuevo hogar espiritual; este era su *verdadero* hogar corporal.

El verlos y saber de ellos me liberó de los tenebrosos pensamientos acerca de sus muertes. El peso que me había agobiado por tanto tiempo fue quitado. Ellos eran muy reales, estaban muy presentes y tenían mucho gozo. Nunca había visto tal felicidad emanar del rostro de una persona, pero la esencia de quiénes eran todavía era evidente. Aun parecía que Jimmy y Jerry bromeaban el uno con el otro, como hacen los hermanos, de la misma forma en que los tres lo habíamos hecho en el mercado de granjeros. Yo quería correr hacia ellos, unirme a ellos y vivir en ese paraíso con ellos.

Yo quería que este también fuera mi hogar.

Entonces lo vi.

Tenía una presencia más fuerte en medio de la multitud que una forma humana, sin embargo tenía cualidades humanas. No pude identificar a qué raza pertenecía; parecía ser de una combinación de razas, o tal vez de una raza que yo nunca hubiera visto antes. Además, no se le veía la edad; podría haber tenido cualquier edad, ser joven y viejo al mismo tiempo. Nunca antes había visto a nadie como él. Aun su largo cabello era indescriptible. Al mismo tiempo era de color plateado, dorado y azabache a medida que se movía en la luz. Detrás de él se veía un resplandor que creaba el efecto de una especie de aureola.

¿Quién era ese hombre? No era como ningún otro hombre que yo hubiera conocido. Todo y todos los que estaban alrededor de nosotros se detuvieron cuando habló.

«Reggie, ¿por qué huyes de mí? Tus amigos están conmigo aquí en el paraíso, así que puedes dejar de huir».

Entonces fue cuando lo supe. Era *Jesús*.

Se comunicó con completa autoridad. Sus Palabras tenían peso. Sin embargo, yo no pude ver que sus labios se movieran; de cierta forma intuí sus palabras. Mientras hablaba, me di cuenta de que la luz que estaba detrás de él se hizo más brillante. Los ojos le brillaban como las refrescantes aguas del arroyo que nos separaba. Su sonrisa irradiaba tanta seguridad que la podríamos comparar con la sonrisa de una madre a su bebé. Y dentro de mí, sentí el calor de su amor envolviéndome el corazón y el alma.

Todo esto sucedió en un instante. Lo vi con mi visión periférica por un breve instante; luego el brillo fue demasiado y tuve que apartar la vista.

«He venido por ti», me dijo.

De inmediato, supe lo que quería decir. Por más de siete años, yo había estado caminando sin rumbo fijo en un desierto espiritual. Él había venido para rescatarme del odio y del enojo que me habían atrapado en ese yermo para traerme de vuelta a la fe de mi niñez. Había venido a restaurar mi relación con él. Sin embargo, mantuve los ojos apartados porque sentí vergüenza. Lo que sentí se puede comparar a aquel sentimiento que tuve una Navidad hacía muchos años cuando mi padre se había humillado para regalarme una bicicleta.

«Tus amigos y tus familiares están aquí y ya no sufren», me dijo. De nuevo miré hacia la multitud y me di cuenta de que él tenía razón. No se veían heridas de bala en la familia Alday. Ni siquiera tenían cicatrices. De hecho, las cicatrices que habían tenido cuando estaba vivos ahora no se veían. Ned había sido anciano y sin poder enderezarse debido a la artritis, pero ahora se veía alto, fuerte y derecho. Se veía saludable y lleno de vigor. Aunque su apariencia había cambiado en forma tan radical, yo lo reconocí.

Todos habían cambiado. Habían sido completamente sanados; eran perfectos. Las cicatrices y las imperfecciones en la piel de la juventud habían sido reemplazadas por piel suave y perfecta.

Jesús habló de nuevo. «Tengo un plan para ti, pero debes dejar de huir».

Yo estaba maravillado y supe que en cualquier cosa que me dijera o me pidiera, lo iba a obedecer completamente. Sin embargo, mi devoción instantánea fue probada por sus próximas palabras. «Te vas a casar con Karen, y van a tener cuatro hijos. Vas a ser médico y practicarás medicina en una zona rural de Tennessee».

¿Sucederá en realidad?

Sin ninguna duda, supe que el que hablaba era el Dios de universo. No obstante, sabía también que Karen, quien apenas hablaba conmigo (a menos que estuviéramos estudiando), estaba convencida de que yo era un acosador y que iba directo al infierno. Ella no saldría conmigo ni tampoco iba a pasar tiempo conmigo. *¿Por qué consideraría casarse conmigo?*

Él pareció leerme la mente.

Sus palabras finales fueron: «Todo lo que te dije sucederá. Lo único que tienes que hacer es confiar en mí y en mis palabras».

✦ ✦ ✦

Sentí una brisa fresca que me pasaba por el cabello y me desperté. El amanecer comenzaba a dejarse ver sobre la cima de la montaña y todavía podía ver el dosel que habían formado los árboles sobre el lugar donde estaba. No había dormido en mi tienda de campaña; me había dormido al lado de la fogata que todavía estaba ardiendo pero sin llamas. Nunca antes me había sentido tan ubicado y desubicado al mismo tiempo.

Traté de recordar todo lo que había visto. Había estado en el viaje más increíble que uno se pueda imaginar y sabía que no lo merecía. Cuando te encuentras en la presencia de alguien y sabes que no mereces estar allí, de pronto tus defectos se acrecientan. Todo lo relacionado conmigo ahora parecía sucio, y esa no era la suciedad que ocasiona un día de trepar montañas en la parte desierta de Tennessee, sino la que habían ocasionado los años que pasé enojado, odiando y pecando contra Dios.

Yo no merecía la experiencia que había tenido y sabía que nunca la merecería. Había otras personas que habían sido fieles a Dios toda su vida, que lo habían servido, personas como Karen y otras en la iglesia de ella quienes merecían una audiencia con él. Yo había sido un pecador enojado que había guiado a otras personas en un grito de guerra contra él. *¿Por qué se me reveló a mí?*

Sentí el peso de mi pecado como nunca antes lo había sentido y supe que tenía que hacer algo para limpiarme de mi pasado. La última vez que me había sentido limpio fue aquella noche en que caminé por el pasillo de la iglesia bautista en Desser, Georgia, y el pastor me sumergió en las aguas del bautismo. Aquella noche me había sentido muy limpio.

Anhelaba sentirme así de nuevo.

Entonces tuve una idea. Tomé mi mochila y caminé hacia la piscina natural abajo de Virgin Falls. Allí me saqué la camisa y también las botas, y entré a las frías y oscuras aguas. De pie debajo de la catarata, con el agua cayéndome a torrentes sobre la cabeza, recordé lo que Dios había significado en mi vida cuando era joven. Quería que ahora él significara lo mismo. Volví el rostro hacia la luz del sol y tuve que hacer esfuerzos para respirar puesto que el agua me caía en la boca y en la nariz. Dejé que fluyeran las lágrimas. Lloré por lo que había hecho y por el enorme amor que me había sido dado. No entendí por qué Jesús vino a mí, pero estaba muy agradecido de que lo hubiera hecho. Hacía tanto tiempo que no había llorado que no supe cómo entender cuáles eran las lágrimas de gozo y cuáles eran las de arrepentimiento, pero supe que todas eran lágrimas de sanidad. Eran el bálsamo que necesitaba mi alma para sanar el odio que había consumido mi corazón. A medida que el agua me caía en la cabeza, fue mucho más limpiadora que el agua de la experiencia de mi bautismo cuando tenía doce años de edad. Me sentí como un hombre nuevo.

Mi cambio fue total.

Jesús era real.

Dios era real.

¡Y Dios era bueno!

✦ ✦ ✦

Mientras me secaba al calor del sol en la caminata hacia mi campamento a través de los laureles de la montaña, mis preguntas y dudas acerca de Dios desaparecieron. Yo me había encontrado con él y él era más real de lo que jamás me podría haber imaginado. No obstante, también era diferente de lo que me había imaginado. En los meses anteriores a mi sueño, yo había pasado mucho tiempo en una iglesia católica donde había muchísimas obras de arte que representaban a Jesús. Por lo general, él estaba en una cruz, u orando en un huerto. A menudo se veía como un típico carpintero judío del medio oriente, con cabello castaño y ojos color café.

Sin embargo, en el breve instante en que vi a Jesús, él no se parecía en nada a esas pinturas. Él era fuerte y puro. Parecía estar sin defecto alguno, casi nuevo, como uno esperaría que se viera Adán, como si él fuera un segundo Adán. Yo sabía que lo que había visto no coincidía con nada que yo o alguna otra persona pudiera esperar, y no sabía por qué. Sin embargo, sabía que Jesús podía manifestarse de la forma en que él eligiera hacerlo. Sabía también que, al igual que escuché sus palabras en mi corazón y no en mis oídos, mis ojos y mi cerebro habían estado trabajando intensamente para darle sentido a lo que había visto.

De todos modos, no tenía importancia que Jesús se me hubiera aparecido en la forma en que lo hizo. Lo importante era que yo había visto a Jesús.

Tuve un vistazo del cielo.

El velo se había partido, permitiéndome ver el otro lado, y lo que vi fue un mundo mucho más colorido y brillante que el mundo en que vivimos. Era un mundo de paz y de amor, un mundo donde las arrugas de ansiedad, temor y preocupación simplemente habían desaparecido. Supe que la permanencia de ese lugar sobrepasaba la vida temporal que vivimos aquí.

Aunque la experiencia que tuve me dio una lección en humildad por el don inmerecido de haber podido visitar ese mundo, anhelé el día en que pudiera regresar. No obstante, también sabía que todavía no había llegado el tiempo que había sido predeterminado para mí. Había tareas que debía realizar aquí. Es difícil expresar todo lo que sentí; una experiencia como esa va más allá de las palabras y es así como debe ser. Yo había escuchado y visto más en lo profundo de mi alma de lo que jamás iba a poder expresar con mi lengua.

Sin embargo, puedo decir esto con toda certeza: Dios es real y es bueno. Yo había estado en su presencia, en su hogar en el cielo, y él había hablado a lo más profundo de mi ser.

Mi única respuesta era anhelar más de él.

✦ ✦ ✦

Esa experiencia me había transformado por completo, pero ¿podía también transformar mi futuro? ¿Me casaría en realidad con Karen? No solo parecía demasiado bueno para ser cierto, sino que también parecía imposible. Ella había dicho a otros que yo era un acosador y me había dicho a mí que iba derecho al infierno.

Recordé las palabras de Jesús: *Todo lo que te dije sucederá. Lo único que tienes que hacer es confiar en mí y en mis palabras.*

Tan pronto como volví a la civilización, hice una parada en el centro y compré una tarjeta postal para mandársela a Karen.

Karen,

Anoche tuve un sueño y Jesús se me apareció en ese sueño. Lo acepté como mi Salvador. Él me dijo que tú y yo nos vamos a casar.

Te veré cuando llegue a Birmingham.

Reggie

Esa fue mi primera acción de fe. (No incluí la parte de los cuatro hijos. No quise asustarla). Yo sabía que la tarjeta le llegaría antes que yo llegara a mi departamento y me reí pensando cuál sería la reacción de ella. Al igual que yo había creído la promesa de Dios de que iba a ganar aquel poni cuando mandé por correo mi tarjeta hacía unos veinte años, ahora también tenía la creencia firme de que iba a ganarme la mano de Karen.

Algún día pronto, nos casaríamos.

Capítulo 11
CONVENCER A KAREN

✦

Tan pronto como llegué a Birmingham, fui a ver a Karen. Toqué a su puerta, y luego toqué nuevamente en forma impaciente. Ella se demoró en contestar, y cuando lo hizo, solo abrió una pequeña rendija, sin sacar la cadena de seguridad.

—¡Hola! Acabo de llegar —le dije—. ¿Recibiste mi tarjeta?

—Ajá.

Nunca fui bueno en cuanto a darme cuenta de qué era lo que ella estaba pensando.

—Bueno, ¿no estás contenta? —le pregunté.

—La hice pedazos.

Su reacción me sorprendió. Yo creía que ella iba a estar contenta por mí y por nosotros.

—Está bien. Dios me dijo... —Y a esas alturas ella me cerró la puerta en la cara.

—Bueno, ¿puedo entrar? —le pregunté a través de la puerta cerrada.

—¡No!

La escuché encender el aparato estereofónico y aumentarle el volumen, lo cual fue la señal de que debía irme; ella había terminado la conversación conmigo.

Cuando Dios me dijo que quería que me casara con Karen, asumí que le había dicho a ella lo mismo.

Aparentemente, no había sido así.

✦ ✦ ✦

La última conversación que habíamos tenido había sido sobre preguntas espirituales, las cuales Karen había contestado con paciencia, pero ella a continuación me había dicho que éramos «solamente amigos». Ahora que yo tenía la impresión de que nos íbamos a casar, aparentemente yo estaba forzando demasiado las cosas. Mi enfoque la hizo sentir incómoda. Ella estaba contenta con ser la persona que me había guiado a Dios, pero ahora que yo le había dicho que había encontrado a Dios, ella sintió que su tarea espiritual conmigo había terminado y lo mismo era en cuanto a nuestra relación.

Asimismo, ella pensaba que a mí me faltaban algunos tornillos.

No obstante, mi nueva fe me dio valor. Yo creía en lo que Dios me había dicho, a pesar del hecho de que él había decidido no revelárselo todavía a ella. También hay que considerar que soy hombre, lo que significa que puedo ser bastante insensible a la forma de ser de las mujeres.

Dejé pasar uno o dos días y entonces toqué de nuevo a su puerta.

—Ya te lo dije. ¡Hice pedazos tu tarjeta! —me dijo a través de la puerta cerrada.

—Está bien. Solo quiero hablar contigo.

Sin embargo, ella se negó a abrir la puerta.

Cada noche yo tocaba a su puerta, y cada noche se repetía una versión de la misma escena. Algunas veces ella me contestaba, otras veces no estaba en su casa y otras veces apagaba las luces para aparentar que no estaba en la casa.

Hombres con menos determinación hubieran desistido, pero yo había sido vendedor de puerta en puerta. Sabía lo que es ser rechazado una y otra vez, y como el número veintiséis de la lista de los mejores vendedores entre seis mil, conocía la forma de lidiar con el rechazo y de seguir tocando puertas.

También tenía la fe absoluta de que esto era lo que Dios había planeado para mi vida. Yo quería perseverar, no solo en mi insistencia con Karen, sino también en mi obediencia a Dios.

Así que continué tocando a su puerta.

✦ ✦ ✦

Mi perseverancia dio buen resultado.

Karen abrió la puerta una noche y me dijo que podía entrar si la ayudaba a aprender de memoria el capítulo que estaba estudiando para su clase bíblica.

—Lo haré con una condición —le dije.

—¿Cuál es la condición?

—Que tú también me ayudes a mí a aprenderlo de memoria.

Escuché el suspiro que dio y aunque no me estaba mirando, tuve la impresión de que estaba poniendo los ojos en blanco. Era obvio que Karen no creía que mi experiencia de conversión había sido verdadera.

Mientras estábamos estudiando, yo esperaba que ella me preguntara acerca de los detalles de mi experiencia, pero no lo hizo. Cuando llegó un momento propicio en nuestra conversación, traté de darle los detalles de lo que me había sucedido, pero me sentí desilusionado con la indiferencia de ella. Yo esperaba más reacción de parte de ella de la que recibí. *¿No era esto lo que ella quería? ¿No se siente feliz de que ahora los dos vamos en la misma dirección espiritualmente?*

Ella asistía a la iglesia presbiteriana Briarwood y allí estaba encargada del grupo femenino de alumnas de la universidad. A ella le encantaba su iglesia y a menudo hablaba sobre ella. Yo había ido a esa iglesia una o dos veces. Ahora estaba entusiasmado con la idea de asistir en forma regular con ella. Cuando terminé de hablar y ella no dijo nada, finalmente le pregunté:

—¿A qué hora empieza la iglesia el domingo?

Ella me miró sorprendida.

—Reggie —dijo e hizo una pausa. Escuché en su voz el mismo tono de molestia que había escuchado en el pasado—. Si en realidad quieres seguir a Dios...

—¡Sí, quiero! —le dije con entusiasmo.

—Entonces debes seguir a Dios *por tu cuenta*. En forma in-de-pen-dien-te —me dijo, recalcando las sílabas.

Me sentí destrozado. Yo quería seguir a Dios en forma independiente, pero también lo quería seguir con ella. Ella había tratado de guiarme antes de que yo creyera en Dios, pero ahora parecía que no quería tener nada que ver conmigo. Esto no estaba saliendo como yo había pensado. Cuando estuve solo, clamé a Dios: *Me has dado esta visión; me has dado esta promesa, así como este sueño y lo que quieres para mi vida. ¿Por qué le resulta tan difícil de entender a ella?*

Me negué a dejar que la forma en que Karen me había desalentado me impidiera crecer en mi fe. Encontré otra iglesia presbiteriana y comencé a asistir allí solo.

✦ ✦ ✦

Karen se sentía asustada por lo que vio. Ella no había tenido la misma experiencia que yo; Jesús no la había mirado a los ojos ni le había hablado a su corazón. Para ella, todo esto era una elaborada farsa que yo había urdido para salir con ella. En secreto, también se preguntaba si no estaría un poco chiflado. Así que continuó desalentándome. Las únicas veces en que yo podía verla eran cuando la ayudaba a memorizar las Escrituras.

No solo *Karen* no estaba reaccionando de la forma en que yo esperaba, sino que tampoco lo estaban haciendo la mayoría de los *otros* creyentes a mi alrededor. Yo pensaba que ellos debían alabar a Dios porque yo había encontrado lo que ellos ya tenían, pero en cambio parecían dudar de la veracidad de lo que les decía.

Los recuerdos de Jesús en aquella pradera eran tan reales e intensos para mí como lo fueron el día en que desperté al lado de la fogata en el campamento. Sin embargo, me resultaba difícil explicarles a otras personas lo que había experimentado, y para ellas era aún más difícil entenderlo.

Mis frustraciones me llevaron a aprender más sobre Jesús. Tenía una sed insaciable de leer la Biblia. Sabiendo que él era tan real como mis amigos o familiares, escudriñé las Escrituras con más profundidad. Además de asistir a la iglesia, me uní a un grupo de estudio bíblico para estudiantes de medicina. Estaba patrocinado por la iglesia presbiteriana Briarwood, que era la iglesia de Karen, y un hombre llamado Earl Carpenter era quien lo dirigía. La misma semana que me inscribí en ese curso, R. C. Sproul vino a nuestra ciudad para dictar una conferencia sobre apologética. Earl hizo arreglos para que ese conferencista debatiera con algunos de los más intelectuales del campus: científicos renombrados de la facultad de medicina, algunos de los cuales habían sido mis mentores. Yo asistí un poco nervioso por lo que podrían decir esos hombres a quienes yo apreciaba tanto.

Al principio del debate sentí lástima por Sproul, sentado solo en un lado, con toda la intelectualidad de la facultad de medicina junta, sentada frente a él. Sin embargo, no debería haberme preocupado de que Sproul estuviera solo, porque él constituía *una clase aparte*. Lo observé mientras intelectualmente dejaba perplejos a los profesores que yo solía respetar, mientras ellos se movían inquietos en sus sillas, sin poder encontrar palabras para responder a sus preguntas. Por supuesto, Sproul tampoco tenía todas las respuestas, pero si habían algunos puntos débiles en sus argumentos, parecía que Dios lo ayudaba con las respuestas. Al igual que C. S. Lewis, Sproul era probablemente una de las mentes más privilegiadas del planeta, y era creyente.

Sentado entre la audiencia aquella noche, tuve otra revelación divina: no era necesario ser tonto para ser creyente. Durante algún tiempo yo había creído eso, pero al observar el debate, me di cuenta de que todo requiere fe. Aun la ciencia requiere una cierta cantidad de fe. Aquella noche, mientras caminaba hacia mi departamento, me di cuenta de que podía tomar mi fe e ir en la dirección de la ciencia en sí sola, o ir en la dirección del Dios que vino por mí.

Yo ya había elegido a Dios.

✦ ✦ ✦

Sabía que tenía que hablar con el padre Frank y decirle que no me iba a confirmar.

—No me gusta tener que decirle esto después de todo lo que

usted hizo por mí, pero no quiero ser confirmado. He encontrado a Dios y hemos resuelto nuestros problemas relacionales.

—¿Ves? Te lo dije. ¡Debes asistir al seminario! —me dijo.

Hablamos sobre los detalles de mi experiencia y de todas las cosas que Dios me había dicho. El padre Frank me dijo que entendía mis sentimientos. En aquella época, la iglesia católica estaba pasando por una especie de avivamiento carismático y creo que él pensaba que eso era lo que me estaba sucediendo a mí. Retrospectivamente, creo que él era un católico carismático. Cuando me despedí, me dio su bendición.

Él era un hombre genial, pero no nos mantuvimos en contacto después de que yo salí de la facultad de medicina. Sin embargo, tengo la plena certeza de que algún día lo voy a ver de nuevo.

✦ ✦ ✦

Para fines de ese verano, Karen y yo estábamos en mejores términos. Todavía nos reuníamos en el departamento de ella solo cuando necesitaba mi ayuda para estudiar, pero nuestras conversaciones eran más largas y con menos tensión. Habíamos progresado al punto de que a veces hacíamos bromas y nos reíamos un poco. En lugar de decir que éramos «solo amigos», a veces ella decía sencillamente que yo era su amigo. Sabía que ella salía con otros muchachos y recientemente había asistido a un concierto de B. J. Thomas, el popular cantante de canciones muy conocidas tales como «Raindrops Keep Fallin' on My Head». «¡Deberías haber estado allí conmigo!», me dijo con entusiasmo después del concierto.

Yo también lo hubiera querido.

Nuestra amistad progresaba.

Se estaba aproximando el feriado del Día del Trabajo, y la mayoría de los estudiantes saldría de la ciudad. Yo había planeado ir a visitar a mi familia en la parte sur del estado de Georgia, pero Karen no tenía ningún plan. Aunque ella había rechazado mis invitaciones cientos de veces, decidí tratar de nuevo. «Mi familia va tener una reunión en Georgia. Vamos a esquiar en el agua ese fin de semana. ¿Te gustaría ir conmigo?».

Ella me miró y levantó una de sus cejas.

—Sé que no estamos saliendo juntos. Mi primo y su esposa tienen un bote grande y pensé que tal vez te gustaría disfrutar de unas pequeñas vacaciones.

—Me gusta mucho el esquí acuático —me dijo. Me di cuenta de que estaba considerando la invitación.

—Bueno, ven conmigo. ¿Qué otra cosa vas a hacer? ¿Quedarte sola en Birmingham?

Afortunadamente, a ella le encantaba esquiar en el agua tanto como le gustaba bailar y cuando confirmó que todas las personas que conocía estaban ocupadas o que saldrían de la ciudad, accedió a ir conmigo.

Mientras íbamos en el automóvil, disfrutamos mucho conversando. Mi familia también estaba en esa reunión, así que Karen conoció a mi mamá y a mi papá, así como también a muchos de mis tíos y tías. Cuando ella estaba sola con mi familia, parecía estar disfrutando y llevándose muy bien con todos ellos. No obstante, como hombre, nuevamente yo no tenía ni idea de lo que le estaba pasando por la mente.

Cuando regresábamos en el automóvil, me di cuenta de que estaba distraída.

—¿En qué estás pensando? —le pregunté.

—Estaba pensando en lo mucho que disfruté hablando con tu mamá —me dijo—. ¡Tus padres son muy buenos cristianos!

Pensé en la primera vez que habíamos salido juntos y reí suavemente.

—Lo sé. Te lo he dicho muchas veces.

Karen todavía parecía sorprendida.

—Cuando oré con tu tía, sentí la presencia del Espíritu de Dios en ese cuarto, y pensé: *¿Cómo es posible que Reggie venga de esta familia?*

—Bueno, muchas gracias.

—Lo que quiero decir es que tú me haces preguntas muy básicas acerca de Dios. Es un poco desconcertante pensar que creciste en una familia con una fe tan profunda en el Señor.

Karen me contó sobre una conversación que había tenido con mamá cuando yo estaba afuera. Habían hablado sobre los detalles de la Masacre de los Alday y la forma en que esa tragedia me había afectado.

—No fue algo que estuvieras fingiendo, ¿verdad? —me dijo Karen—. En realidad te hirió muchísimo.

—No, no era fingido —le dije en voz baja.

Aunque yo no había hablado mucho con mi madre sobre mis problemas espirituales, ella me había visto en el desierto de la rebelión siete años antes. Ahora, mamá le había dicho a Karen que se había dado cuenta del cambio en mi expresión y actitud cuando hablaba de cosas espirituales. Mi mamá supo que yo había regresado.

«El Señor es el centro de la vida de mis padres —dije—. Creo que ninguno de los dos dejó de orar hasta que él volvió a ser también el centro de la mía».

Aunque solo habían pasado unas pocas semanas desde que tuve aquel sueño, sentí que los siete años de oscuridad que lo precedieron habían sucedido hacía muchísimo tiempo. No me gustaba hablar sobre eso.

«Le gustaste muchísimo a mi mamá —le dije, cambiando el tema—. Ella aprecia lo firme que eres en la fe».

En ese momento, llegamos a la colina que separa a Montgomery de Birmingham y allí, delante de nosotros, vi la puesta de sol más bella que jamás hubiera visto. Sabía que Karen también la vio, porque los dos nos quedamos callados mientras observábamos el pálido azul del cielo volverse rosado y luego intensificar su color, a medida que los rayos finales del sol se perdían detrás del horizonte. Entonces, de golpe, todo ese color desapareció y el cielo suavemente se oscureció.

Karen me dijo después que fue en ese momento que se dio cuenta de lo maravillosamente creativo que es Dios. Si él podía usar colores y luz para pintar el cielo con tal esplendor, tal vez con la misma creatividad podía llevar a un agnóstico a la fe por medio de las tardes en que aprendía de memoria las Escrituras. Si Dios era así, ella sintió que debía ser fiel a cualquiera que fuera su llamado en la vida de ella, aunque implicara salir del círculo de sus expectativas y considerar una relación a la que no le veía futuro.

Más tarde Karen me dijo que sintió como que Dios la tenía sujeta con una picana de ganado y que mientras más insistía él, más le respondía ella: «No, Dios, esto no es lo que quieres. ¡No es así!». Lo curioso fue que mientras más se acercaba ella a Dios, tanto más se acercaba ella a mí.

En la granja decimos que no puedes hacer una cartera de seda con la oreja de un cerdo, pero mientras Karen observaba los magníficos colores del cielo aquel día, se preguntaba si eso no sería algo que Dios pudiera hacer. Dios le estaba mostrando que debía salir de su lugar cómodo en la fe para verlo obrar de formas nuevas. Y una de esas maneras era trabajar con un agnóstico y convertirlo en un posible candidato a esposo.

Sin embargo, Karen sabía que si podía probar que mi conversión no era verdadera, ella no tendría que hacer ese trabajo, y entonces hizo lo único que se le ocurrió: me puso a prueba.

✦ ✦ ✦

En la iglesia presbiteriana Briarwood, Curtis Tanner era el miembro del personal que estaba encargado de trabajar con las personas voluntarias como Karen. También ayudaba a organizar el ministerio universitario y tenía a su cargo un estudio bíblico para hombres. Karen quería que yo almorzara con él para conocerlo, y aunque no me dio la razón de eso, yo la supe. Ella quería que él chequeara mi historia para considerar si era legítima.

Me encontré con Curtis en el edificio de medicina del campus. Mientras almorzábamos bistec con papas y habichuelas, me llegó el turno de responder a sus preguntas. «Si fuiste criado en un hogar cristiano, ¿por qué te apartaste de Dios?», me preguntó.

Le expliqué lo que les había sucedido a mis primos y lo profundamente que eso me había afectado.

—Bueno, puedo entenderlo —me dijo—. ¿Y qué fue lo que te trajo de vuelta a Dios?

—Dios mismo. —Le expliqué mi trayectoria de siete años. Le conté el sueño que tuve y le hablé de todo lo que estaba haciendo ahora para desarrollar mi fe—. Lo que me sucedió en ese sueño fue tan real, y Dios me perdonó tan rápida y completamente, que ahora no siento ninguna culpa por las cosas que él me perdonó.

Curtis pareció sorprendido, así que traté de buscar otra forma de explicárselo.

—Creo que cuando yo tenga hijos, si me ofenden y vienen a pedirme perdón, les voy a decir: "¿Por qué?". Si me dicen: "Papá, ¿te acuerdas?", les diré: "No, no me acuerdo". Creo que así son la verdadera redención y el verdadero perdón. Dios me ha perdonado de esa forma total.

—Estoy de acuerdo —dijo Curtis.

Después de la reunión, él llamó por teléfono a Karen.

—Creo que la conversión de Reggie es verdadera.

—¿Está seguro? —le preguntó ella.

—No me he encontrado con muchas conversiones en el camino a Damasco —le dijo él, refiriéndose a la dramática conversión de Pablo que se relata en el Nuevo Testamento—, pero creo que Reggie es sincero. Así que yo te daré mi bendición si sales con él.

Eso no fue lo que ella quería escuchar, pero en obediencia a lo que sintió que Dios la estaba llamando a hacer, accedió sin muchas ganas.

Karen me llamó y me dijo lo que le había dicho Curtis, y aunque no me dijo en forma explícita que podíamos comenzar a salir juntos, fue la primera señal alentadora que hasta ese momento me había dado.

Capítulo 12
REGALOS PASADOS, PRESENTES Y FUTUROS

✦

Karen y yo comenzamos a salir juntos en septiembre de 1980. En octubre, le pregunté cuándo se quería casar conmigo. «¡Apenas hemos comenzado a ser novios! ¿No puedes ir un poco más despacio?».

Aunque Karen había visto cambios notables en mi corazón y Curtis había confirmado que eran verdaderos, ella todavía no estaba segura en cuanto a si mi conversión era verdadera o no. «Tres meses no es suficiente tiempo. Podría estar fingiendo», les había dicho a Curtis y a otros amigos mutuos.

Cuando ella me invitó para ir a conocer a sus padres durante los días feriados de la Navidad, de inmediato decidí aprovechar la oportunidad para hacer oficial nuestra relación. A principios del mes de diciembre, tomé todo el dinero que tenía y le compré un anillo de compromiso. Sabía que no se me podía decir que no a una pregunta que no le formulara, así que decidí actuar. Unas pocas noches después, en su departamento, en lugar de apoyarme en una rodilla y preguntarle si se casaría conmigo, simplemente le di el anillo. Yo era joven e ingenuo y todavía asumía que Dios se le iba a revelar a ella de la forma en que se me había revelado a mí.

—Está bien —me dijo en forma un poco vacilante cuando le di la caja cubierta con terciopelo que contenía el anillo—, pero no lo voy a usar por lo menos en dos semanas.

—¿Por qué no?

—Porque no quiero que las jóvenes de mi estudio bíblico me vean usar este anillo hasta que les diga que estoy comprometida y todavía no les puedo decir que estoy comprometida.

—¿Por qué?

—Bueno, les he pedido que oren por este tipo raro y acosador, y ahora les tengo que decir que estoy comprometida con ese tipo raro y acosador. No puedo simplemente aparecer usando este anillo. —Me miró profundamente a los ojos y sentí el mismo dolor que se reflejaba en los ojos de ella—. Siento que se supone que me case contigo, pero no estoy enamorada de ti.

Sus palabras me dolieron, pero de nuevo, no dejé que eso me detuviera. Nos pusimos de acuerdo en hacer planes para casarnos el próximo mes de junio, pero si ella no estaba enamorada de mí para marzo, cancelaríamos el casamiento.

Ella me dijo que quería proceder con cautela y que no quería que las muchachas de su estudio bíblico recibieran un mensaje erróneo. Aunque ella fue totalmente honesta en cuanto a esa parte, era una persona demasiado amable para decirme el resto. Karen les había enseñado a esas jóvenes a que eligieran un hombre que fuera el líder espiritual de su hogar y de su matrimonio, pero como me enteré más tarde, ella no estaba segura de que yo pudiera hacer eso. Pensaba que yo no era un modelo de la clase de hombre con el que ella quería que sus alumnas se casaran.

Sin embargo, me conformé con lo que pude conseguir: una prometida que no me amaba, que no iba a usar el anillo de compromiso que le di y que tenía planes de cancelar la boda en tres meses. Yo tenía muchas razones para pensar que las cosas no iban a cambiar y solo una para creer que cambiarían. Dios me había hecho una promesa, y yo confiaba en que él la iba a cumplir.

✦ ✦ ✦

Después de que le di el anillo a Karen, llamé a Cotty, su padre, para pedirle la mano de su hija en matrimonio. Cuando le dije que ya le había pedido a ella que se casara conmigo, él me preguntó qué me había respondido ella.

—Creo que dijo que está bien.

—Bueno, ella te conoce mejor que yo —dijo Cotty, puesto que él y yo nos habíamos visto solo una vez—. Si ella te dijo que está bien, entonces supongo que también está bien con nosotros. El entusiasmo de él era muy parecido al de Karen. Pasamos la Navidad con su familia en la ciudad de St. Louis. Allí pasamos por todas las cosas que se supone que pasen las parejas que están comprometidas, pero sin entusiasmo o exuberancia. Encontramos una iglesia para la boda, un salón de fiestas para la recepción y elegimos una fecha, el 13 de junio, seis meses a partir de ese momento.

Finalmente Karen comenzó a usar el anillo, pero lo escondía más de lo que lo mostraba. Aunque ella había aceptado mi propuesta de matrimonio por obediencia, no parecía que realmente se fuera a casar conmigo. Ella inclusive comenzó a hacer sola planes para su vida; buscó trabajo en Missouri, aunque yo todavía tenía dos años más de estudio en la facultad de medicina en Birmingham. Si Karen encontraba un trabajo, era obvio que yo no podría ir con ella.

Aunque no tenía evidencias, creía en lo que me había dicho Jesús: «Te vas a casar con Karen, y van a tener cuatro hijos. Todo lo que te dije sucederá. Lo único que tienes que hacer es confiar en mí y en mis palabras».

Así que confié.

No obstante, fue un tiempo doloroso para los dos. Yo amaba a Karen con todo mi corazón y *no podía esperar* pasar el resto de mi vida con ella. Sin embargo, lo mejor que Karen me podía decir era que ella estaba *dispuesta* a pasar el resto de su vida conmigo, y eso era solamente porque ella era obediente a Dios.

Nuestra amistad había prosperado; de hecho, Karen decía que yo era su mejor amigo, pero para el mes de marzo, quedaba claro que no me amaba y que posiblemente nunca me amaría. No había hecho ningún otro plan para la boda desde la Navidad y sus sentimientos hacia mí no habían aumentado en absoluto. Mientras hacía las maletas para asistir a una conferencia sobre nutrición en Chicago, ambos sabíamos que teníamos que tomar una decisión cuando ella regresara.

¿Seguiríamos con los planes de casarnos o no?

Por supuesto que quería casarme con ella. ¡Yo la amaba! Y creía que eso era lo que Dios quería para nosotros. No obstante, también sabía que si nos casábamos, estaríamos atrapados en un matrimonio en el que el amor era de un solo lado, y eso no sería justo para ninguno de los dos.

✦ ✦ ✦

Oramos juntos antes de que ella se fuera a Chicago y oré mientras ella estuvo ausente. Yo me quería casar con Karen, pero quería aún más lo que Dios quería para la vida de ella.

En forma inesperada, ella me llamó por teléfono desde Chicago y me dijo: «Reggie, no me gusta tener que decirte esto por teléfono, pero quiero que sepas que he estado pensando mucho en ti...».

Su voz se entrecortó y pensé que había escuchado como que ella estaba aguantando un sollozo. Estiré el cordón del teléfono desde la cocina hasta el sofá de la sala, para poder sentarme. Quería estar preparado para lo que ella me iba a decir a continuación.

«Tú eres mi mejor amigo —continuó ella—. Te extraño muchísimo y hoy me di cuenta de... ¿sabes qué?... ¡En realidad te amo!».

Yo estaba tan sobrecogido por la emoción y la gratitud que sentía que casi no pude oír lo que me dijo a continuación.

«Estoy regresando de Chicago con anticipación. Todavía no tengo el vestido de novia y tampoco los vestidos para las damas de honor. Así que voy a ir a St. Louis este fin de semana para hacer las compras y los planes para nuestro casamiento. ¡Te amo, Reggie!».

Que Karen fuera mi *esposa* era la bendición que yo anhelaba, la que parecía que Dios me había prometido en mi sueño, pero el que Karen *me amara* era una bendición que no me había atrevido a imaginar. Era un regalo que solo ella me podía dar y no había nada que yo pudiera hacer para ganármelo o merecerlo. Cuando terminó la llamada, lloré lágrimas de gozo y de alivio.

Sus palabras por teléfono aquel día también fueron un recordatorio del amor con que me ama Dios. Sus promesas no solo eran verdaderas, sino que se estaban realizando de la forma más maravillosa imaginable. Marzo, abril y mayo fueron algunos de los meses más increíbles de mi vida. A medida que hacíamos los preparativos para la boda, nuestro amor crecía y se profundizaba. Finalmente, Karen me había entregado su amor libremente. *¡Por fin, Dios! ¡Por fin! Tú le has mostrado a ella lo que me mostraste a mí ¡Gracias!*

Por la gracia de Dios, en menos de un año desde mi sueño, nos casamos el 13 de junio de 1981, sellando el primer evento que Jesús había prometido.

Dos años más tarde, me gradué de la facultad de medicina y sellé el segundo evento: ya era médico.

Para mi graduación, mi madre me dio el regalo más precioso que alguien me haya dado. Era un cuadro con el dibujo que un niño había hecho de un doctor con los brazos abiertos. Ese doctor tenía en la cabeza uno de esos espejos que usan los doctores y una sonrisa de oreja a oreja. En letra de niño decía: «Cuando crezca seré médico».

Reconocí al artista, aun antes de haber leído su nombre.

«Reggie Anderson. Segundo grado».

Recordé la tarea que nos había dado la señora Baskins. Ella nos había pedido que dibujáramos lo que queríamos ser cuando creciéramos. Ella quería que soñáramos y que nuestros sueños fueran grandes. Muchos de sus alumnos querían ser granjeros, policías o predicadores. No sé por qué yo quería ser doctor.

Sin embargo, Dios lo sabía.

Mi Plan C fue su Plan A para mi vida.

✦ ✦ ✦

La tragedia de mis primos y el sueño que le siguió siete años después me mostraron que Dios nos permite vislumbrar la eternidad. Esas percepciones pueden darnos consuelo, sanidad y anticipación para lo que nos espera más adelante. También pueden restaurar nuestro corazón destrozado y permitirle un nivel de fe que nunca antes soñamos posible.

Igual a lo que pasó en mi corazón.

La primera vez que recuerdo haber escuchado la voz de Dios fue cuando él me habló acerca del poni, pero como lo probó el dibujo que hice cuando estuve en segundo grado, Dios continuó hablándome.

Ahora que entendía que Dios es real y que el cielo es aún más real de lo que experimentamos aquí, yo quería más visiones de los dos. Como médico, ahora tenía un asiento en la primera fila en cuanto a la separación del velo. Así que comencé mi profesión abierto a ver obrar a Dios en los pacientes que yo trataba. Y lo encontré allí.

Sin embargo, aun con la esperanza de verlo, lo que encontré me sorprendió: no pasamos la vida caminado hacia la eternidad... la eternidad camina a nuestro lado.

Parte 2:

¿PODRÍAN ESTOS SER VISTAZOS DEL CIELO?

Capítulo 13
PARTIDAS

✦

Yo estaba en la sala donde se esperan las llamadas cuando una enfermera de la sala de emergencias me avisó que venía una ambulancia con una paciente nueva. «Aparentemente, la paciente que está siendo transportada tiene demencia y no les puede decir a los paramédicos qué le está sucediendo. Sin embargo, el personal que la cuida en el hogar de ancianos mandó todos los registros médicos en la ambulancia», me dijo la enfermera.

La mayoría de los médicos residentes de primer año tiene pavor de atender casos de pacientes que están en hogares de ancianos. Nosotros éramos los primeros que respondíamos a las llamadas de la sala de emergencias, y nuestra tarea era realizar todo el trabajo preliminar con el paciente, para que luego los residentes de segundo o tercer año pudieran atender el caso después de nosotros. No obstante, cuando los pacientes de los hogares de ancianos llegaban en una ambulancia, a menudo estaban tan enfermos y confundidos que no nos podían decir su nombre y mucho menos sus síntomas. Esos pacientes eran misterios esperando ser resueltos; desafortunadamente, con mucha frecuencia los síntomas eran muy escasos para poder hacer un diagnóstico con rapidez.

Sin embargo, como residente de primer año, yo tenía una ventaja.

✦ ✦ ✦

Karen y yo nos habíamos mudado a Jackson, Tennessee, hacía unos cuantos meses para que yo pudiera comenzar mi residencia en la University of Tennessee, en el programa de los residentes que se dedicarían a la medicina familiar. En forma intencional elegí ese programa por varias razones. En primer lugar, era un programa rural donde yo podía recibir la clase de adiestramiento que me serviría por el resto de mi carrera, especialmente los primeros años mientras pagaba mis obligaciones financieras a la organización National Health Service Corps. También era un lugar desde el cual podíamos viajar en automóvil para visitar tanto a mis padres como a los de Karen. Pero lo más importante, significaba que la promesa que Jesús me había hecho en mi sueño, que sería un doctor del campo en Tennessee, se habría cumplido.

Queríamos que nuestros padres estuvieran cerca de nosotros para que pudieran participar en la vida de nuestros hijos; antes de salir de Birmingham nos enteramos de que Karen estaba esperando familia. Este hubiera sido el tiempo perfecto para decirle que Jesús también me había prometido que tendríamos cuatro hijos, pero todavía yo tenía dudas en cuanto a compartir ese detalle con ella debido a los problemas que tuvimos al inicio de nuestro noviazgo. Finalmente las cosas estaban yendo bien y yo no quería asustarla.

✦ ✦ ✦

Una vez que estuvimos en Jackson, una de mis primeras rotaciones fue en geriatría. Como parte de la rotación, nuestros superiores nos asignaron nuestros propios pacientes en el hogar de ancianos. Fue emocionante para mí conocer a mis primeros pacientes y luego visitarlos una vez por semana o por mes, según dictaran sus necesidades específicas.

La mayor parte de mis pacientes estaba entre los ochenta y noventa años de edad y sufría de demencia senil. Cuando los visitaba descubrí que si les brindaba tiempo, los tomaba de la mano y escuchaba sus historias, no solo obtenía mejor información en cuanto a la salud de ellos, sino que también llegaba a saber quiénes eran y lo que era importante para ellos.

Me tomó solo unas pocas visitas darme cuenta de que esos hombres y mujeres eran más que la acumulación de diagnósticos en sus historiales. Eran personas maravillosas con historias fascinantes. Aunque no me podían decir lo que habían desayunado esa mañana, se acordaban de detalles extraordinarios acerca de eventos pasados en sus vidas, tales como cuándo se habían casado, o el día que habían salido del ejército. Recordaban dónde habían conocido a su cónyuge y cómo estaba el tiempo el día en que nacieron sus hijos. Para esas dulces personas, el tiempo era asunto de opinión y, por lo general, la opinión de ellas.

El hogar de ancianos tenía más de tres veces el número de mujeres que de hombres, y en forma afectuosa yo comencé a llamar a esas mujeres mis «Damas Octogenarias».

Las enfermeras me decían que los días en que esperaban mi visita, las Damas Octogenarias terminaban de desayunar con mucha rapidez para poder vestirse «¡porque el doctor Anderson viene hoy!». Pasaban toda la mañana arreglándose. Para cuando yo llegaba, estaban listas con las bufandas más coloridas que tenían, usando collares y con los labios pintados y un poco más de perfume de lo habitual.

Sin importar cuánto trataran de arreglarse, era obvio que sus cuerpos se estaban deteriorando. La mayoría de ellas tenía serios problemas médicos: enfermedades del corazón, diabetes avanzada, enfermedades de los riñones y múltiples derrames cerebrales.

A pesar de que sus cuerpos se deterioraban cada vez más, sus personalidades y sus almas estaban intactas.

✦ ✦ ✦

La ambulancia había llegado a la sala de emergencias y el personal había bajado a la paciente. Mientras las enfermeras la colocaban en uno de los cuartos, alguien me dio su historial médico. Me sorprendí al ver que era el de Irene, una de mis Damas Octogenarias favoritas. Durante los últimos meses que yo había sido su médico, la había llegado a conocer bastante. La última vez que habíamos hablado, ella me había dicho: «¡Usted me recuerda a mi nieto!».

Al igual que la mayoría de mis pacientes, ella sufría demencia senil y no podía recordar lo último que había comido, pero siempre tenía buenas historias acerca de cuando vivió en el extranjero con sus hijos mientras su esposo era militar. En las paredes de su cuarto había fotos de sus tres hijos y de sus nueve nietos. Durante los feriados, en su puerta había dibujos nuevos hechos con crayolas y notas que expresaban amor escritas con letra de niño. A menudo, uno o más de los miembros de su familia la estaban visitando cuando yo pasaba para chequearla. Era obvio que era una persona amada y que había vivido una vida plena y gozosa.

No tuve que leer mucho en su expediente médico porque conocía muy bien su historia, pero no tenía idea de cuáles eran los síntomas que la habían traído a la sala de emergencias y tampoco sabía cuál era el problema médico que la aquejaba. Esperaba que Irene estuviera lo suficientemente lúcida como para explicarme sus síntomas, pero sabía que eso no era probable.

Yo me acerqué por el lado derecho de la cama y estaba preparado para presentarme cuando dijo:

—¡El doctor Anderson! ¡Mi médico favorito!

Ese fue un buen signo.

—¿Cómo se siente? —le pregunté, tomándole la mano.

Sonrió y me dijo:

—Me siento como que me falta un poco el aliento. Como si me estuvieran asfixiando.

Estaba demacrada y se veía más delgada de lo que yo recordaba.

—¿Ha estado comiendo?

—No mucho. No he tenido hambre.

Anoté sus síntomas y ordené los exámenes apropiados, un electrocardiograma y exámenes de sangre.

Con todos sus problemas, podría haber tomado tiempo encontrar la causa, pero los resultados iniciales de los exámenes confirmaron su diagnóstico. Irene estaba sufriendo un masivo infarto de miocardio. Yo dudaba de que sobreviviera esa noche.

Me entristeció tener que darle la noticia.

Tomé su mano entre las mías y se la acaricié suavemente. «Irene, está teniendo un ataque al corazón».

Asintió en silencio.

De sus registros y de haber hablado antes con su familia, yo sabía que ella no quería medidas extremas, pero su familia había pedido que la mantuviéramos en paz y sin dolor mientras moría.

«Voy a admitirla al hospital, para poder observarla mejor y mantenerla cómoda». Vi que le temblaban los labios y que tenía una lágrima en el costado de un ojo.

Recordé conversaciones con ella en el pasado en que me había dicho que estaba lista para irse si Jesús la llamaba. Como creyente, casi no podía esperar para verlo en el otro lado. Su esposo había fallecido hacía algunos años y ella también anhelaba verlo a él. Cuando se fuera, dejaría un legado y se uniría al amor de su vida.

Yo no me podía imaginar una muerte mejor.

«La van a llevar a otro cuarto y dentro de un rato voy a ir a ver cómo está», le dije.

Le pedí al personal que llamara a su familia.

✦ ✦ ✦

La primera vez que estuve solo con alguien que murió fue en la sala de pacientes de cáncer en el hospital de veteranos de guerra en Birmingham. Yo era un joven estudiante de medicina y Dennis tenía un poco más de sesenta años de edad. Había vivido una vida dura y había luchado con valentía contra el cáncer que se lo estaba llevando. Su familia, que sabía que esa batalla pronto iba a terminar, estuvo alrededor de su cama y su hijo adulto oró.

«Querido Dios, venimos a ti con corazones adoloridos por la vida que está partiendo. Te damos gracias por la vida de nuestro padre y ahora te pedimos que lo tomes de la mano y lo guíes a su hogar para que esté contigo y pueda estar libre del dolor y del sufrimiento que

ha experimentado por tanto tiempo. Cuando él se vaya, por favor
danos tu consuelo. En el nombre de Jesús, amén».

Mi trabajo era estar al lado de la cama de Dennis y llamar al
médico residente tan pronto como Dennis falleciera. Ese doctor
sería el que pronunciaría que había muerto.

Aquella noche, la vigilia fue muy lenta. Antes del caso de Dennis,
todas las muertes que yo había visto como estudiante de medicina
habían sido en la unidad de cuidados intensivos o en la unidad de
trauma, donde los alumnos estaban en la parte de atrás, para no
estorbar a los profesionales mientras hacían su trabajo. No obstante,
la muerte de Dennis fue diferente. No fue en una habitación fría y
estéril llena de máquinas. Fue en un lugar sin ruidos y con mucha
paz mientras algunos de sus familiares estaban a su lado.

Mientras la noche parecía alargarse, finalmente la familia fue a la
sala de espera y yo me quedé solo con Dennis en la habitación en
penumbra. El sonido de los líquidos que estaba recibiendo en forma
intravenosa parecía el tic-tac de un reloj. Yo lo observaba buscando
las señales de la muerte: presión arterial cada vez menor, piel con
manchas o cambios de temperatura en el cuerpo.

A veces aspiraba aire y luego pasaban varios segundos hasta
que volvía a aspirar, haciendo esfuerzos por respirar. Cada vez que
jadeaba, yo me ponía nervioso y chequeaba el monitor.

¿Está muerto?

Tenía miedo y estaba inseguro en cuanto a qué esperar. Yo ya
había tenido una visión del cielo, pero no estaba seguro de querer
estar allí cuando Dennis hiciera su viaje. Asumí que su muerte sería
como la de las películas, medio fantasmal, oscura y escalofriante.
Esa noche tenía todas las condiciones para eso. La sala tenía poca
luz; en realidad, las únicas luces que teníamos era la que llegaba del
pasillo y el brillo verde de los monitores.

Al igual que en la mayoría de las habitaciones de hospital, también
hacía frío. Ocasionalmente me estremecía, aunque no estoy
seguro de si era por la temperatura o por la anticipación de lo que
iba a suceder.

Cuando finalmente Dennis dio su último suspiro y su corazón dejó de latir, yo traté de impedir que el temor hiciera latir mi corazón aceleradamente. Apagué los monitores y miré detenidamente el cuerpo inmóvil sobre la cama. Esa fue la primera vez que estuve solo con la muerte.

En forma inesperada, sentí una sensación de calor. Al principio pensé que me estaba subiendo la temperatura del cuerpo, pero entonces me di cuenta que esa sensación no venía de mi interior sino del exterior. En forma muy clara sentí que se movía por toda la habitación, llenando de calor todo el espacio. Miré alrededor buscando la fuente de ese calor, pero las ventanas y las cortinas estaban cerradas. Era demasiado temprano en la estación para que se encendiera la calefacción. No me podía dar cuenta de dónde venía. Yo debería haber estado alarmado, pero la sensación era sorprendentemente reconfortante comparada al frío que había sentido unos segundos antes.

Cuando me estaba acostumbrando al cambio en la temperatura, un suave resplandor apareció arriba y hacia la derecha del paciente. *¿Qué era eso?* La suave luz estaba allí y luego desapareció. *Debe haber sido el monitor que parpadeaba.* Fui a apagarlo y me di cuenta de que la luz no podía venir del monitor, puesto que estaba en silencio y oscuridad. Yo ya lo había apagado.

¿Qué está sucediendo aquí?

Totalmente perplejo, me senté y miré de nuevo. Aun si el monitor hubiera estado encendido, el resplandor que vi no podría haber venido de la pantalla. La posición no era la correcta. La luz era alta y hacia la derecha; el monitor estaba más abajo y estaba colocado al el otro lado de la cama. Traté de pensar en otras explicaciones. La única otra vez que recordaba haber visto un resplandor como ese fue cuando vi a Tinker Bell, un hada de una de las películas de Walt Disney.

Miré de nuevo el cuerpo inmóvil de Dennis sobre la cama. Su rostro se veía relajado y casi parecía más joven. Sentí una leve brisa que se mezclaba con la sensación de calor y que el calor me pasaba al lado de la mejilla. Aunque la temperatura no había cambiado, el calor parecía haberse ido, dejando una sensación fresca flotando en el aire.

Tal vez debería haber sentido miedo por las sensaciones que estaba experimentando, pero no tuve temor. En cambio, lo que experimenté fue una paz profunda y me sentí embargado de consuelo.

Antes de que Dennis muriera, yo quería salir de allí tan rápido como pudiera, pero ahora quería quedarme en esa habitación. Sentí la paz más profunda que había sentido desde aquel sueño en mi viaje a acampar.

La presencia de Dios estaba en ese cuarto.

✦ ✦ ✦

Cuando entré a la habitación de Irene, tenía en la mente pensamientos de aquella noche con Dennis. Las enfermeras la habían puesto al final del pasillo para darle a ella y a su familia un lugar silencioso y privado. No obstante, cuando llegué, varios miembros de la familia se retiraron del lugar. Yo entendí. Le tenían miedo a la muerte. Antes de mi experiencia con Dennis, yo también me sentía de esa forma, pero desde aquella noche en el hospital de veteranos, ya no sentía miedo. Había aprendido que no hay nada que temer; la muerte puede ser una experiencia hermosa.

Cuando entré a la habitación, Irene estaba sentada sobre la cama. Tenía tubos de oxígeno en la nariz y le estaban dando morfina por vía intravenosa para aliviarle el dolor. Yo también le había recetado pasta de nitroglicerina para el pecho para ver si eso la ayudaba a sentirse mejor. Cuando me vio, de nuevo se acordó de mi nombre y me sonrió tal como lo había hecho en la sala de emergencias.

—¡Doctor Anderson!

—¿Cómo se siente? —le pregunté.

—Mejor —me dijo.

Irene siempre había estado bien vestida cuando yo la había visto antes, así que verla ahora en una bata del hospital hacía que se viera más frágil de lo que se había visto en su hogar. Mientras la examinaba y escuchaba los latidos de su corazón, la sonrisa se le borró del rostro. Ella estaba inquieta y parecía querer arreglarse la bata y me pareció agitada o aun un poco nerviosa.

—¿Hay alguna cosa que pueda hacer por usted? —le pregunté cuando terminé de revisarla.

—Doctor Anderson, no quiero que se vaya.

Su familia se había ido y ella estaba sola.

—¿Por qué? ¿Tiene miedo?

—No le tengo miedo a la muerte —me dijo de inmediato. Entonces hizo una pausa y pude ver que pestañeaba con rapidez mirando hacia la derecha, mientras pensaba por unos segundos. Entonces se volvió para mirarme y me susurró—: ¿Sabe? Jesús me está llamando por mi nombre y necesito alguien que me escolte al cielo. ¿Quiere usted ser esa persona?

Era la primera vez que había sido invitado para estar con alguien durante sus últimos momentos y era un honor que me invitara. Me di cuenta de que ella no quería morirse sola y yo me sentí feliz de poder estar con ella. Mi propia experiencia me había enseñado que aun si estamos felices en cuanto al lugar adonde vamos, también podemos estar un poco nerviosos en cuanto al viaje hacia allí.

En el caso de Irene, no había mucho que yo pudiera hacer para que permaneciera aquí más tiempo y ella no hubiera querido eso aunque yo hubiera podido hacerlo. Irene entendía el viaje que estaba emprendiendo y lo único que quería era que alguien estuviera con ella cuando partiera. Yo me sentí honrado de ser esa persona.

Acerqué una silla a su cama y le tomé la mano. Yo siempre tenía las manos frías y las manos de ella se sentían cálidas en comparación con las mías. Sus dedos eran delgados y marcados por la artritis. Sentí su pulso y me di cuenta de que cada vez se debilitaba más mientras hablábamos.

—Voy a ir a encontrarme con Jesús esta noche —dijo con ojos brillantes.

—Sí, va a hacerlo.

—Y el amor de mi vida va a estar allí esperándome.

En forma breve, me habló de todas las personas que conocía y que ya habían partido al otro lado y que vería muy pronto. A medida que la presión arterial le bajaba, ella se sentía demasiado cansada como para hablar y yo incliné su cama para que pudiera descansar con más facilidad. De vez en cuando, le daba palmaditas en la mano. Y cada vez con menos frecuencia, ella asentía con la cabeza para dejarme saber que todavía estaba allí.

La habitación estaba en silencio y arriba de la cama de ella había un foco de luz que era lo único que alumbraba el lugar. A medida que continuaba debilitándose, yo le di permiso para que se fuera. «Ha vivido una vida muy buena, Irene, y no queda nada aquí que usted tenga que hacer. Ha sido una sierva fiel del Señor y de su familia, así que está bien que se vaya».

La respiración le cambió. Ella aspiraba un largo suspiro, seguido por uno similar corto, a continuación una serie de suspiros cortos y poco profundos seguidos por falta de respiración, y luego esa forma anormal de respiración se repetía. A eso se le llama respiración Cheyne-Stokes. Es un término neurológico para una forma de respirar dificultosa seguida por aspiraciones cortas y erráticas y luego la ausencia de respiración. A menudo es una señal de que el fin está cerca.

La observé luchando por respirar y me di cuenta de que no le faltaba mucho. Varios de los miembros de su familia entraron y le dijeron adiós, y luego volvieron a la sala de espera donde se abrazaron y lloraron.

En menos de una hora, su cuerpo se enfrió y ya no tuvo pulso. Dio su última espiración, exhalando el aire suavemente. En la última respiración el aire siempre sale; nunca entra. Vi que el cuerpo se relajaba. Era fácil ver que la vida ya no estaba en su cuerpo.

Solo en aquella habitación con el cuerpo sin vida de Irene, de pronto sentí que el mismo calor que había sentido con Dennis llenaba el lugar. Era como una cálida brisa de primavera cuando se abre la puerta y se aspira. Parecía que toda la habitación estaba respondiendo a eso. De nuevo, un breve resplandor apareció hacia la derecha del cuerpo de la paciente. Fue más largo que un abrir y cerrar de ojos, pero no lo suficientemente largo como para que en realidad yo lo viera. Y luego desapareció.

Irene no había estado conectada a ningún monitor y yo miré alrededor para ver si podía encontrar la fuente del resplandor, pero no había nada en la sala que hubiera podido causar esa iluminación. Recordé la vez que estuve en la habitación de Dennis cuando experimenté algunas de las mismas cosas hacía más de un año.

Una brisa fresca interrumpió mis pensamientos y sentí que se mezclaba con el calor. La mejor manera en que puedo describirlo es decir que se sentía como que algo estaba siendo recogido y que se estaba preparando para un viaje. El aire antes pesado de la habitación ahora tenía un olor fresco. El lugar estaba lleno del más suave de los aromas. Aspiré profundamente y la fragancia de lilas y frutas cítricas pareció inundarme al igual que el lugar. Esa fragancia me pareció un poco familiar.

He sentido este aroma antes.

Con un relámpago de discernimiento, me di cuenta de lo que era. Era el mismo aroma fresco que había aspirado en mi sueño en las montañas. Con gozo, lo aspiré de nuevo y cerré los ojos, anhelando ser elevado en él. En cambio, sentí que el calor pasaba por mi lado y que se unía a otra sensación de calor, como cuando dos personas entran a un cuarto y se siente el calor de cada una. Abrí los ojos; supe que era el alma de Irene que estaba siendo llevada en una fresca brisa que iba al otro lado, al calor de la presencia de Dios.

La muerte era un niño afiebrado que quiere que lo abracen y el cielo era su madre que lo encuentra en un abrazo refrescante.

El cielo había llegado para llevarse a Irene a su hogar.

✦ ✦ ✦

Miré mi reloj y anoté la hora de su muerte. Entonces salí para informar a sus familiares.

Muchas personas no se sienten cómodas usando la palabra *muerte* y en cambio usan términos como «Ella ya no está con nosotros», o

«Se nos fue». Como médico, yo traté de darme cuenta en qué situación estaba la familia en cuanto a las emociones, es decir, si querían palabras claras o algo más suave.

Aquella noche, no tuve que usar palabra alguna. Cuando llegué a la sala de espera, me miraron y rompieron en llanto. Ya lo sabían y no tuve otra cosa que decir sino: «Lo siento mucho».

Y lo sentí mucho. Sabía el dolor que estaban experimentando. Irene había sido una parte muy importante de esa familia hasta el día en que murió. Puse mi brazo alrededor de los hombros de la hija mayor y dije: «Si hay algo que pueda hacer...». Sin embargo, supe que probablemente no había nada.

Tan pronto como un médico informa a la familia que su ser querido ha muerto, ellos dejan de escuchar y ninguna expresión de pésame puede ayudar a esas alturas. Están involucrados en su propio dolor y sufrimiento.

✦ ✦ ✦

Irene era *mi paciente*; fue una de mis primeros pacientes y había sido mi favorita. Ella también fue la primera en morir de mis pacientes. La noche de su muerte, yo experimenté la presencia de Dios en el preciso momento en que ella cruzó al otro lado.

Podría decir que fue una coincidencia que yo fuera el que estuvo de turno aquella noche, pero ya no creía en coincidencias.

Dios me tuvo allí por una razón.

Capítulo 14
NACIDO A UN MUNDO NUEVO

✦

Una primera cita, un primer beso, un primer hijo... todas las cosas que suceden por primera vez a menudo son inolvidables. Durante mi residencia, probablemente asistí en el parto de unos cien bebés, y antes de eso, cuando era estudiante, probablemente asistí en unos ochenta nacimientos. No obstante, los que más recuerdo fueron los primeros. El primer bebé que asistí en su nacimiento. La primera vez que se me murió un bebé. Y la primera vez que el bebé fue mío. Esos nacimientos fueron muy significativos, no solo porque fueron *mis* primeros, sino porque cada uno de ellos me ayudó a ver a Dios de formas nuevas.

✦ ✦ ✦

La pequeña mujer china estaba doblada por el dolor. «*Ayyyyy*», se quejó. Era el primer sonido que había hecho desde que llegó... y me quedé paralizado. Sabía lo que se suponía que hiciera, o por lo menos pensé que lo sabía, pero sus urgentes quejidos me lo hicieron olvidar.

Había pasado el día anterior observando a un médico residente, quien me había mostrado cómo debería progresar un parto y nacimiento típico, pero ahora yo no podía recordar nada. Traté de no dejarme llevar por el pánico, pero era obvio que las contracciones de ella cada vez llegaban más rápido. Ella gritó de nuevo: «*¡Ayyyyy!*».

Algo en su grito me refrescó la memoria. El consejo del doctor residente del día anterior me vino a la mente. «Durante miles de años, las mujeres pasaron por esto sin un médico que las ayudara. Lo mejor que puedes hacer es dejar que las cosas sucedan e intervenir solamente cuando sea necesario».

Como estudiantes de medicina, nosotros éramos «los que recibimos a los bebés». Si se trataba de un parto común y corriente, lo cual en Birmingham significaba que el embarazo era normal y que probablemente la mujer era pobre, nuestro trabajo era estar allí y recibir al bebé una vez que la madre lo expulsara. Los residentes estaban allí para manejar los casos más difíciles y de alto riesgo.

Aquel día, yo había revisado a la madre y todo iba progresando bien. El doctor residente también examinó a la madre y estuvo de acuerdo conmigo. «Los latidos de su corazón son normales. Puedes recibir a este bebé tú solo. Yo tengo que hacer una cesárea. Si necesitas algo, estaré al final del pasillo».

Y con eso se fue y yo me quedé solo.

La señora china no hablaba mucho inglés. Probablemente haya sido algo bueno que no compartiéramos el mismo idioma, ya que hubiera puesto de manifiesto que los dos compartíamos el mismo temor acerca de lo que estaba a punto de suceder.

Esa mujer no había recibido mucho, si acaso algún, cuidado prenatal y tenía dolores muy fuertes. Ella encontró un poco de alivio con narcóticos intravenosos, pero a medida que el parto progresaba, me di cuenta de que estaba teniendo muchas dificultades. Al principio, respiraba profundamente, pero ahora su respiración parecía mucho más rápida y menos profunda. Parecía que estaba jadeando, sacando el aire a través de los labios y luego se quejaba cuando le llegaba cada contracción. Cuando el dolor era muy fuerte, ella gritaba: «*¡Ayyyyy!*». Con cada grito de angustia, yo veía que los ojos se le agrandaban de temor y yo me preguntaba si los míos estaban haciendo lo mismo.

Más jadeos, más gritos y más miedo. No había nadie con ella que le pudiera traducir lo que yo decía, que le tomara la mano o que la guiara a través de la forma de respirar. Ella parecía desorientada y sola. Estaba tan mal preparada para ese nacimiento como yo. Afortunadamente, la enfermera de la sala de partos había estado enseñando a las nuevas mamás y a los nuevos médicos por más de veinte años. Ella era la única en aquella sala que no estaba preocupada.

A la señora china se le rompió la bolsa de aguas.

Cuando ella estuvo totalmente dilatada, era hora de que naciera el bebé. Yo hice lo mejor que pude para comunicarme con ella. «Empuje —le dije, haciendo un movimiento exagerado con las manos. Luego me señalé a mí mismo, extendí las manos e hice una especie de círculo y le dije—: Yo lo voy a recibir».

Estoy seguro de que la enfermera de la sala de partos pensó que yo era brillante. ¿Quién más podría empujar? ¿Y qué clase de doctor le diría a una madre a punto de dar a luz que le iba a recibir el bebé? No me estaba comunicando bien para nada y sabía que la señora china tenía que estar confundida. ¡Tal vez pensó que mis ademanes de empujar y de un círculo grande querían decir que yo quería que ella saliera de la cama y me fuera a buscar una pizza grande!

Afortunadamente, mientras continuaban las contradicciones, la enfermera se paró al lado de la cama de la paciente y tomó el control de la situación, y, afortunadamente, también de la comunicación. La enfermera le tomó la mano a la futura mamá, la miró a los ojos y con cada contracción comenzó a respirar de la forma correcta en que debía respirar la paciente.

Respirar, jadear, jadear, jadear.

Pronto la señora estaba siguiendo las indicaciones. Respirar, jadear, jadear, jadear.

Finalmente parecía que la madre entendía lo que estaba sucediendo porque cuando le dije «¡Empuje!», ella empujó. Muy pronto se vio un poco de cabello oscuro y ella empujó con más intensidad. Solo tomó uno o dos minutos antes de que saliera la cabeza del niño. Yo lo tomé para guiarle los hombros y un varoncito de cabello negro nació. Sujeté el cordón umbilical con una pinza y lo corté, luego le di el bebé a la enfermera. El niño lloraba, lo cual era una buena señal.

Yo no estaba llorando, lo cual también era una buena señal.

Después de dejar que la madre sostuviera al bebé en sus brazos por un momento, con rapidez la enfermera lo chequeó y me informó la valoración de Apgar (que es lo que indica la salud de un bebé recién nacido) era un diez. Número perfecto.

Yo me puse a trabajar con la placenta y a revisar por si había dentro algún producto relacionado al parto. La placenta se veía intacta cuando la saqué, pero se me había enseñado a que la revisara para asegurarme de que nada había quedado adentro. Ejercí presión en el abdomen de la paciente esperando sentir como se siente un útero después de un parto, pero por alguna razón, se sentía más grande de lo esperado.

¿Qué se me podía haber pasado?

Me sentí avergonzado.

Era mi primer parto solo y no quería cometer un error, pero era obvio que había un problema. Mentalmente repasé las listas de chequeo de los partos y no pude pensar en nada que se me hubiera pasado por alto. Tomé el fetoscopio y escuché el abdomen de la mujer. Entonces fue cuando lo escuché: ¡un segundo latido de corazón!

—¡Aquí hay otro bebé!

Ahora los ojos de la enfermera estaban tan grandes como los de la madre lo habían estado antes.

—Voy a llamar al doctor residente —dijo ella.

Por supuesto que la madre todavía estaba en labor de parto. Estaba con dolores y consciente de la tensión que iba en aumento en la sala. Yo tenía que decirle algo. Le señalé su estómago y luego le mostré dos dedos. Los ojos se le agrandaron mucho y fue obvio que esta vez mi lenguaje de señales fue *muy* claro.

Antes de que el médico obstetra residente pudiera lavarse y ponerse la túnica, el bebé número dos llegó a este mundo pateando y gritando. Lo recibí tal como lo había hecho con su hermano y todos celebramos la llegada no de uno sino de dos varoncitos sanos.

Aunque todos los nacimientos tienen el mismo sentido de ser un milagro, este, que fue mi *primero*, fue mucho más especial. Yo no sabía que ella tendría mellizos. Era obvio que el doctor residente tampoco sabía que ella tendría mellizos. Ni siquiera *ella* sabía que esperaba mellizos.

Sin embargo, Dios sí lo sabía.

Y él me eligió para ser parte de ello.

✦ ✦ ✦

Cada nacimiento es milagroso y especial en su propia manera. Atender partos es una de las cosas más fantásticas que hago como doctor. Cuando ese escurridizo bebé da su primer suspiro, su grito se celebra. Quiere decir que el bebé ha nacido, está sano y respira por sus propios medios. En la sala hay un ambiente de regocijo. Los padres se sienten muy felices por la llegada del pequeñito. Yo siempre me siento profundamente agradecido por atisbar una vez más a través del velo abierto, por darle la bienvenida al mundo a una nueva alma y por ser el primero de este lado en tomar en brazos al bebé. Aun las agotadas enfermeras, que trabajan en la sala de partos y que han visto miles de nacimientos, se ven felices y sonríen.

No obstante, a veces cuando el velo se abre, no se vuelve a cerrar. El bebé aspira aire una o dos veces y el velo permanece abierto, esperando que el alma vuelva al cielo.

No hay nada que celebrar en esos momentos.

✦ ✦ ✦

Era el tercer embarazo de Sandra, y a las veinticuatro semanas, su parto era prematuro. Aun hoy en día, es difícil que un bebé tan prematuro sobreviva. Si Sandra daba a luz al bebé en ese momento y en aquel hospital, había muy pocas esperanzas. El bebé pesaría menos de medio kilogramo y las posibilidades de que sobreviviera serían muy escasas.

Como médico residente a cargo, hice todo lo que pude para que Sandra no diera aún a luz al bebé. Sandra colaboró también, pero a las dos de la madrugada, nuestros mejores esfuerzos fracasaron y Sandra comenzó el parto.

Cuando el bebé nació, no se dio la celebración usual. Sandra era una madre soltera, así que no había un padre presente a su lado alentándola. Ella también conocía los riesgos de un bebé tan prematuro, así que lloraba, no tanto por el dolor, sino por la tristeza de lo que estaba experimentando.

Cuando el bebé salió, yo dije en voz baja: «Es un varoncito».

¡Era tan pequeñito! Con los dedos extendidos, yo lo podía albergar en la palma de mi mano. Asumí que no iba a vivir el tiempo suficiente como para respirar, pero contra todas las probabilidades, lo vi luchar y vencer. Lo estaba sosteniendo con las manos ahuecadas cuando se las arregló para dar un pequeño grito, seguido por dos cortas aspiraciones de aire. Era un esfuerzo valiente y le tomó todo lo que tenía en él.

—¿Está bien? —preguntó Sandra. Se notaba preocupación en su voz.

—Es muy frágil. Ha nacido muy, muy temprano —le dije tratando de mantener la voz estable.

Le pedí a la enfermera que proporcionara la información al neonatólogo y también a su médico obstetra. Ninguno de los dos había venido, porque no esperaban que el bebé diera siquiera un suspiro.

«¿Lo puedo tomar en brazos?».

Yo sabía lo mucho que ella quería a ese bebé. Se lo llevé y me senté a su lado mientras ella lo sostenía en brazos. Para que Sandra y su bebé estuvieran más cómodos, la enfermera apagó todas las luces excepto por una lámpara en el rincón de la sala. Durante los siguientes quince minutos estuve sentado en una silla al lado de la cama de Sandra y la observé llorar por su bebé. Mientras estaba allí, sentí calor en la piel. Era casi como si estuviera transpirando, pero tenía la piel seca.

La última vez que sentí ese calor estuve en la sala de Irene en aquel hospital. También la sentí con Dennis. Entonces fue cuando supe que Dios estaba manteniendo el velo abierto para que el hijo de Sandra volviera a él.

Se me rompió el corazón pensando en Sandra. Durante las veinticuatro horas previas ella había hecho todo lo posible para no comenzar el parto. Estaba extenuada, tenía hambre y estaba sufriendo. Y ahora esto. El pequeño bebé comenzó a jadear mientras luchaba por respirar. Pensé en cómo Sandra había luchado con su respiración solo unos pocos momentos antes para traer al bebé al mundo. Sus patrones de respiración no eran tan diferentes. Respirar, jadear, jadear, jadear. La respiración de Sandra era para traer vida. La respiración del bebé tenía el propósito de mantenerlo vivo. Pensé en la respiración del final de una vida, el patrón anormal al cual nos referimos como respiración Cheyne-Stokes, algo de lo que había sido testigo muchas veces antes, y me maravillé de la conexión entre las dos.

Sandra lloró suavemente por su hijo mientras el bebé respiraba por última vez. Yo observé cuando el cuerpo del niñito se relajó y quedó inmóvil en las manos de ella. Cuando ella comenzó a sollozar, yo sentí el calor de la presencia de Dios que llenaba la sala y traía consuelo. Dios había estado presente durante el parto y él estaba con Sandra y con su hijo ahora.

Ella comenzó a llorar más fuerte y yo lloré con ella.

✦ ✦ ✦

Un velo muy tenue de espiraciones separa este mundo del que viene. A veces la cortina se abre para dejar que un alma pase al mundo a través de ella. Otras veces, la cortina permanece abierta para aceptar el regreso de un alma. No sé cuál fue el problema con el bebé de Sandra, pero lo que sí sé es que hubiera tenido una cantidad enorme de enfermedades insuperables si hubiera vivido a través de ese día; y aun así, no había garantía de que hubiera sobrevivido mucho tiempo.

Hay millones de bebés que no nacen en el mundo. Se calcula que la tercera parte de los embarazos termina en pérdidas. A menudo la madre cree que su ciclo menstrual simplemente se ha atrasado una o dos semanas. No tiene idea de que un bebé se está formando en su útero. Sé que para Dios *todas* las vidas son preciosas y que los bebés que no nacen en este mundo nacen directamente en el cielo. En esos casos, *Dios* es el «receptor de bebés» por excelencia.

Aunque me resultó muy doloroso ver al hijo de Sandra salir de los brazos de su madre e ir a los brazos de Dios, fue un recordatorio de la soberanía divina. Dios da y Dios quita. Sin embargo, cuando quita, Dios lleva a un lugar mejor junto a él, que es mejor que este mundo caído en el cual nacemos.

Nuestra pérdida es ganancia para el cielo.

✦ ✦ ✦

Toda mujer que da a luz un hijo es una heroína. Es la «estrella del acontecimiento», por lo menos hasta que el bebé nace y es él quien asume ese honor. No obstante, para Karen, ser «la estrella del acontecimiento» tomó un nuevo significado.

Hacía poco tiempo que estábamos en Jackson y no conocíamos a mucha gente, así que cuando asistíamos a la clase Lamaze todas las semanas, era muy bueno conocer a otras parejas. Un día, un hombre llegó solo y le preguntó a la maestra si podía hablar con ella en forma privada en el pasillo. Cuando regresaron, el hombre se presentó y dijo que era el productor de las noticias locales.

«Estamos haciendo un programa sobre los partos naturales y estamos buscando una pareja para que sea parte de nuestro programa. Si usted está dispuesta a que un equipo de filmación siga su parto, nosotros le daremos una grabación del nacimiento de su bebé».

Yo pensé que era una idea fantástica. Eso sucedió mucho antes de que hubiera cámaras portátiles de video y aun mucho más antes de que se pudiera sacar un video con el teléfono celular. También me gustaba la idea de educar a la audiencia televisiva acerca de los nacimientos naturales. Además, ¿mencioné que *nos iban a dar un video gratis*?

Tan pronto como el hombre pidió voluntarios, levanté la mano.

Con la misma rapidez, la mano de Karen se levantó y me pegó en la parte superior del brazo.

—¡Pero nos van a dar un video gratis! —le susurré con la mano todavía moviéndose mucho en el aire.

—¡No quiero un video gratis! —me dijo y supe que lo decía en serio.

No obstante, fue demasiado tarde; el hombre ya había visto mi mano. Frente a todo el mundo, nos pidió nuestro nombre y la información para ponerse en contacto con nosotros así como también la fecha en que nacería el bebé. Le di los detalles y él los anotó. Me podía dar cuenta de que Karen estaba muy enojada. Cuando salimos de la clase una hora después, ella todavía seguía enojada.

—¿Cuál es el problema? —le pregunté—. Será una oportunidad para educar a mucha gente, y *¡nos van a dar un video gratis!*

Apretando los dientes, me dijo:

—Te voy a hacer una sola pregunta. ¿A quién crees que van a estar filmando? *¿A ti?*

Era un buen punto y uno que yo no había considerado. Como médico sin mucha experiencia y esposo con aún menos, aquel día aprendí una lección importante: siempre escucha al paciente.

Especialmente cuando el paciente es tu esposa.

Afortunadamente, el equipo de filmación había pedido dos parejas, por si una no resultaba. Puesto que la otra mamá tendría el bebé antes que nosotros, pensé que no tendría mucho de qué preocuparme. Y así fue; la otra mamá tuvo el bebé una semana antes que nosotros.

Desafortunadamente, necesitó una cesárea.

De vuelta estuvimos en las noticias.

✦ ✦ ✦

El parto de Karen fue típico para una primeriza: largo y difícil. Aun la respiración Lamaze no ayudó para acelerar las cosas. Por supuesto, el equipo de filmación estaba allí para filmar todo el nacimiento, lo cual hizo que pareciera aún más largo de lo que fue. Aunque todos fueron muy discretos, Karen no estaba nada feliz conmigo. Mientras la ayudaba a respirar, me encontré disculpándome.

Respirar, jadear, jadear.

«Nunca más voy a hacer esto».

Respirar, jadear, jadear.

«Lo siento mucho».

Respirar, jadear, jadear.

«Tienes razón, la próxima vez voy a escuchar».

Como esposo que la ayudaba en el parto y como futuro padre, yo estaba más que emocionado. Había estado presente en muchos nacimientos y cada uno de ellos había sido especial para mí, pero este era diferente. Este bebé era *mío*. Yo sería responsable por él o ella. Esta sería la criatura por la que yo estaría dispuesto a morir.

En la sala de partos, presté atención a todo lo que estaba sucediendo desde el punto de vista médico. A veces, saber demasiado es malo, porque yo consideré todas las cosas que podrían salir mal. Cuando el doctor vio la cabeza del bebé, yo supe que estábamos en la etapa final; el parto de Karen estaba a punto de terminar.

Esa es una parte crítica en un parto. Como doctor, yo siempre he querido que el bebé nazca pronto, puesto que la placenta se está separando y el bebé ya no está recibiendo oxígeno. Si el bebé se queda en esa posición por demasiado tiempo, hay una posibilidad de que baje el nivel de oxígeno. Es importante sacar al bebé para que pueda respirar por sí mismo por primera vez. Al mismo tiempo, los doctores no quieren que los tejidos de la madre se rasguen, ni que el cordón umbilical quede enredado en el cuello del bebé. Así que el parto es un proceso delicado de velocidad y de seguridad.

Por haber ayudado a entrar a este mundo a más de cien bebés, yo sabía lo especial y a la vez lo tenso que era ese momento. Esa era la última etapa en la cual el doctor le podía decir a la paciente que empujara o que no empujara. También era el último momento en que el bebé estaba en el vientre de su madre antes de entrar al mundo.

A estas alturas las contracciones de Karen eran tan intensas que ni ella misma podía controlar la urgencia de su parto. Me apretó la mano, empujó e hizo salir a nuestro primer bebé.

«¡Es una niña!», dijo el doctor.

Yo había dicho esas mismas palabras muchas veces antes, pero nunca me habían sonado tan dulces. Cuando colocaron a nuestra preciosa hija sobre el pecho de Karen, me maravillé al ver su pequeño cuerpo rosado y escuchar su suave llanto.

Hay algo acerca de una nueva alma cuando entra a este mundo que la biología no puede explicar. Solo Dios puede llevarse el crédito. Me uní a Karen en lágrimas de felicidad celebrando el nacimiento de nuestra hijita. Cuando observé a mi esposa con nuestra bella bebé apoyada sobre su pecho, me sentí como el hombre más afortunado que jamás hubiera vivido. Yo había experimentado dos milagros. El primero fue conseguir que Karen fuera mi esposa, y ahora el segundo era tener una preciosa hija.

Sentí una sensación de calor en la sala y una conexión con el cielo como nunca antes había experimentado. Sabía que el velo se había abierto de nuevo, esta vez para dejar pasar a una bebita pequeña, rosada, escurridiza, que pateaba y lloraba, a nuestra vida y a nuestro corazón.

Reconocimos que era un regalo de Dios. Aunque siempre había visto que cada nueva vida era un milagro, nunca había sentido el placer de ese milagro como lo sentí ese día.

El nombre de nuestra hija es Kristen Michelle y estábamos muy agradecidos de que ese milagro fuera *nuestro*.

✦ ✦ ✦

La historia en las noticias resultó aún mejor de lo que esperábamos. Algunas personas de nuestra iglesia y de nuestro grupo de estudio bíblico que la vieron nos felicitaron por un trabajo bien hecho. Inclusive a Karen le gustó el video. Cuando vio que resultó mejor de lo que esperaba, Karen me perdonó por habernos puesto como voluntarios, pero me dijo que *nunca más* quería hacer algo así.

Yo pensé que ella había sido maravillosa. Y ahora tenía el video para probarlo.

Capítulo 15
LA PROVISIÓN DE DIOS

✦

«¡Ayúdenme, necesito ayuda! ¡Mi bebé no puede respirar!».

Yo me había dado vuelta para despedirme del personal de la sala de emergencias en la somnolienta ciudad de Lexington cuando escuché los aterradores gritos que provenían desde el estacionamiento de automóviles.

«¡Por favor, ayúdenme! ¡Mi bebé, mi bebé!».

Yo había escuchado ese gemido antes. Es el sonido que emite una madre cuando ella tiene a su hijo a las puertas del cielo. Es un sonido horrible que para siempre se queda grabado en el corazón y en el alma.

Era mi segundo año de médico residente y estaba terminando uno de mis primeros turnos de toda la noche en la sala de emergencias. Daba miedo ser un joven doctor y estar a cargo. Me estaba diciendo a mí mismo el buen trabajo que había realizado, pasando esa mi primera noche sin una sola verdadera emergencia. Había sido casi lo que podríamos llamar «una noche perfecta» en sala de emergencias de un solo cuarto con una sola cama. Hasta había tenido la oportunidad de tomar una siesta en el cuarto para los médicos. La única situación había sucedido mucho más temprano aquella noche, cuando tuve que coser un par de cortes.

Eso cambió en un instante cuando me enfrenté a la peor pesadilla que puede tener un residente novato; de hecho, para cualquier doctor: un bebé que se está muriendo. Me di cuenta por la angustia del gemido de la madre que si no había sucedido ya, sucedería muy pronto.

El pelo se me paró de punta.

✦ ✦ ✦

Como médicos residentes, estábamos en las primeras líneas de la medicina cada vez que tomábamos turnos en los pequeños pueblos campestres que rodean a la ciudad de Jackson. Tratábamos las emergencias leves en nuestras instalaciones y preparábamos las grandes para ser transportadas al hospital. La mayoría de esos hospitales pequeños tenía solo una cama, máximo dos, en la sala de emergencias. Sin tener en cuenta cómo eran los lugares en los cuales trabajaban los médicos residentes, esos jóvenes doctores eran la cuerda de salvamento que llevaba a los especialistas que trabajaban en Jackson. A menudo, nosotros éramos los únicos médicos presentes entre la vida y la muerte de un paciente.

Esas oportunidades de trabajar en la sala de emergencias también nos fueron útiles a *nosotros*. Como residentes del programa de medicina familiar, lo que nos pagaban no era suficiente para poder mantenernos. El dinero que ganábamos trabajando en esos turnos de toda la noche en los pequeños hospitales alrededor de Jackson representaba la diferencia entre vivir apenas sobre la línea de la pobreza y poder mantener a nuestra familia. Ahora que Karen y yo teníamos dos hijas (Ashley siguió a Kristen en 1985), yo había comenzado a hacer esos trabajos extra y nocturnos para pagar el costo de los pañales y la comida de la bebé.

Sin embargo, aquellos de nosotros que estábamos realizando estos trabajos extra y nocturnos estábamos preocupados. Habíamos escuchado que nuestros superiores creían que estábamos más preocupados por el dinero que por aprender. Ellos pensaban que los turnos nocturnos en la sala de emergencias le quitaban mucho tiempo a nuestro entrenamiento regular y que ese trabajo nos dejaba muy cansados para trabajar al día siguiente. Circulaban algunos rumores de que las personas a cargo iban a prohibir que trabajáramos de noche. Si eso sucedía, yo no sabía cómo podría subsistir mi familia.

✦ ✦ ✦

La madre abrió violentamente la puerta de la sala de emergencia y corrió hacia el escritorio de las enfermeras.

«¡Mi bebé! ¡Mi bebé! ¡Por favor, ayuden a mi bebé!».

Tenía en sus brazos a un varoncito de unos nueve o diez meses. El niño tenía la piel azulada. Ella le dio el bebé a una enfermera, quien a su vez me lo dio a mí, un cuerpecito flácido y sin vida. Yo sentía que mis emociones eran cada vez más intensas y amenazaban con desbordarse. *No pierdas la calma*, me dije a mí mismo.

Como padre de dos hijas, sentí esta situación en forma personal. Este bebé de ojos azules y cabello rubio podría haber pasado como hermano de mis hijas. Tragué saliva, tratando de ahogar las emociones y de recobrar mi profesionalismo.

Soy la persona a cargo aquí, me recordé. *Tengo que mantener el control.*

—¿Qué le pasó? —le pregunté.

—Estaba *bien* —insistió la madre entre sollozos—. ¡Solo me alejé de él por un minuto!

—Está bien. Dígame qué sucedió —le dije, tratando de calmarla.

—Él estaba en su silla alta para niños —dijo ella haciendo esfuerzos para respirar—. Yo le estaba dando su desayuno y me di vuelta para buscar más cereal. Cuando volví la cabeza, ¡él se estaba ahogando! Lo tomé en brazos y vine aquí lo más rápido posible. —Me agarró el brazo—. Por favor, ¡tiene que salvarlo! ¡Él es mi vida!

Por el color del niño, me di cuenta de que lo que fuera que había causado la asfixia estaba obstruyendo completamente el paso de aire. Traté de no dejarme llevar por el pánico cuando puse al bebé sobre una camilla y traté de escuchar algún sonido de respiración. Nada. Le revisé la garganta con el dedo. Nada.

Pude escuchar que la madre oraba: «Oh, Jesús, por favor, dulce Jesús».

La mente me explotó en mil direcciones mientras trataba de determinar lo que debía hacer primero. *¿Cuáles eran los detalles del curso en mantenimiento de vida avanzado en pediatría que tomé antes de comenzar a trabajar en la sala de emergencias?* Mientras trabajaba para tratar de sacarle lo que fuera que tuviera en la vía respiratoria, traté de pensar en el siguiente paso.

A: Vía respiratoria

B: Respiración

C: Circulación

D: ...

¿Qué era D?

De pronto, esa lista ya no era una técnica para aprender de memoria o una teoría en el pizarrón. Esas eran las claves que necesitaba para salvar a este bello y flácido bebé. Otras preguntas siguieron con rapidez.

¿Debería formar un equipo de paro cardiorrespiratorio?

¿Debería hacerle una traqueotomía?

¿Debería pedirle a la madre que saliera de la sala?

La madre estaba de pie en un rincón de la sala llorando y rogándole a Dios y a mí que hiciéramos algo. La miré y vi terror en sus ojos; estaba temblando.

«Organice el equipo de paro cardiorrespiratorio», le susurré a la enfermera.

Yo sabía que tomaría un minuto o dos para que los miembros llegaran desde otros lugares del hospital. No estaba seguro de que tuviéramos tiempo para esperar la llegada de ellos. La situación se había vuelto muy difícil. *¿Qué otra cosa puedo hacer por este bebé? ¿Por su madre?* Ahora era asunto de Dios. Comencé a orar en forma similar a los lamentos de la madre. *Oh, Dios, por favor, ayúdame a salvar a este bebé.* Hice esa oración una y otra vez mientras trataba de resolver qué hacer a continuación.

De pronto, una brisa cálida se sintió en el aire pesado de la sala. Esa sensación me dijo que Dios estaba presente y sentí las manos de Dios sobre mí. Eso me dio seguridad que iba mucho más allá de mi adiestramiento médico.

Tomé el laringoscopio, un instrumento de metal que tiene algo parecido a un gancho y que me permitiría ver la laringe. Lo coloqué en la garganta del bebé y miré. Nada.

Aunque había pasado solo un minuto o dos, yo sabía que el bebé había estado sin respirar por demasiado tiempo.

«Tráigame una bandeja de traqueotomía», le dije a la enfermera. Sin embargo, mientras lo decía, Dios me habló. No fue con voz audible. Fue más como que *sentí* sus palabras dentro de la cabeza. *No la vas a necesitar.*

Cuando miré de nuevo a través del laringoscopio, algo llamó mi atención. Fue como si algo se hubiera movido. *¿Hay algo allí? ¿Había visto algo?* Miré otra vez. *¡Sí, había visto algo!* Parecía una pelotita que se balanceaba.

La parte dura del laringoscopio había aflojado la obstrucción lo suficiente como para que el bebé inhalara un poco de aire. También nos dio un momento para respirar a nosotros, pero todavía tenía que extraer ese tarugo.

«Hemóstato», le dije a la enfermera.

Ella me dio el instrumento que parece una pinza. Con el laringoscopio en la mano izquierda y el largo hemóstato en la derecha, pude asir el objeto. Lo que saqué fue un pequeño cuadradito de plástico al que le faltaba una muesca en un costado.

Un clip para cerrar una bolsa de pan.

El bebé inhaló profundamente y comenzó a llorar. Asustado por las personas alrededor de él o tal vez por el rostro del médico, comenzó a buscar con la vista a su madre. Nunca me había sentido tan feliz de reunir a un bebé con su mamá.

«Los voy a mandar a Jackson —le dije—, para que allí lo chequeen y asegurarnos de que todo está bien».

✦ ✦ ✦

Más o menos una hora más tarde, me preparé para salir del hospital de Lexington por segunda vez aquel día.

«¡Excelente trabajo!», me dijo una de las enfermeras cuando iba caminando hacia la puerta.

Había sido una experiencia jubilosa poner en brazos de su madre a un bebé sano que respiraba normalmente. A diferencia de mi experiencia previa aquel día, yo no me estaba felicitando a mí mismo por un trabajo bien hecho. En cambio, estaba pensando en cómo muchas circunstancias podrían haber afectado el resultado. Si yo no hubiera visto el pedacito de plástico, si hubiera sido más pequeño, si la garganta del niño hubiera sido más grande y el clip hubiera llegado más abajo, si yo todavía hubiera estado en la sala de doctores en lugar de estar en la puerta, si la madre no hubiera vivido al otro lado de la calle, si hubiera estado lloviendo y ella se hubiera resbalado en el estacionamiento... si cualquiera de esos «si» hubieran ocurrido, el bebé habría muerto en mis brazos.

Hay un número infinito de «si» en la medicina y en la vida sobre los cuales no tenía el control. No obstante, Dios sí tenía el control.

Yo había sentido la mano de Dios guiándome a través de todo el proceso. Él fue quien me mantuvo en calma y libre de pánico. Él fue quien me ayudó a ver el pedacito de plástico atascado en la garganta del bebé. Él fue quien me ayudó a sujetar el objeto que se movía en el instante correcto, ¡y yo me sentía muy agradecido por lo que él había hecho!

A la mañana siguiente, cuando llegué al hospital de Jackson a la hora de mi turno, vi a la madre y al bebé que salían rumbo a Lexington. Ella corrió y me abrazó; sus palabras de agradecimiento fueron profusas y dichas de todo corazón.

Entendí exactamente cómo se sentía ella. Yo sentía el mismo agradecimiento hacia Dios. El milagro era de él, y yo estaba agradecido de haber desempeñado solo una parte en dicho milagro.

✦ ✦ ✦

Temprano, un lunes por la mañana, unos seis meses antes de terminar mi residencia, yo estaba tomando una taza de café antes de salir de mi casa para realizar mis visitas. Sonó el teléfono y el que llamaba era el director del programa de residentes. Como uno de los dos jefes de residentes, no me sorprendió recibir una llamada del director el lunes por la mañana, pero tan pronto como contesté, su tono de voz me dijo que esta vez era algo diferente.

—Necesito verlos a usted y a Tim en la sala de conferencias cercana a mi oficina ahora mismo.

—Sí, señor —le respondí. El tono de urgencia me tomó desprevenido—. Iremos enseguida después del informe matutino.

—Y quiero que todos los demás residentes vengan con usted.

Fue un pedido inusual; muy pocas veces nos habíamos reunido todos como grupo y nunca con tan poca antelación.

—Estaremos allí —le dije.

En ese momento Karen entró a la cocina. Estaba en su bata y se veía somnolienta.

—El director del programa me acaba de llamar. Quiere una reunión conmigo y con todos los demás residentes esta mañana. Me temo que van a cortar todas las horas extra que estamos trabajando.

—¡Oh, no! ¿Qué vamos a hacer sin ese dinero extra? —Karen se notaba preocupada.

—No sé; ya pensaré en algo. Mientras tanto, oremos.

Yo estaba contento de haberme casado con una mujer cuidadosa con el dinero. Karen sabía cómo estirar el dinero y lo gastaba con sabiduría. Aun así, con dos hijas pequeñas y el salario de un doctor residente, el dinero no nos sobraba.

Nuestra familia estaba en las manos de Dios, pero yo sentía la responsabilidad de proveer para ella. Yo había crecido pobre y quería más para mis hijas y también para Karen. *¿Cómo nos las vamos a arreglar sin esas entradas extra?*

Karen y yo hicimos una breve oración juntos mientras terminábamos de tomar el café, y luego salí para el hospital.

✦ ✦ ✦

Tim era el otro jefe de residentes, y había recibido la misma llamada. Yo estaba preocupado. El que nos impidieran trabajar esas horas extra era suficientemente malo, pero ¿podría haber algo planeado aún peor? Mientras caminábamos por el estacionamiento que separaba al hospital de la clínica de medicina general, le hice una pregunta: «¿Has escuchado de algo nuevo para lo cual tengamos que estar preparados?».

Tim negó con la cabeza.

Tal vez debería tratar de presentar algún caso que mostrara que nuestro trabajo extra allí es importante. Pensé en el bebé que hacía unas pocas semanas se había ahogado con un clip de plástico. *¿Dónde estaría esa madre si no hubiera habido un doctor en la sala de emergencias aquella mañana?* Cuando llegamos a la sala de conferencias nos dijeron que esperáramos hasta que llegaran los otros médicos residentes. A través de las puertas de vidrio vi que el administrador del hospital también estaba allí y que parecía tener una conversación animada con el director. Ahora me sentía verdaderamente asustado. El administrador estaba allí solamente cuando había problemas serios. O alguien había cometido un error realmente serio o tal vez había asuntos legales involucrados.

Tim y yo estuvimos en silencio mientras esperábamos que llegaran los otros residentes. Sentí como si estuviera de nuevo en la secundaria esperando para hablar con el director. *Dios, te necesito ahora,* oré. *Por favor, ayuda al director a ver lo mucho que necesitamos esas entradas extra, y si no, por favor dame la paz y la fortaleza para lidiar con lo que suceda.*

Una vez que llegaron todos los residentes, el director abrió la sala de conferencias y dijo: «Entren y tomen asiento».

Todos entramos y nos sentamos alrededor de la mesa.

El director parecía nervioso y carraspeó. «Jóvenes, el hospital está pasando por una situación un poco difícil. Sé que todos ustedes están trabajando horas extras en otros lugares. Es decir, tienen un segundo empleo».

Miré de nuevo a los residentes. Algunos de ellos acababan de terminar sus turnos nocturnos y se veían somnolientos. La mayoría de ellos necesitaba el dinero tanto como yo. Muchos estaban casados y tenían bebés. De nuevo hice una rápida oración. Esta vez no fue solo por mí; fue por todos nosotros. *¿Qué vamos a decirle a nuestra esposa?*

«Vamos a necesitar su ayuda. Debido a algunos problemas en la negociación de contratos, el hospital no tiene médicos de emergencia», dijo el director.

Yo había inclinado la cabeza esperando el hachazo, pero ahora levanté la vista para saber de qué estaba hablando.

«Vamos a necesitar su ayuda para atender la sala de emergencias de noche y durante los fines de semana hasta que terminen su programa. Sé que les estamos pidiendo mucho. —Hizo una pausa y miró al administrador—. Así que les vamos a pagar el doble de lo que están ganando ahora, si están de acuerdo en ayudarnos».

La boca de cada uno de los residentes, incluyendo la mía, se abrió sin poder creer lo que habíamos escuchado.

Esto no era ni de cerca lo que yo había esperado. Sabía quién era el responsable e incliné la cabeza en agradecimiento. Era una respuesta a la oración, mucho más grande de lo que jamás hubiera podido imaginar.

Capítulo 16
LA PUÑALADA EN LA OSCURIDAD

✦

La radio hizo un chirrido. «Trauma uno, habla 452 y vamos camino a su hospital».

No presté mucha atención a la enfermera que estaba contestando la llamada del conductor de la ambulancia hasta que me dijo: «Doctor Anderson, creo que debe escuchar esto».

Ella se refería a la radio que usan los conductores de las ambulancias para comunicarse con el hospital e informarnos de lo que venía en camino.

—Por favor, 452, repita —dijo ella.

—Tenemos un hombre de veinticuatro años con código de trauma en progreso. Le dieron una puñalada en la parte izquierda del pecho. La presión arterial es cero. Sin pulso. El monitor indica DEM.

DEM, o disociación electromecánica, quiere decir que aunque el corazón del paciente indica actividad eléctrica, el corazón en sí no se está contrayendo. Eso podría indicar una herida en el corazón. Aunque no era un buen signo, era algo de esperarse de quien había recibido una puñalada en el pecho.

«Lo intubamos con dos soluciones de Ringer lactato por catéter de gran calibre a máxima capacidad. Repito, no tiene pulso ni presión arterial, ni respiración espontánea. El tiempo de llegada a su sala de emergencias es aproximadamente de tres minutos».

✦ ✦ ✦

El adiestramiento que habíamos recibido como residentes estaba dando buenos resultados. En la sala de emergencias, ya no teníamos que detenernos para pensar acerca de cada paso. Sabíamos qué hacer y simplemente reaccionábamos. Cuando los residentes entramos para llenar los puestos vacantes que habían dejado los médicos de la sala de emergencias al salir, las llamadas y los códigos se convirtieron en algo que hacíamos automáticamente. Por supuesto, conocíamos muy bien al cardiólogo intervencionista y a los cirujanos de traumas, puesto que eran ellos los que nos ayudaban a salir de cualquier aprieto en el que nos pudiéramos encontrar. Sin embargo, desde el punto de vista médico, estábamos manejando bien las cosas.

En el hogar, la esposa de cada doctor estaba contenta con el aumento de los ingresos, los cuales ahora eran también más previsibles, pero lo que les resultaba difícil de sobrellevar eran nuestras ausencias. Los nuevos turnos en la sala de emergencias eran una bendición mixta. En lugar de trabajar de noche solamente los fines de semana, ahora también estábamos trabajando de noche durante la semana. El hospital en Jackson era un lugar de tanta actividad que ya no teníamos noches sin algún paciente, como habíamos tenido en los hospitales rurales. En otras palabras, no estábamos durmiendo mucho. Estábamos ganando el doble, pero trabajamos duro por cada centavo. Ahora orábamos pidiendo sobrevivir hasta el final de nuestro turno, y a veces, esa oración era también por nuestros pacientes.

Todas las noches que trabajé en la sala de emergencias, trabajé en la antesala del cielo. Desde aquella noche increíble cuando sentí la presencia del cielo en la sala del hospital después de que murió Dennis, yo comencé a buscar a Dios en todas las situaciones, y a menudo reconocí señales de que él estaba allí. Cuando la puerta entre este mundo y el siguiente se abría, aunque fuera solo un poco, las imágenes, los sonidos y los aromas del otro lado irrumpían en la sala de emergencias. Yo sentía la calidez de un alma que salía de este mundo mientras la brisa del cielo le daba la bienvenida al otro mundo con una suave fragancia de frutas cítricas y lilas.

Cada vez que sucedía eso, yo sentía el amor y el consuelo sobrecogedor que había experimentado en mi sueño y anhelaba irme también.

✦ ✦ ✦

Tres minutos es una eternidad o simplemente un grano de arena en el reloj del tiempo. Todo depende de nuestra perspectiva. Esa noche fue ambas cosas para mí. Tomé una de las batas largas, guantes y una máscara y les ordené a las enfermeras que me iban a ayudar que hicieran lo mismo. Las precauciones universales se seguían para nuestra protección. El SIDA había comenzado a aparecer en los titulares de los periódicos y aunque había mucho que no sabíamos, una cosa sí sabíamos con seguridad: que una persona que sangraba era una posible amenaza para nuestra vida.

Revisé la sala y me aseguré de que los instrumentos que pudiera necesitar estuvieran disponibles. Luego revisé de nuevo. Comencé a hacer listas mentales. La primera era el ABC de un código de trauma. La *vía respiratoria*. El hombre ya estaba intubado. *Respiración*. El equipo de la ambulancia ya había comenzado la ventilación mecánica y el terapeuta respiratorio estaba con nosotros. *Circulación*. No tenía circulación, ni pulso, ni presión arterial.

¿Pero todavía tiene actividad eléctrica en el monitor?

Básicamente, la electricidad estaba funcionando, pero los mecanismos de su corazón no. Cuando existía disociación entre las funciones eléctricas y las mecánicas del corazón, yo tenía que dilucidar qué lo estaba provocando... algo físico estaba impidiendo que el corazón se expandiera. Mientras recorría la sala considerando cuál podría ser la causa, pensé que había por lo menos dos posibilidades. La primera era el colapso de un pulmón, lo cual se llama neumotórax a tensión. La segunda era el taponamiento cardíaco, cuando el corazón está comprimido debido a fluido en el pericardio, que es la envoltura que rodea el corazón.

Hasta ese momento, la mayoría de los pacientes que yo había tratado personalmente y que había muerto en la sala de emergencias estaba muy enferma o era muy anciana. Se esperaba que murieran. Sin embargo, no era así con este paciente. Me perturbaba pensar que un hombre más o menos de mi edad fuera a perder la vida en forma tan trágica. Me recordó también algunas de las mismas preguntas que me había formulado años antes cuando había perdido a mis primos en forma tan violenta. *¿Por qué, Dios? ¿Por qué permitirías que sucediera algo así?*

Podía sentir emociones que surgían dentro de mí y necesitaba recuperar el control. Si no lo hacía, mi máscara comenzaría a nublarse y yo no podría ver. Entonces todo el mundo sabría lo nervioso y emocional que me sentía. Comencé a orar. *Te necesito ahora mismo. Necesito tus manos sanadoras para que sean usadas a través de mí. Por favor, guíame a través de este proceso...*

✦ ✦ ✦

Cuando el paciente llegó a la sala de emergencias, me di cuenta de que los técnicos de emergencias habían estado correctos en su evaluación del paciente.

La resucitación en casos de trauma muy pocas veces tiene éxito, pero yo sabía que tenía que tratar. Afortunadamente, el paciente ya estaba intubado y la herida de su pecho había sido sellada con una gasa envaselinada.

El personal rodeó la camilla de la ambulancia y en cuanto conté, lo pasaron a nuestra camilla. Comencé a examinar sus vías respiratorias y su respiración, mientras la enfermera tomó el aparato manual de ventilación del técnico de emergencias. Repasé mentalmente la lista de chequeo y terminé mi examen inicial con una inspección minuciosa de la herida.

Miré su piel oscura y el pelo del pecho, ahora totalmente ensangrentado. La ambulancia lo había recogido en una zona mala de la ciudad y el conductor creía que el paciente podría haber estado involucrado en una venta de drogas que salió mal. Sin embargo, mi examen no mostró ninguna señal de que fuera drogadicto. No había huellas de aguja y no pesaba menos de lo normal.

En un hombre que, sin contar la puñalada, parecía sano, yo estaba bastante seguro de que podría tratarse de una de las dos cosas, o tal vez de las dos, que había considerado antes de que llegara la ambulancia: o tenía colapso en un pulmón o sangre en la envoltura que rodea el corazón.

Decidí tratarle el pulmón. Irónicamente, para arreglar esto, el único tratamiento que podría salvarle la vida era el mismo que lo había traído a nosotros: una punzada en el pecho, pero esta vez con una aguja.

El pulmón estaba bajo presión, lo que causó que perdiera el aire. Una aguja con una válvula que sacara el aire permitiría que el pulmón se volviera a llenar. Una vez que el pulmón estuviera lleno de aire, el hombre podría respirar y su presión arterial y pulso deberían volver a ser normales. Para que esto funcionara, yo tenía que meter la aguja exactamente en el lugar correcto, entre los pulmones y las costillas, en el espacio pleural. «Mantenga los vendajes en su lugar —instruí a la enfermera— y asegúrese de que la herida esté sellada».

Inserté la aguja en el lugar correcto y escuché el silbido inconfundible. Repentinamente, darle aire se hizo más fácil y fue obvio que él respiraba mejor, pero todavía no tenía presión arterial. La neumotórax a tensión había cedido, pero algo más estaba mal.

¿Qué puede ser? El pulmón tenía aire ahora y funcionaba bien. El hombre respiraba con más facilidad. Todo el tiempo le hicimos reanimación cardiopulmonar mientras trabajábamos. Yo podía ver la herida y no era eso. La única explicación posible es que tuviera también un taponamiento cardíaco. El corazón me dio un vuelco cuando pensé en que otra vez tendría que darle una punzada con la aguja.

Esta vez sería en el corazón.

Esta era su última oportunidad. Si yo no llegaba al lugar correcto, o si me equivocaba en algo, o si algo no funcionaba perfectamente, el hombre no tendría posibilidad alguna de volver a la vida.

Podía escuchar llanto y lamentos del otro lado de las puertas de la sala de emergencias.

—¿Qué pasa allí? —pregunté.

—Es su familia que ha llegado y están en la sala de espera —me dijo una de las enfermeras.

No solo eran muchos, sino que sonaban angustiados. Varias mujeres lloraban. Algunos de los hombres parecían estar gritando fuerte, aunque no pude entender lo que decían. Cada vez que alguien nuevo se acercaba, el histerismo de ellos alcanzaba niveles nuevos. Yo sabía que estaban preocupados.

Yo también lo estaba.

«Aguja para la espina dorsal con una jeringa de veinte centímetros cúbicos, por favor».

Yo estaba parado del lado izquierdo del paciente, casi en forma paralela a su hombro. La mano derecha me temblaba cuando tomé la jeringa de manos de la enfermera. Esperaba que ella no se hubiera dado cuenta. No era bueno que me temblaran las manos cuando estaba a punto de efectuar un procedimiento que requiere de mucha precisión. *En el pericardio y no más allá*, me recordé mientras levantaba la aguja sobre el corazón del paciente para asegurarme de dar la punzada en la marca con suficiente precisión.

Sin embargo, entonces me detuve.

Por favor, Señor, tómame la mano; no puedo hacer esto yo solo, oré. Esa oración pareció sacarme del ambiente caótico. Respiré profundamente y sentí que el corazón comenzaba a latirme un poco más despacio a medida que mis manos se afirmaban.

Una vez más, levanté la aguja.

Esta vez, con un movimiento rápido bajé la mano y puncé el corazón del paciente.

De pronto, sentí una brisa tranquilizante. Una corriente de aire del cielo parecía flotar a mi alrededor. Sangre sin coágulos entró a la jeringa que yo mantenía firme en su lugar. Miré hacia arriba y a la derecha, y sentí una brisa suave en la mejilla. El velo siempre presente —tan fino y sin embargo lo suficientemente grueso como para separarnos del otro mundo— estaba flotando libremente en una brisa celestial. Entonces sentí el calor de su alma. Antes de que se dijera nada, antes de mirar los monitores, lo supe. Él estaba regresando.

—¡Doctor! ¡Tiene pulso!

Las palabras de la enfermera me trajeron de vuelta a la sala de operaciones.

—Llame al cirujano torácico y dígale al personal de la sala de operaciones que preparen un lugar. Luego lleve al paciente allí.

Me saqué la máscara y los guantes y traté de tranquilizarme. *Gracias, Dios, por guiarme la mano cuando hice esa punción. No lo podría haber hecho sin ti.*

✦ ✦ ✦

La situación todavía era grave pero había esperanzas.

La madre lloró cuando le tomé las manos y le dije que su hijo, DeWayne, estaba muerto cuando llegó al hospital, pero que por la gracia de Dios habíamos podido restaurar su presión arterial y su respiración.

No le dije todos los detalles de cómo Dios había estado conmigo. ¿Cómo los podría explicar? No obstante, de nuestra conversación me di cuenta de que esta era una mujer que oraba por su familia. Era una madre soltera que estaba haciendo lo mejor que podía a pesar de sus circunstancias. «Quiero que sepa que yo sentí la presencia de Dios con nosotros en la sala y creo que su hijo va a salir bien de esto».

Le expliqué que el cirujano torácico estaba con DeWayne en la sala de operaciones y que sabríamos más después de que lo examinara. Le sugerí que fuera a la sala de espera de cirugía donde el personal la mantendría informada.

Las mujeres que estaban con ella eran más jóvenes. No supe si eran amigas o familiares, pero rodearon a esa madre que lloraba y la llevaron a la sala de espera en el ala de cirugía. Los hombres, que antes habían hecho tanto ruido, ahora parecían más calmados y siguieron a las mujeres.

Mi turno terminó antes que finalizara la operación, así que no fue sino hasta el día siguiente que me enteré de los detalles de lo que había encontrado el cirujano torácico. La puñalada que le habían dado a DeWayne en el pecho había perforado la envoltura que rodea el corazón y uno de los vasos sanguíneos había llenado esa envoltura de fluido.

Yo sentí como si hubiera tenido otro encuentro directo con el cielo, justo cuando más lo necesitaba, pero a esas alturas, yo no sabía ni la mitad del asunto.

✦ ✦ ✦

Visité a DeWayne mientras hacía mis rondas aquel día y todos los días mientras estuvo en el hospital. Tres días después de ser admitido, estaba sentado en la cama y se sentía mejor.

—¿Todo bien, doctor Anderson? —me preguntó cuando entré a su habitación.

—Me parece que el que está bien eres tú.

Arrimé una silla para hablar con él. Yo estaba preocupado y quería asegurarme de que él entendiera la enormidad de lo que le había sucedido.

—¿Recuerdas lo que pasó la noche que te trajeron a la sala de emergencias? —le pregunté.

—Un poco —me dijo.

—Cuando te trajeron estabas muerto. No tenías ni pulso ni presión arterial y no estabas respirando por tu propia cuenta. —Yo quería que supiera que el estilo de vida que llevaba tenía consecuencias que le podrían haber costado la vida.

—Me acuerdo de eso —me dijo DeWayne—, pero después de llegar al hospital, usted me cambió a esa otra cama en la sala con todas esas luces brillantes y me atendió.

—¿Recuerdas cuando te cambiamos?

—Sí, claro, eso fue justo antes de que usted me punzara por primera vez.

—¿Tú recuerdas que yo te puncé?

—Sí. Dos veces.

Yo estaba sorprendido de que él se pudiera acordar de esos eventos.

—¿Qué otra cosa recuerdas?

Me describió a la enfermera que trabajó conmigo y al terapeuta respiratorio.

—Doctor, por favor, ¿les puede decir que les agradezco mucho por salvarme la vida?

Yo estaba sorprendido por la claridad y los detalles de lo que recordaba.

—¿Sentías algún dolor?

—No, no sentía nada —dijo DeWayne—, pero tenía mucho miedo.

No le dije que yo también tenía mucho miedo.

—Pero entonces vi a mi abuelita.

—¿Viste a tu abuelita? —le pregunté, tratando de recordar si yo también la había visto. Yo había hablado con su madre y había también otras mujeres más jóvenes en la sala de espera cuando había hablado con ella, pero no había nadie que hubiera podido considerar de edad suficiente para ser su abuela.

—Entonces fue cuando supe que iba a estar bien.

—¿Cuándo lo supiste? —Yo estaba confundido.

—Cuando vi a mi abuelita —me repitió—. Ella estaba sentada en una esquina del cuarto, hasta que usted la dejó que se acercara.

—¿Yo la dejé acercarse?

—Sí, ¿no se acuerda?

No me acordaba, pero eso no quiere decir que no sucedió. Yo ya había tenido suficientes momentos sorprendentes como para saber que Dios trabaja de maneras muy inesperadas.

Quería saber más.

—¿Qué te dijo tu abuelita? —le pregunté.

—Ella me tomó la mano y me dijo: "Vas a estar bien". En ese momento fue cuando supe que no tenía que tener más miedo.

—¿Recuerdas lo que yo estaba haciendo?

—Sí, en ese momento usted estaba mirando fijamente algo.

Estaba arriba, a mi derecha, como un poco lejos de mí. Era como si usted estuviera escuchando algo con mucha atención.

Me sonreí. El aliento del cielo había estado en aquel cuarto esa noche y los dos lo habíamos experimentado en forma distinta. Mientras me ponía de pie, le dije:

—Si todo se ve bien, podrás irte a tu casa mañana.

Cuando salí, le dije a una de las enfermeras lo que él me había dicho.

—Eso es extraño —respondió ella.

—Eso es Dios —le dije.

Cerré el historial y se lo di a ella. «Voy a volver mañana y espero que esté listo para darle de alta».

✦ ✦ ✦

No me podía sacar de la mente las palabras de DeWayne. Yo había escuchado informes de pacientes que habían estado entre la vida y la muerte observando lo que pasaba en la sala de emergencias, pero que supiera, yo nunca había tenido un paciente que hubiera tenido esa experiencia. Sin embargo, estaba claro que DeWayne había estado muerto cuando lo trajeron. Sin pulso, sin que le latiera el corazón, él no debía haber tenido la mente consciente para ver las cosas que había observado.

A la mañana siguiente, recogí su historial médico de la estación de las enfermeras y miré para ver si había alguna anotación en cuanto a alguna señal de confusión. Nada. Él se veía bien y por cierto que estaba coherente y lúcido.

Le di de alta a DeWayne para que regresara a su hogar y volví a la estación de las enfermeras para escribir las instrucciones pertinentes. Una voz conocida me interrumpió.

«Doctor Anderson, ¡qué bueno que lo alcancé!».

Era Kathy, la enfermera con la cual yo había hablado el día anterior.

«Quería decirle que la mamá de DeWayne lo visitó ayer después de que usted se fue y yo le pregunté si la abuelita de DeWayne había estado en la sala de emergencias la noche en que lo trajeron. Su madre me dijo que la abuelita de DeWayne había muerto mientras dormía. Murió hace cuatro años. Ella pensó que la abuelita debe haber visitado a DeWayne desde el otro lado».

Aunque DeWayne sabía que su abuelita había muerto, no se alarmó cuando la vio. Mientras crecía, él había escuchado historias de personas que también habían visto a seres queridos que habían muerto en el cuarto con ellos. En ese entonces, esa experiencia me dejó con muchas preguntas. Sin embargo, más tarde yo estaría presente cuando otras personas tendrían encuentros similares.

✦ ✦ ✦

He pasado muchas horas maravillándome acerca de lo que DeWayne y yo experimentamos aquella noche en la sala de emergencias. No tengo todas las respuestas, pero lo que he llegado a entender es que Dios envió a la abuelita de DeWayne para que estuviera con él aquella noche. Aunque su abuelita estaba muerta, ella había sido enviada para restaurar la vida y el espíritu de DeWayne, y para darle paz a su alma, de la forma en que mis primos lo habían hecho por mí.

Me parece que, en casos raros, Dios permite que sueños o visiones de personas que hemos amado, personas que han partido al otro lado, nos ayuden a saber y a realizar nuestros propósitos aquí en la tierra. Durante esos momentos, cuando el velo se mueve libremente, sé que Dios está obrando.

Capítulo 17
CONFIRMACIONES DE LA MUDANZA

✦

Mi tercer año de residencia fue el capítulo final de mi entrenamiento formal. Fue tanto atemorizador como emocionante. Las decisiones ya no eran tomadas por equipos o por comités; ahora yo era el único que tomaba las decisiones.

Aunque es obvio que sentía la responsabilidad de las decisiones médicas que tomaba todos los días, otra decisión también me pesaba sobre los hombros: dónde practicaría la medicina una vez que terminara.

Yo tenía la obligación de pagar mi beca a la organización National Health Service Corps (NHSC). A cambio de que ellos pagaran por mis estudios, yo había estado de acuerdo en trabajar como doctor de medicina general en una zona necesitada. No obstante, yo tenía que elegir una localidad de su lista de lugares aprobados, una decisión que nos afectaría a mi familia y a mí por el resto de nuestra vida. Caminando por los pasillos del hospital, me encontraba perdido en mis pensamientos, distraído por todas las consideraciones involucradas en elegir una nueva ubicación. Tenía dificultades para dormir de noche mientras luchaba con todos los asuntos involucrados en eso. La única forma que encontré de sobrellevar esto fue de rodillas, permitiendo que Dios levantara esa carga.

✦ ✦ ✦

A principios de mi tercer año, una de mis rotaciones finales fue en medicina rural. La que me tocó a mí fue en Dickson, Tennessee, donde trabajé junto al doctor Bill Jackson, quien también se había graduado del programa de residencia en medicina familiar de la University of Tennessee. Bill era el heredero forzoso del centro médico en el condado de Dickson que había iniciado su padre, el doctor Jimmy, y sus dos tíos, quienes también eran médicos. Me encantaba trabajar con Bill y con el doctor Jimmy, pero aún más importante, me encantaba trabajar con los pacientes de esta zona.

No mucho después de haber llegado, se iniciaron conversaciones acerca de crear una estación satélite en Cheatham County, hacia el este. Con más de veinte mil personas y solo dos médicos, Cheatham era un condado con falta de doctores, en una proporción diez veces menor de lo que se considera óptimo y seguro. El doctor Jimmy se había hecho amigo de uno de los doctores de allí y Bill comenzó a hablar acerca de construir el primer hospital nuevo en el estado en más de veinte años. Yo encontré que esa conversación era interesante, pero no participé en ella.

Un día, el doctor Jimmy me llamó a su oficina y me dijo: «Hay una necesidad muy grande de médicos en esta zona. Nosotros queremos que tú seas nuestro socio en este nuevo proyecto».

A medida que me proporcionaba detalles, yo sentía que me entusiasmaba más. La gente de ese lugar me encantaba. ¿Cómo le podía decir que no a esa oportunidad de comenzar un hospital en un lugar de tanta necesidad? Además, Ashland City, Tennessee, había estado en la lista del NHSC durante los últimos cinco años.

Karen y yo oramos sobre esto y hablamos mucho sobre esa oportunidad que suplía todas nuestras necesidades y que era una respuesta a nuestras oraciones. Los dos estuvimos de acuerdo en que ese era el lugar al cual Dios nos estaba llamando. Fue bueno saber que yo terminaría mi tercer año de residencia con un plan para mi carrera, mi familia y nuestro futuro. Sentí como que Dios había extendido su mano y me había quitado de los hombros la carga sobre mi futuro.

✦ ✦ ✦

A fines del mes de abril, cuando solo me faltaban unas pocas semanas para terminar mi residencia, recibí una carta del NHSC. La abrí pensando que serían papeles que debía llenar y enviar, para poder tachar otra cosa de mi lista, cada vez más grande, de «cosas por hacer».

Con el lapicero en la mano, busqué Ashland City, pero no vi el nombre de la ciudad en la primera ojeada. Leí de nuevo, esta vez con más lentitud. No estaba allí.

—¿Qué es lo que se me pasa? —le pregunté a Karen alcanzándole la lista—. ¿Ves aquí Ashland City?

Ella leyó la lista con cuidado y luego me miró perpleja.

—No está aquí —me dijo.

Leí los papeles con más detenimiento y vi que la recomendación de ellos era un lugar pequeño en Alabama. Era una recomendación extraña porque ya había suficientes médicos en esa localidad.

—¿Por qué no quieren que vayamos a Ashland City donde prácticamente no hay médicos?

Fue algo difícil de entender. Ashland City había estado en la lista por muchos años. Yo había hecho mi rotación rural en esa zona, se me había reclutado para que fuera parte del programa y ahora había planes para construir un hospital imprescindible allí. *¿Qué pasó?* El peso que con tanta facilidad Dios me había quitado ahora estaba de nuevo sobre mis hombros y esta vez se sentía peor que nunca.

Me sentí atemorizado y confundido. Esto no era lo que Karen y yo habíamos planeado y por cierto que no era el lugar donde pensábamos que Dios nos estaba llamando. *¿Ha cambiado tu voluntad para nosotros? ¿Hay algo de lo que no nos hemos dado cuenta? Yo creía que tú estabas en todo este asunto.* Si Ashland City no estaba en la lista, era obvio que Dios quería que trabajáramos en otro lugar, pero ¿dónde? Hasta que recibí esos papeles, las oraciones de Karen y las mías parecían guiarnos hacia Ashland City. Ahora, estábamos en un verdadero dilema. No solo *no* teníamos un plan ni un lugar adonde ir, sino que aparentemente habíamos interpretado en forma errónea lo que Dios había estado tratando de decirnos. Esto último me preocupaba más que cualquier otra cosa. ¿Cómo podíamos Karen y yo conciliar lo que pensamos que habíamos escuchado de Dios con lo que revelaba la evidencia?

«Será mejor que llame al doctor Jimmy —le dije, dirigiéndome lentamente hacia el teléfono—. Me va a ser difícil darle la noticia».

Llamé al consultorio que estaba en Dickson y hablé primero con Bill. Le hablé sobre los papeles que había recibido. Él tampoco entendía eso. «Espera un segundo que le voy a pedir a mi padre que hable contigo», me dijo.

El doctor Jimmy respondió y expliqué todo otra vez.

«¡No puede ser! Voy a chequear esto y te llamo», me dijo y cortó la comunicación.

Me reí entre dientes pensado que el doctor Jimmy, un hombre del campo, pudiera ir contra la organización NHSC, pero esa había sido la clásica respuesta del médico mayor.

✦ ✦ ✦

Tenía solo dos semanas para tomar una decisión, así que todas las noches Karen y yo revisábamos la lista que nos habían mandado y tratábamos de descifrar adónde quería Dios que fuéramos. Nos era aún más difícil escuchar su voz, pensando que no habíamos escuchado bien antes cuando nos había hablado. Lo único que escuchábamos de Dios era un suave y constante susurro en el oído: *Las necesidades de muchos prevalecen sobre las necesidades de unos pocos*, pero no teníamos idea de lo que quería decir eso.

Investigamos varias de las oportunidades que aprobaba el NHSC, pero todas, en realidad, tenían más médicos y menos necesidad que Ashland City, o que todo el condado de Cheatham. No tenía sentido alguno desde el punto de vista médico y tampoco nos resultaba evidente porque lo único que estábamos escuchando de Dios era que debíamos *servir a muchos*. Así que, sin tener una dirección clara, continuamos investigando las oportunidades que estaban disponibles.

✦ ✦ ✦

Dos semanas antes de la fecha de entrega de los documentos, tarde por la noche, recibí una llamada del doctor Jimmy.

—Quiero que te encuentres con nosotros mañana en la mañana en el aeropuerto de Nashville —gruñó en su acento sureño—. Tenemos una reunión para hablar del asunto del hospital en Ashland City. El vuelo sale a las siete.

—¿Adónde vamos?

—¡A Washington, DC! —me dijo con brusquedad y luego cortó la llamada.

Tuve que llamar a su secretaria para obtener todos los detalles.

A la mañana siguiente me encontré con el doctor Jimmy en el aeropuerto. Él me presentó al jefe de personal de Goodlark Regional Medical Center en Dickson y al abogado de dicho hospital.

—He hecho los arreglos para que te entrevistes con el congresista Don Sundquist, con el senador Jim Sasser y con el senador Al Gore —me dijo el doctor Jimmy.

Me di cuenta de que él no tenía una maleta.

—¿No viene usted con nosotros?

—No. Estas personas pueden encargarse del asunto. Dile al senador Gore que le mando saludos. Su padre fue un senador muy bueno y nos ayudó cuando recién comenzamos. Confío en que su hijo haga lo mismo. —El doctor Jimmy me miró fijamente a los ojos y me dio la mano—. Cuento contigo y el condado de Cheatham también cuenta contigo.

¿Seré yo quien les presente el proyecto a esos políticos? Traté de no demostrar mi nerviosismo.

—Gracias, señor —le dije, pero estoy seguro de que él se dio cuenta de que me temblaba la voz. Ni siquiera conocía a los hombres con los cuales iba a viajar y no tenía ni idea de lo que les iba a decir a esos políticos importantes. Empecé a orar con *intensidad*.

Una vez que llegamos a Washington, fuimos de un edificio a otro describiendo la gran necesidad que había en Ashland City. Explicamos lo necesario que era tener otro médico en ese lugar y que si no había otro doctor, el nuevo edificio del hospital estaba en una situación de riesgo. Sin el hospital, las necesidades médicas de mucha gente no serían suplidas.

En forma particular recuerdo la reunión con el senador Gore. Era una persona muy amable; nos escuchó con paciencia y nos formuló preguntas pertinentes. Cuando estábamos llegando al final de nuestra conversación, el senador Gore tomó el teléfono y dijo: «Por favor, comuníqueme con la jefe del NHSC».

Cuando esa persona estuvo al otro lado de la línea, el senador Gore fue directamente al grano. «Tenemos un joven doctor que debe ir a Ashland City. Por favor, ¿puede ver qué puede hacer en cuanto a eso?».

Yo estaba totalmente asombrado del poder de ese hombre y se debe haber notado en mis ojos. El senador se rió suavemente. Entonces, tapando el micrófono del teléfono, para que la otra persona no pudiera escucharlo, nos recordó que él estaba en un comité que ejercía influencia en el NHSC.

Karen y yo habíamos estado orando antes de que yo saliera para ese viaje y durante todo el tiempo del mismo. Creíamos que Dios nos estaba llamando a Ashland City. Para cuando salimos de Washington, varias personas me dijeron que ¡Ashland City estaba de nuevo en la lista!

✦ ✦ ✦

Sin embargo, no fue así.

Regresé a mi hogar y unos pocos días después recibí una llamada del director regional de NHSC.

—Todavía no nos ha informado en cuanto a su elección, y estamos muy cerca de la fecha de entrega de los documentos.

—Voy a ir a Ashland City —le anuncié con orgullo.

Aparentemente, él no había recibido el memorándum.

—Lo siento, pero Ashland City no está en la lista. Si usted elige ir allí, sabe que habrá multas.

Por supuesto que lo sabía. Ya habíamos tenido esa conversación varias veces. Aunque Ashland City era una ciudad mucho más necesitada que algunos de los lugares mencionados en la lista, no estaba en *la* lista, así que no contaba. Yo estaría infringiendo los términos de mi préstamo.

Las consecuencias de no aceptar el lugar de su elección serían pagarles tres veces el valor del préstamo más el interés preferencial (cerca de 20 por ciento en aquella época). En el mejor de los casos, Karen y yo estimamos que mi deuda ascendería a unos trescientos mil dólares.

—Voy a hablar con mi esposa y luego lo llamo —le dije.

Me sentí totalmente desalentado. *¿Qué está sucediendo?* Karen y yo sentíamos con toda claridad que Dios nos estaba llamando a Ashland City. Lo habíamos creído desde el comienzo. Recientemente habíamos entendido que Dios lo estaba confirmando cuando nos dijo: *Las necesidades de muchos prevalecen sobre las necesidades de unos pocos.* Hasta había visto a Dios obrar entre los políticos de la capital para que se realizara su voluntad. ¿Cómo era posible que Ashland City no estuviera en la lista, si era tan claro que eso era lo que Dios quería?

Señor, ¿quieres que pague esos trescientos mil dólares? ¿Cómo podré hacerlo con un salario de doctor de campo? Más que nada, quiero hacer lo que tú quieras que haga, pero no tengo ni idea acerca de cómo hacer lo que me estás pidiendo.

Aquella noche hablé con Karen. Ambos creíamos que Ashland City era el lugar adonde Dios nos estaba llamando a pesar de todos los obstáculos, y juntos nos pusimos de acuerdo en que íbamos a enfrentar las consecuencias de hacer lo que creíamos que era la voluntad de Dios.

Al día siguiente me temblaban las manos mientras marcaba el número telefónico del representante regional. Cuando el hombre respondió, le dije:

—Creo en algo mucho más grande que esa lista. Mi esposa y yo hemos orado acerca de esto y sentimos que Dios nos está guiando a Ashland City, a pesar del costo. La necesidad de un médico allí es más grande que la del lugar adonde ustedes me quieren mandar.

El director trató de hacerme cambiar de opinión.

—Si no va al lugar que le recomendamos en Alabama, ¿se da cuenta de que lo podríamos enviar a una reserva india en el oeste del país?

—Lo entiendo, pero rehusaríamos ir. Vamos a ir a Ashland City.

—Está bien, entonces lo voy a marcar como incumplimiento de su préstamo. Va a recibir los papeles correspondientes en un plazo de dos semanas.

No fue una decisión fácil —y no le dije a nadie lo aterrorizado que estaba—, pero Karen y yo sabíamos que era la decisión correcta. Sin embargo, el alivio que sentimos por haber tomado la decisión correcta fue reemplazado con otra carga. ¿Cómo iba a pagar esa enorme cantidad de dinero con el salario de un médico de zona rural? Gracias a Dios, Karen no sentía temor alguno. Cada vez que trataba de hablar de eso con ella, me decía lo mismo: «Está en las manos de Dios, Reggie».

✦ ✦ ✦

Ese mes de junio en Jackson fue muy caluroso. Yo estaba terminando mi residencia y estaba entusiasmado por tener dos semanas de vacaciones para visitar a nuestras familias antes de mudarnos a Ashland City. Estaba en casa cuando el cartero tocó el timbre de la puerta.

—Carta certificada para Reginald Anderson —me dijo—. Firme aquí.

Me dio la carta y me di cuenta de que era del NHSC. Tomé el bolígrafo y tenía la mano tan sudorosa y temblorosa que apenas pude firmar mi nombre. Aun para un médico, era una firma ilegible.

—Muchas gracias —le dije y cerré la puerta. Me apoyé en la pared. Aunque la casa tenía aire acondicionado, yo estaba transpirando mucho. Con manos temblorosas, abrí el sobre, esperando ver las órdenes para presentarme al Indian Health Service o una prisión para trabajar con pacientes presos. Como mínimo, esperaba una enorme cuenta que sabía que no podría pagar.

Saqué la carta del sobre, hice un esfuerzo por respirar, me deslicé por la pared hacia el piso y lloré.

—¿Quién tocó el timbre? —me preguntó Karen cuando entró al pasillo—. ¿Estás bien?

Miré su hermoso rostro, lleno de confianza, mientras ella se acercaba para ver qué me pasaba. Con manos todavía temblorosas le di la carta que ahora tenía manchas de lágrimas.

—Léela —le dije con palabras ahogadas por las lágrimas.

Ella leyó en voz alta:

—"¡Felicitaciones! Usted ha sido asignado a Ashland City, Tennessee. Su servicio comenzará el primero de julio de 1986. Si no se presenta para su servicio en esa fecha y en esa localidad, su cuenta se considerará morosa".

Nos reímos y lloramos. Habíamos sido fieles en lo que creíamos que era a lo que Dios nos estaba llamando y ahora estaba claro que teníamos la bendición de Dios (y la del NHSC) para servir al Señor donde habíamos escuchado que él nos llamaba. Aunque nunca descubrimos la fuente del enredo, sabíamos cuál era la fuente de la bendición.

✦ ✦ ✦

Karen y yo empacamos nuestras pertenencias y con nuestras hijas nos mudamos a nuestra nueva casa en Ashland City. Una vez que estuvimos instalados, yo tuve que dedicarme a comenzar mi nueva práctica y a recibir pacientes nuevos. En las ciudades grandes, los pacientes pueden venir por referencia o por una red de contactos, pero en Ashland City, llegaban cuando la gente necesitaba atención médica. Si yo me ganaba la confianza de ellos, los pacientes regresarían.

En mi primera semana de práctica, atendí a varias personas ancianas y a unas pocas que simplemente llegaron a la clínica en busca de ayuda: personas con enfermedades crónicas, una que tenía diabetes, un adolescente con asma, algunos adultos de mediana edad con presión arterial alta y un bebé recién nacido que necesitaba un pediatra.

Aun más que la carta del NHSC, en la cual me confirmaron mi lugar de trabajo, poder atender a bebés, a personas ancianas que no querían ir a «la gran ciudad» o a aquellos que necesitaban atención médica en forma regular y que estaban muy agradecidos por mis servicios en la localidad, todas esas cosas probaban que nuestra familia estaba en el lugar correcto.

✦ ✦ ✦

Muy pronto Ashland City fue el hogar de Karen y de nuestras hijas, Kristen y Ashley. Karen me había dicho una vez que Jesús nos diría cuando nuestro «nido» estuviera lleno y ya no tendríamos más hijos. Aparentemente todavía no estaba lleno.

En un poco menos de tres años desde nuestra mudanza a Ashland City, recibimos a Julia en nuestro hogar, y un año más tarde David la siguió. David nació con el paladar hendido y eso requería de mucha atención médica especial. Karen estaba muy ocupada llevándolo a citas con especialistas en la ciudad de Nashville, así como atendiendo a las necesidades de las niñas. Yo estaba ocupado con mi práctica y trabajando para el nuevo Cheatham Medical Center, el cual, en aquel tiempo, hacía solo unos pocos años que funcionaba. Después de algunos días particularmente difíciles, Karen y yo hablamos y oramos antes de decidir que David sería nuestro último hijo.

Ahora nuestro nido estaba lleno.

Unos pocos días más tarde, yo estaba conduciendo mi automóvil por el verde y frondoso campo de Tennessee y vi un arroyo cerca del camino. De repente recordé un detalle de mi sueño, una profecía que había olvidado hacía mucho tiempo. Dios me había dicho que me casaría con Karen y que tendríamos *cuatro* hijos, ¡y ahora los teníamos! No podía esperar para decirle a Karen los detalles que no le había contado por tanto tiempo que hasta los había olvidado.

Me sentí tan sobrecogido por el amor de Dios que los ojos se me llenaron de lágrimas y pensé que tendría que dejar de conducir mi automóvil, pero una brisa fresca me secó las lágrimas. No sé si fue una brisa del cielo o el viento que entraba por la ventanilla abierta de mi camioneta. No importaba; era obvio que Dios estaba allí conmigo.

Pensé en las otras cosas que Dios me había dicho en mi sueño: que sería médico y que practicaría en una ciudad del campo de Tennessee. Aunque todo eso no había sucedido de inmediato, a través del tiempo todo se había realizado, tal como él lo había prometido. Ahora, yo vivía a solo tres horas en automóvil del lugar donde había tenido ese sueño.

Tarde aquella noche, mientras estaba acostado en la cama al lado de Karen, la esposa que todavía no podía creer que tenía, le di gracias a Dios por nuestros cuatro preciosos y sanos hijos y por el trabajo que me encantaba. Entonces me volví hacia Karen y le dije:

—Querida, hay algo que tengo que decirte. ¿Te acuerdas del sueño que tuve al lado de la fogata en aquel campamento? ¿El sueño que comenzó todo esto?

—Ajá.

—Bueno, hay un pequeño detalle que nunca te dije...

Capítulo 18
EL TOQUE SANADOR

✦

Un año antes de toda aquella confusión con el NHSC, esa misma organización envió al doctor Jeffrey Lundy a Ashland City y cuando yo llegué, nos hicimos socios. En ocasiones, antes de que el hospital estuviera terminado, recibíamos pedidos para visitar a personas que no podían salir de sus casas y ancianos. A menudo esas personas estaban demasiado enfermas como para ir a la clínica, o eran demasiado porfiadas como para ir al hospital en Nashville, el que quedaba a unos cincuenta kilómetros de Ashland City. Las personas de la localidad no confiaban en la gente de «la gran ciudad». Como resultado, a veces yo seguía las huellas de mi héroe de la televisión, Marcus Welby M.D., doctor ficticio de una ciudad pequeña que visitaba a sus pacientes en sus casas.

Una de esas visitas fue para ver a una dama llamada Mary, quien vivía en el campo. Cuando se enfermó, envió a un familiar a «buscar un doctor».

Aquel día, su nieta llegó a la clínica y dijo:

—Mi abuelita está más enferma cada día que pasa. Ahora ni siquiera se levanta del sofá. ¿Puede venir a verla?

—¿Qué es lo que le pasa? —pregunté.

—Tose sangre y tiene una fiebre constante. ¿Puede venir a chequearla esta tarde?

El horario de la clínica era de las ocho de la mañana hasta las ocho de la noche, de lunes a viernes, y de las nueve a las tres los sábados. El único día que el doctor Lundy y yo no trabajábamos era el domingo. Sin embargo, habíamos diseñado una rotación para que no fuera un trabajo de doce horas al día, todos los días, para ambos. La mayoría de los días uno trabajaba de ocho de la mañana a dos de la tarde y el otro de dos de la tarde a ocho de la noche. En la noche, alternábamos los turnos en la sala de emergencias. En ese día en particular, mi horario me permitía salir temprano.

A pesar de mi horario de trabajo, yo era joven, idealista y todavía pensaba en las fantasías de mi juventud acerca del doctor Marcus Welby.

—Sí, voy a ir a ver a su abuelita —le dije mientras la hacía escribir la dirección—. Voy a estar allí alrededor de las tres.

Cuando terminó mi turno, metí algunas cosas que pensé que podría necesitar en mi maletín negro de médico y caminé hacia nuestro automóvil donde Karen me estaba esperando. Ella había traído a los niños.

✦ ✦ ✦

El nombre de la calle era la primera indicación que debería haberme preocupado, o que debería haber hecho que diera la vuelta. Shotgun Road (calle Escopeta) era un largo y sinuoso camino de tierra con viejos robles que adornaban ambos costados. Mientras viajábamos vimos ciervos, pavos y gansos. Inclusive les señalé un hermoso halcón a los niños. Sin embargo, esa zona no solo era usada para cazar animales. Más tarde me enteré de que ese camino tenía el nombre correcto; el último tiroteo en el cual había muerto un ser *humano* había ocurrido solo unos pocos meses antes.

Cuando Karen detuvo el automóvil, tomé mi maletín y me bajé. De pronto un pit bull apareció y me gruñó. Me quedé paralizado, sin saber qué hacer a continuación. De pronto, el perro se lanzó contra mí y yo salté. Estaba listo para correr hacia el automóvil cuando la cadena que lo sujetaba, todavía asegurada a un árbol cercano, lo tiró hacia atrás. Por fortuna, el largo de la cadena lo detuvo la distancia suficiente como para que no me alcanzara.

Era un perro de muy mal aspecto, y sentí que el cuerpo me temblaba mientras lo miraba. «Quédate en el automóvil y mantén a las niñas en sus asientos», le advertí a Karen a través de la ventanilla cerrada. Yo quería que ella estuviera lista en caso de que sucediera algo y tuviéramos que salir con rapidez.

El perro estaba entre el porche del frente y yo, y me impedía llegar a la puerta. *¿Cómo se supone que entre?* Con rapidez traté de evaluar la situación. Mary vivía en una colina en lo que se podría llamar una choza. *Tal vez hay una puerta en la parte de atrás.*

Con la vista en el perro que gruñía, con cuidado pasé hacia la parte de atrás de la casa. Gracias a Dios allí había una entrada. Cuando toqué a la puerta con tela mosquitera, esta pegó contra el marco.

—¿Quién es? —escuché la voz gruñona de un anciano.

—Es el doctor Anderson.

—Entre. Mary está en el cuarto del frente.

Abrí la puerta y entré. Cuando la puerta se cerró detrás de mí, me detuve para darle a mi vista la oportunidad de adaptarse a la penumbra del lugar. Escuché la respiración dificultosa de Mary; era obvio que tenía problemas serios para respirar.

Mientras caminaba con mucho cuidado alrededor de los colchones que estaban en el suelo, era fácil darse cuenta de que unas cinco o seis personas vivían en esa choza de tres cuartos. Eso hubiera sido suficiente, pero había animales que también vivían allí adentro. Los gatos dormían en las repisas de las ventanas y las gallinas entraban y salían con toda libertad por la puerta del frente que estaba un poco abierta.

Mary estaba acostada en un sofá que también le servía de cama. Me senté a su lado y le tomé la mano.

En la facultad médica nos habían enseñado que si escuchamos a los pacientes, ellos nos dirán sus diagnósticos. Yo creo que cuando un doctor toca al paciente, recibe la confirmación de lo que el enfermo expresa en palabras. A menudo me encontraba «escuchando» con las manos y así podía sentir lo que sentía mi paciente. Al igual que una madre desarrolla una sensibilidad o instinto acerca del dolor o de la enfermedad de un hijo, yo sentía que Dios me había dado un don similar que fue aumentando con mis estudios y práctica médica.

Mary comenzó a decirme algo, pero no pudo continuar hablando porque comenzó a ahogarse. Estaba respirando con rapidez y dificultad. Le toqué la frente y me di cuenta de que tenía mucha fiebre. Algo en la forma en que se veía y se sentía me dijo que lo que tenía era algo muy serio.

Oh, no, ¿podría tener tuberculosis? Pensé en Karen y en las niñas en el automóvil. Con una pequeña práctica en el campo, no siempre teníamos los aparatos más nuevos y de alta tecnología que tenían los especialistas en las ciudades. Cuando hacía visitas a los hogares, yo no tenía ni siquiera lo que es básico. No podía pedir que le hicieran una radiografía de tórax para obtener más información; simplemente tenía que confiar en lo que descubría durante mi examen.

—¿Cuándo fue la última vez que la vio un doctor? —le pregunté al anciano que estaba en el cuarto.

—Hace muchos años —me dijo.

—¿Tiene idea de cuántos?

—Tal vez treinta —me dijo su hijo Billy.

Mary continuó tosiendo, y escupió algo repugnante en una toalla. Ella la abrió para mostrarme la sangre. Saqué mi estetoscopio y le escuché el corazón y el pecho. Pude escuchar estertores obvios: chasquidos, traqueteos y crujidos que a menudo indican que el paciente tiene pulmonía.

—¿Hace mucho que está tosiendo sangre? —le pregunté.

—Guardé algo para que usted lo viera —me dijo Mary al tiempo que tomaba un recipiente de plástico grande lleno de pedazos de papel higiénico hechos pelotitas. Allí había más evidencia de que ella había estado tosiendo sangre por bastante tiempo.

—No necesito verlos; no, en realidad. —De nuevo le toqué la frente ardiendo con mi mano fría—. Estoy casi seguro de que tiene pulmonía. Debemos internarla en un hospital. —Puesto que el hospital local todavía no había sido construido, la única opción para ella era la ciudad de Nashville.

—Ni lo piense, doctor. No les tengo confianza a esas personas de la ciudad. Ir al hospital te mata —me dijo antes de comenzar otro episodio de tos.

Esperé que ella terminara y entonces le dije:

—Mary, usted está muy, muy enferma. Tiene la fiebre *muy* alta. Con la fiebre y la pulmonía, es necesario que esté en un hospital.

—Bueno, no voy a ningún hospital, entonces, ¿qué otra cosa tiene?

—No la vamos a llevar a ningún hospital en Nashville —dijo el anciano—. ¡Billy tenía un amigo que una vez fue allí y nunca regresó a su hogar!

—Lo entiendo —dije. Y en realidad lo entendía. Las personas que vivían en el campo y que nunca habían viajado más lejos que la distancia de un tiro de rifle a menudo veían un hospital en Nashville como un lugar temible, pero yo tenía que tratar.

—El problema es que esta enfermedad es muy grave. Si ella se queda aquí, se puede morir.

—Bueno, si esa es la voluntad del Señor, entonces eso es lo que va a pasar —dijo el hombre.

No lo dijo con insensibilidad sino con fe simplemente.

Billy me preguntó:

—¿No puede hacer *algo* por ella?

—Esto es lo que puedo hacer. Le voy a poner una inyección de antibióticos y le voy a dar una receta para más antibióticos, la cual ustedes pueden llevar a la farmacia Empson y allí se los van a dar.

Empson era una farmacia local que había estado en Ashland City por más de cincuenta años y había pasado de generación en generación de una familia de farmacéuticos. Hasta que abrimos la clínica, esa farmacia había sido una de las pocas instituciones disponibles y confiables, para los de la localidad, en cuanto a sus necesidades médicas.

—Está bien —dijo el anciano—. Vamos a ir a buscar los remedios, pero queremos que usted vuelva para chequearla.

Mary estaba entre los más pobres de los pobres de nuestra comunidad y no tenía muchas opciones. Las personas como ella eran una de las razones por las cuales yo había ido a Ashland City. Con mucho gusto la seguiría visitando.

Aunque yo no me sentía muy cómodo con el estilo de vida de ella, me era bastante conocido. Yo había crecido en una comunidad de gente pobre y conocí familias como las de Mary cuando era niño. Si nunca me hubiera ido de mi ciudad natal, podría haber sido como Mary.

—Voy a volver mañana a esta misma hora.

✦ ✦ ✦

Todos los días durante una semana hice el viaje a la casa de Mary para ver cómo seguía. Con su enfermedad, ella debería haber estado hospitalizada. Yo estaba preocupado acerca de su recuperación en su casa; pero lentamente parecía ir recuperando las fuerzas. El día que me recibió en la puerta con tela mosquitera y me dio la bienvenida con su sonrisa sin dientes, supe que se iba a recuperar por completo.

El que se internara en el hospital fue la primera recomendación que le di a Mary que ella rehusó seguir, pero no fue la última. Ella y su familia tenían su propia manera de hacer las cosas y estaban dispuestos a permanecer firmes en sus creencias, aun si eso significaba que iban a perder la vida haciéndolo.

A pesar de su testarudez, llegó el tiempo en que Mary estuvo lo suficientemente bien como para ir a verme a mi consultorio. No estoy seguro de que su familia entendiera el milagro de su recuperación. Si Mary hubiera muerto, por cierto que su familia la habría extrañado, pero ellos hubieran preferido que muriera en su hogar y no en un hospital.

Me imagino que los parientes de Mary, al igual que muchos de nosotros que crecimos en el campo, siempre vivieron con varias generaciones de familiares. Juntos veían el ciclo de vida de ambos, de los seres humanos y de los animales, incluyendo la muerte de los abuelos y el nacimiento de los nietos, y también entendían que a veces los animales se criaban para servir de alimento en la mesa familiar. Mary y su familia entendían algo sobre lo inevitable del ciclo de la vida que los citadinos no podían entender. El depender del tiempo para las cosechas ocasiona que los campesinos confíen en Dios en formas que los que trabajan en una fábrica no lo hacen. La familia de Mary entendía que Dios estaba en control. Si ella hubiera muerto, no se hubieran sentido destrozados; se hubieran apoyado en Dios y hubieran seguido haciendo lo que necesitaban hacer.

A través de los años, creo que traté a todos los parientes de Mary. La mayor parte de ellos nunca habían tenido cuidado médico en forma regular, no solo porque estaba fuera de su alcance en cuanto a las finanzas, sino porque no estaban seguros de poder confiar en la persona que les proveería ese cuidado.

Mary me pagó por mis servicios con su gratitud, unos pocos huevos frescos y lo que es más importante, la *confianza* de su familia. Tal vez los doctores que practican medicina en el campo no tengan todo el equipo para hacer diagnósticos ni reciban el mismo pago que los especialistas de las ciudades, pero cuando les tomo la mano a mis pacientes, creo que las recompensas son mayores cuando el tratamiento incluye tanto el toque personal como los dispositivos más avanzados.

✦ ✦ ✦

Yo me crié en una granja y aprendí de Leroy, Big John y el tío Luther la forma de tocar una sandía para saber si estaba madura o no. Finalmente pude identificar si una sandía estaba madura o no con los ojos cerrados. En invierno, podábamos los duraznos. Las ramas muertas o con enfermedades no podrían aguantar el peso de los duraznos al verano siguiente, así que las debíamos podar. La única forma de saber si una rama estaba muerta era tocándola. A menudo las ramas sanas y las muertas se veían igual; la única forma de saber la diferencia era tocándolas.

En forma muy similar, mis manos fueron mis ojos y mis oídos en la sala de exámenes. Por miles de años antes de los exámenes de tomografía computarizada, de los rayos X y de IRM, los que curaban tenían que confiar en sus manos para saber qué estaba sucediendo dentro de una persona. Sus manos fueron las primeras y las únicas herramientas con que contaban para hacer un diagnóstico. Las personas mayores a veces comentan que yo tengo las manos frías y yo les respondo: «Eso es porque tengo el corazón muy caliente», pero creo que la temperatura de mis manos es un don. Cuando le tomo la mano a un paciente o lo examino con mis manos, puedo sentir algo. A veces me vienen a la mente indicios sobre sus dolores o enfermedades que me llevan a explorar algo que sus síntomas tal vez no me hubieran sugerido. Aunque pienso que esta habilidad es un don, no creo que sea algo inusual.

Una vez conocí a una amiga de mi madre. Cuando le di la mano, sentí algo diferente en su toque. Al igual que las ramas de un árbol que se están muriendo, la piel de ella tenía una leve sequedad y se sentía un poco escamosa.

Un rato después, le pregunté discretamente:

—¿Tiene problemas con la tiroides?

—No que yo sepa —me dijo, riendo.

—Bueno, puedo estar equivocado, pero pienso que tal vez pueda estar sucediendo algo en su sistema endocrino. Tal vez sería bueno que su doctor chequeara eso en su próxima visita.

Ella se rió de nuevo y me dio las gracias con ese «que Dios te bendiga» que usan las damas ancianas.

Unas pocas semanas después, ella llamó a mi mamá y le preguntó: «¿Cómo supo tu hijo lo que me estaba pasando? Inclusive mi doctor me dijo que no tenía ninguno de los síntomas comunes, pero ¡los exámenes de sangre confirmaron que tengo un problema con la tiroides!».

En aquel momento no pensé que eso fuera algo especial; para mí, era como podarles las ramas a los árboles. A través del tiempo se aprende cómo se deben ver y sentir las cosas y se esperan ciertos resultados. A veces he visto a algún paciente cuyos síntomas llevaban a un diagnóstico obvio, tal como un dolor abdominal impreciso que podía sugerir problemas con la vesícula biliar. Sin saber por qué, yo ordenaba exámenes más específicos que buscaban un problema totalmente diferente y menos obvio de detectar, como el cáncer. A menudo mi intuición probaba estar correcta.

Algo en el frío de mis manos parecía darme una clave sobre de dónde provenía el dolor o la enfermedad que aquejaba a un paciente. Cuando estoy examinando a un paciente y de pronto siento que las manos se me calientan, sé que algo anda mal. Cuando sucede eso, comienzo a buscar el diagnóstico en el lugar donde sentí más calor. Los pacientes parecen apreciar mis habilidades para diagnosticar con el toque y cuanto más uso esas habilidades, tanto más reconozco que son un don de Dios.

No quiero que haya confusión: como doctor no puedo sanar a nadie. Dios es el que sana. En el mejor de los casos, solo puedo esperar guiar a un paciente para que tenga mejor salud.

✦ ✦ ✦

Durante un turno tranquilo de toda la noche en la sala de emergencias con dos camas, que recién había sido construida en Ashland City, fui a la sala de los médicos para dormir una siesta. No había estado allí mucho tiempo cuando me llamaron para ver a un niño que había sufrido una caída. Su madre lo había traído porque estaba preocupada.

Ella se presentó y me contó la historia. Aparentemente su hijo se había caído y se había golpeado la cabeza aquella tarde. Parecía estar bien, así que lo acostó a la hora normal. Unas pocas horas después, el niño se despertó y vomitó.

«He escuchado que vomitar después de un golpe en la cabeza es malo, así que lo traje», me dijo.

La madre estaba tranquila. Estaba muy bien vestida y con maquillaje, y eran la 1:30 de la madrugada. *Si tuvo tiempo de vestirse tan bien, ¿cuán serio puede ser?* El niñito que estaba con ella parecía tranquilo, pero entendía todo lo que le decía su madre. Le pedí que lo pusiera en la mesa y comencé mi examen.

El niño tenía las pupilas iguales y reaccionaban bien. Prestaba atención y seguía mis pedidos con facilidad. «¿En qué parte de la cabeza te golpeaste?», le pregunté.

Me señaló el lugar y yo lo palpé.

Era un examen neural normal. Él era un niño normal que se había dado un golpe en la cabeza. Me di vuelta para escribir el informe y planeaba decirle a la enfermera que le diera a la madre la hoja con las instrucciones para heridas en la cabeza.

«Bueno, este examen se ve bien, pero creo que deberíamos enviarlo al hospital de niños Vanderbilt para que le hagan una tomografía computarizada de la cabeza».

No tenía idea alguna de por qué había dicho eso. No tenía la *intención* de decirlo, pero las palabras salieron de mi boca. Miré a la enfermera y ella me devolvió una mirada que parecía decir que yo era un lunático. Aun la madre se veía un poco confundida.

En ese instante, supe que algo más estaba en juego.

Salí de la sala de exámenes y la enfermera me siguió:

—¿Por qué está enviado allí a un niño sano?

Yo sabía por qué me lo estaba preguntando. Era difícil encontrar a un neurocirujano en la madrugada. Tendríamos que localizar uno que estuviera de turno y esperar que nos devolviera la llamada. Luego tendríamos que llamar al hospital Vanderbilt y hacer los arreglos allí. La enfermera tendría que pedir una ambulancia para que los llevara y había una tonelada de papeleo involucrada.

—No sé —le respondí con sinceridad—. Dios me dijo que lo enviara allí.

El examen y toda la evidencia mostraban que el niño estaba bien. En verdad, yo no podía explicar la causa. No era algo específico como un chichón o una lesión; era algo vago, como un cambio de temperatura mientras mis dedos palpaban el lugar de su herida. Hasta ahora no estoy seguro de por qué lo envié, sino que cuando lo toqué sentí algo. Aunque no tenía datos objetivos para respaldar mi pedido, sentía que estaba sucediendo algo que solo Dios podía explicar.

+ + +

Si yo hubiera sido un hombre que hace apuestas, aquella noche hubiera puesto todo mi dinero en la posibilidad de que el neurocirujano llamaría y diría que el niño estaba bien.

Cuatro horas más tarde, me llamó por teléfono.

—No estoy seguro de por qué lo mandó aquí —me dijo el neurocirujano.

—Yo tampoco estoy seguro —confesé.

—Bueno, estoy contento de que lo hiciera. Acabo de terminar la operación. Le sacamos un hematoma del cerebro. Si usted no lo hubiera enviado aquí a tiempo, el niño se hubiera muerto.

Fue Dios quien había enviado al niño a Vanderbilt y él había usado mis manos para que eso sucediera. Le di gracias a Dios no solo por haber salvado la vida de ese niño, sino también por haber permitido que yo fuera parte su sanidad.

Capítulo 19
EL CORAZÓN DE VIDRIO EN ASHLAND CITY

✦

Cheatham Medical Center me mantenía ocupado en la sala de emergencias de noche y los fines de semana, y durante la semana veía pacientes en mi clínica. Yo trabajaba duro y mi práctica crecía. Lo mismo sucedía con mis hijos. Kristen comenzó a asistir a la escuela y pronto la siguió Ashley. Cuando nuestra familia aumentó con Julia y David, necesitábamos más espacio de lo que teníamos en nuestra casa en Ashland City. También necesitábamos más privacidad. Como uno de los tres únicos médicos en el condado, yo era casi una celebridad. Los pacientes pasaban en automóvil por nuestra casa y ¡me tomaban fotos cuando estaba cortando el pasto! Necesitábamos distancia entre nuestro hogar y mi trabajo.

Encontramos una casa a una distancia de unos veinte minutos en automóvil hasta mi práctica, en una subdivisión en Kingston Springs. Los niños hicieron amistades en esa zona y Karen se mantenía ocupada llevándolos a jugar a casa de sus amigos, a practicar deportes y a sus lecciones. Nuestra familia se hizo miembro en un club atlético local para que los niños pudieran nadar en el equipo de la institución, y Karen y yo pudiéramos hacer ejercicio mientras ellos practicaban. Yo trataba de ir al gimnasio tan a menudo como me lo permitía mi horario de trabajo. A menudo, después salíamos a comer en familia.

Se me estaba haciendo tarde un día miércoles y sabía que Karen estaría esperándome. Tendría que apurarme si quería hacer mis ejercicios, ya que los niños muy pronto terminarían sus lecciones de natación. *Van a estar hambrientos*, pensé.

Entré al club y tomé un bolígrafo para firmar. De pronto, una sensación extraña me sobrecogió, interrumpiendo mis pensamientos. Casi podía sentir tensión en el vestíbulo y un olor de pánico indescriptible. *Algo está pasando.*

Al principio, cuando experimenté la muerte de algunos pacientes —la fragancia de lilas y de frutas cítricas junto a sensaciones de calor seguidas de brisas frescas— lo compartí con Karen. Ella había sido mi guía espiritual en mi búsqueda de Dios y ahora éramos compañeros espirituales mientras continuábamos buscando a Dios de formas nuevas.

Karen y yo nunca fuimos renuentes a compartir nuestras experiencias espirituales, así que nuestros hijos siempre estaban ansiosos por escuchar las historias que les contaba sobre cómo Dios estaba obrando en la vida de mis pacientes. No obstante, cada vez que experimentaba algo nuevo en el trabajo, casi no podía esperar para contárselo primero a Karen. Ella me ayudó a desarrollar mi percepción para reconocer esas citas con el cielo y a comprender su significado. Con el tiempo llegué a entender que el calor que sentía era el alma que salía del cuerpo y la brisa era el viento del cielo que les daba la bienvenida a las almas nuevas, o que en ocasiones las empujaba de nuevo hacia la tierra. Los aromas me recordaban de todo lo que nos espera allí.

Así que cuando respiré el aroma del pánico en el aire aquel día, reconocí que algo espiritual estaba sucediendo. Me detuve a mitad de la firma y escuché para que la voz de Dios me dijera qué debía hacer.

Noté que la recepcionista tenía los ojos muy abiertos y que estaba mirando a la cancha de tenis. Se volvió hacia mí con una mirada de temor.

—Usted es médico, ¿no es verdad?

—Sí, ¿por qué?

Ella señaló hacia la cancha.

—¡Ese hombre acaba de sufrir un colapso! ¿Puede ayudarlo?

Me volví hacia la puerta de vidrio que nos separaba de la cancha cubierta de tenis, donde había un hombre de mediana edad en el suelo.

—¡Llame a la ambulancia! —le grité a la recepcionista al tiempo que dejaba caer mi bolso de gimnasia al suelo y corría hacia allí.

No estaba seguro de lo que iba a pasar, pero por lo que fuera, no quería que estuviera visible para las familias que entraban y salían del club. Así que cuando entré a la cancha, con rapidez cerré las largas cortinas de vinilo de las puertas de vidrio para bloquear la vista desde el vestíbulo.

Me di cuenta del simbolismo.

Mientras yo cerraba esa cortina de la cancha, en otro lugar una cortina celestial se estaba abriendo.

Sentí mucho la presencia de Dios mientras corría hacia el hombre. Me di cuenta de que no estaba respirando. Su alma ya se había ido de su cuerpo y yo no sabía si regresaría o no. Dos mundos, el presente y el futuro, estaban colisionando para él.

Algunos jugadores de otra cancha de tenis también corrieron para ayudar al hombre. Los tres llegamos a él al mismo tiempo.

—Soy médico —dije, arrodillándome para tomarle el pulso al hombre.

—Nosotros también somos médicos —dijo el más alto de los dos hombres.

—No tiene pulso. —Puse la mano en el pecho del hombre y no pude sentir nada—. Y no respira. Vamos a tener que hacerle RCP.

—Yo lo ayudo —dijo el otro hombre y se arrodilló a mi lado.

—Asegúrese de que la ambulancia viene en camino —le dije al otro hombre.

No teníamos ningún instrumento y sabíamos que sus posibilidades de sobrevivir no eran muy buenas.

✦ ✦ ✦

Cuando los médicos en la televisión hacen reanimación cardiopulmonar, nueve de diez veces los personajes del programa salen caminando del hospital y siguen con su vida como si nada hubiera pasado. Sin embargo, en la vida real, lo opuesto es cierto. Casi 90 por ciento de las veces, la RCP termina en *muerte*. Y cuando se hace fuera de un hospital, el porcentaje aumenta a 99 por ciento. En cualquiera de los escenarios, el pequeño porcentaje de pacientes que sobrevive a este método rara vez queda sin alguna secuela. Por lo general quedan con alguna seria incapacidad física, y es por eso que la American Heart Association aconseja que se usen desfibriladores externos automáticos en los lugares públicos.

Aunque yo no conocía a los otros médicos, sabía que tenían que estar conscientes de las estadísticas. La mayoría de los doctores sabía eso. Esas estadísticas son la razón por la cual la mayor parte de los médicos no quiere que se tomen medidas extremas en el caso de que algo así les pase a ellos. Saben que las probabilidades de que el daño sea mayor sobrepasan a las probabilidades de que se sobreviva sin problemas. Como médicos, todos los días vemos pacientes atrapados entre la vida y la muerte, que se mantienen vivos solamente por las máquinas. En la sala de los médicos, lejos de los pacientes y de sus familias, los doctores hablan de que no quieren terminar de esa forma. Es por eso que muchos médicos han firmado papeles que indican que no quieren ser resucitados.

En la televisión y en las películas, la muerte es vencida todos los días, pero en la vida real las cosas son mucho más complicadas.

✦ ✦ ✦

A pesar de que sabemos de la inutilidad de tratar de revivir a un paciente, los médicos siempre usan medios extremos para salvar la vida de sus pacientes, a menos que el paciente haya firmado una orden de «no resucitar», o que tenga un testamento que lo indique. Nos han entrenado para salvar vidas. Así que en la cancha de tenis aquel día, los tres hicimos todo lo que pudimos para salvar a aquel hombre.

Lo habíamos mantenido vivo por medio de la RCP y compresiones por aproximadamente ocho minutos cuando llegaron los técnicos de emergencias con todo su equipo. Yo me identifiqué, lo mismo que los otros.

—Médico de la sala de emergencias en Cheatham Medical Center. Parece un ataque al corazón —dije yo.

—Cardiólogo en St. Thomas Hospital en Nashville —dijo el primer doctor.

—Anestesiólogo, Baptist Hospital, Nashville —dijo el segundo doctor.

—¿Tres médicos? —preguntó sin poder creerlo el técnico de emergencias—. ¿Qué es lo que ustedes precisan? Les vamos a dejar que se hagan cargo de este caso.

El cardiólogo tomó el desfibrilador. El anestesiólogo se hizo cargo del equipo que se usa para dar medicinas en forma intravenosa. Yo tomé el equipo para hacer intubaciones e insertar un tubo a través de la boca y de la garganta del hombre, lo cual permitiría que ingresara ventilación mecánica a sus pulmones.

Puesto que nuestro paciente estaba tendido en el suelo, yo estaba prácticamente parado de cabeza mientras trataba de ver la forma de intubarlo en la cancha de tenis. Típicamente, cuando se entuba a alguien, la cabeza está más baja que el punto de inserción, así que uno puede ver el tubo mientras se desliza a través de las cuerdas vocales, pero debido a que el hombre estaba tendido en la cancha de tenis, yo tendría que insertar el tubo a ciegas. Sabía que era posible que tuviera que tratar varias veces antes de conseguir que pasara, y que si erraba, podría causarle mucho daño.

Pasaron varios minutos mientras trabajábamos. Un grupo pequeño de empleados y de la directiva del gimnasio se había juntado en el lugar. También sentí la presencia de Dios. A pesar del caos, mientras se cargaba el desfibrilador y el anestesiólogo preparaba la vía intravenosa, sentí una sensación de calma. Las circunstancias eran difíciles y yo hice lo mejor que pude mientras estaba en el suelo al lado del paciente con la oreja pegada al piso esperando poder ver cuando ingresara el tubo.

No resultó.

Yo todavía no conseguía ver lo que necesitaba ver para hacer que el tubo pasara más allá de las cuerdas vocales. *¡Dios, tú tienes que ser mis ojos!* El anestesiólogo le insertó una línea central femoral mientras el cardiólogo cargaba el desfibrilador. Pasó otro minuto y miré de nuevo. Todavía no podía ver lo que necesitaba. Lo tendría que hacer a ciegas. *Por favor, guíame la mano*, oré y empujé el tubo. ¡Entró a la primera vez!

Todo funcionó tal y como se supone que funcione. El desfibrilador se cargó a 360 julios mientras el tubo endotraqueal se deslizaba por la tráquea del hombre, y la línea intravenosa comenzaba a hacer fluir líquidos en sus venas. De pronto, sentí una brisa fresca en mi mejilla. El cardiólogo dio un choque eléctrico al corazón del hombre muerto y en forma milagrosa comenzó a latir sin ayuda. Supe que el paciente viviría, aunque todavía no sabía el daño que podría haber sufrido.

Dios había orquestado una serie increíble de eventos para que ese hombre fuera resucitado. Mucho podría haber salido mal, y desde el punto de vista de las estadísticas, mucho por lo general *sí salía mal*. No obstante, la mano de Dios se había extendido a través del velo y había tomado nuestras manos para ayudar a traer de vuelta al hombre muerto.

Es difícil de creer que a los pocos segundos de que su corazón dejó de latir, el paciente tuvo tres médicos para revivirlo. Ocho minutos después, cada uno de los médicos usó sus habilidades especiales para tratar de salvarle la vida al hombre. Luego, a los quince minutos desde su ataque al corazón, el corazón del hombre había comenzado a latir de nuevo.

Dios no solo había orquestado los acontecimientos del día para traer a tres médicos al club en el momento exacto en que el corazón del hombre dejó de latir, sino que él había estado con cada uno de nosotros mientras hacíamos la RCP. Sentí que Dios me había guiado en la que posiblemente fue la intubación más difícil que haya realizado. Ahora, en lugar de hacer una lista de todas las cosas que salieron mal, nos estábamos maravillando de todas las cosas que habían salido bien. Era obvio que Dios tenía una razón para enviar a ese hombre de vuelta.

✦ ✦ ✦

El cardiólogo decidió viajar en la ambulancia con el paciente al hospital. «Lo voy a admitir a mi cuidado y veremos qué pasa».

Todos sabíamos que el hombre tenía un largo camino por delante antes de estar fuera de peligro, pero teníamos toda la razón para creer que iba a sobrevivir. Mientras el personal limpiaba el lugar, el anestesiólogo y yo salimos al frente y hablamos sobre la experiencia tan extraordinaria que acababa de ocurrir. Nos estrechamos las manos en la puerta y él se fue.

Mientras recogía mi mochila de gimnasia cerca del lugar donde se firma, llegó Karen.

—¡Oh, te encontré! Los niños tienen hambre. ¿Te importaría mucho no hacer ejercicio hoy para ir a cenar directamente?

—Está bien. Ya he terminado lo que vine a hacer hoy aquí.

✦ ✦ ✦

En los días siguientes al colapso de aquel hombre en la cancha de tenis, a menudo oré por él. Y le pregunté a Dios: *¿Por qué lo mandaste de vuelta?*

Un par de semanas después, yo estaba en casa con Karen y los niños. Habíamos terminado de cenar cuando alguien tocó a la puerta. Eso no era algo inusual. Cuando vivíamos en nuestra casa en Ashland City, los pacientes a veces venían cuando necesitaban algo. No era algo que yo alentaba, pero siempre los atendí.

Abrí la puerta.

—¿Es usted el doctor Anderson? —me preguntó una atractiva dama.

—Sí, ¿en qué la puedo ayudar?

—Me llamo Jeanna. Usted atendió a Michael, mi esposo, hace algunas semanas.

Por lo general soy bastante bueno para acordarme de los nombres de los pacientes, pero no me podía acordar de alguien que se llamara Michael. Por fortuna, ella continuó.

—Mi esposo estaba jugando tenis y tuvo un ataque al corazón en la cancha.

—Sí, me acuerdo. Por favor, entre —le dije guiándola a la sala, donde Karen se unió a nosotros.

—¿Cómo está? He estado orando por él.

—Está muy bien —me dijo con una sonrisa muy grande—. Le hicieron una operación a corazón abierto y le tuvieron que hacer cirugía de *bypass* en cuatro arterias coronarias.

—¿Cuatro? —le pregunté.

Ella asintió.

—Cuatro.

—Es un milagro que esté vivo. ¿Hubo algunas complicaciones? Contuve el aliento mientras esperaba su respuesta.

—Ninguna; ¡está recuperándose muy bien!

Exhalé. Me sentí muy feliz al saber que no solo había sobrevivido las medidas que habíamos tomado con él al principio, sino que aparentemente, después de haber recibido el tratamiento médico que necesitaba, continuaba cada vez mejor.

—Es por eso que estoy aquí. Quería darle las gracias por ayudar a salvarlo.

—No me tiene que agradecer a mí. Dele gracias a Dios.

—Lo hago todos los días —me dijo—. Sin embargo, hay algo que quiero darle a usted. —Me dio una caja con un envoltorio muy elegante.

—Gracias —le dije mientras desataba la cinta de seda y levantaba la tapa de la caja. Adentro había un hermoso ornamento de cristal soplado a mano.

Tenía la forma de un corazón.

Hablamos un poco más acerca de la coordinación de los eventos aquel día y cómo Dios había orquestado que hubiera tres médicos al lado de su esposo cuando su corazón dejó de latir. Entonces, sin saberlo, ella contestó la pregunta que yo había tenido desde aquel día: *¿Por qué la brisa del cielo había soplado el alma de Michael de vuelta a la tierra?*

«Él se ha estado recuperando en casa durante las dos semanas pasadas y han sido algunas de las mejores semanas de nuestra vida. No sé qué hubiera hecho sin él. Desde que Michael ha estado en casa, nuestro matrimonio está mucho más fuerte que antes y ambos estamos creciendo en la fe y disfrutando una comunión renovada con Dios. Estoy tan agradecida».

✦ ✦ ✦

Casi todas las semanas escucho o soy testigo de alguna sanidad que aparentemente desafía toda explicación médica. Algunas veces, como en el caso de Michael, Dios me usa como sus manos aquí en la tierra.

Algunas personas me han preguntado por qué he tenido el privilegio de ver a Jesús y ellas no lo han tenido. No tengo respuesta para esa pregunta. Lo que sé es que he mantenido los ojos abiertos para cualquier vistazo del cielo. Le he dicho: «Está bien, Señor, úsame de la forma en que quieras usarme», sin importar lo extraño o loco que parezca. Como resultado, he comenzado a ver evidencia de su obra por todos lados. Por supuesto, por el hecho de estar en la profesión médica, a menudo veo a personas al principio y al final de su vida, que son las veces que están más cerca del cielo. Sin embargo, sospecho que si todos marcháramos un poco más despacio y mantuviéramos los ojos abiertos y escucháramos con más atención, en forma frecuente reconoceríamos las experiencias celestiales que suceden alrededor de nosotros.

A través de esos primeros años, Dios me usó en algunas circunstancias extraordinarias. Yo había visto su presencia en algunas mujeres que estaban dando a luz y había sentido su presencia cuando murieron algunos de mis pacientes. Sin embargo, aquel día en la cancha de tenis, esa experiencia fue un recordatorio de que Dios también se encuentra en las circunstancias comunes y corrientes de la vida. Nunca pensé que al entrar a un club atlético, iba a encontrar a Dios allí guiando a un equipo de médicos a través de los pasos que le salvarían la vida a un hombre. No obstante, Dios estaba allí.

Por cierto que nunca esperé verlo arreglar todo en forma tan perfecta y con precisión magistral para salvarle la vida a un hombre a punto de perder la vida, para que se pudiera reunir con su esposa y los dos juntos pudieran seguir a Dios en forma aún más íntima. Dios da y Dios quita. Esta vez, le devolvió la vida a Michael y a Jeanna le devolvió a su esposo, y todo para su gloria.

Para mí, eso fue una confirmación más de que Dios es real y de que está vivo. Todavía sana a la gente tal como lo hizo hace dos mil años y a veces usa inclusive a los médicos para que colaboren en esa sanidad. El adorno de vidrio soplado a mano en forma de corazón, que está en un estante en mi oficina, me recuerda que en el tiempo perfecto y en el lugar perfecto, bajo su guía y dirección, mi propio y frágil corazón de vidrio soplado por Dios dejará de latir algún día y se me permitirá entrar al cielo, donde voy a estar con él para siempre.

Capítulo 20
LA REINA ELIZABETH

✦

«¡Buenos días, Elizabeth!», le dije.

Beth no me respondió. No lo podía hacer. Había estado en coma por varios meses, pero yo no dejaba que su silencio me detuviera y continuaba hablándole mientras la examinaba.

«Hay un día precioso afuera. Un poco frío, pero creo que es normal puesto que estamos en diciembre. ¿Puede creer que estamos solo a unas pocas semanas de la Navidad?».

Siempre les he hablado a mis pacientes en coma como si me pudieran responder. Al principio de mi carrera, uno de mis mentores me explicó que no sabemos lo que pueden escuchar y lo que no. Yo entendí eso como que debo tratar a mis pacientes comatosos con la misma dignidad y respeto que a cualquier otro paciente. Es por eso que les hablo a pacientes como Beth como si ellos me pudieran responder, pero yo tenía otra razón para hablarle a esta paciente; ella era una de mis favoritas.

Se llamaba Beth, pero yo la llamaba «reina Elizabeth» porque tenía un aire de realeza. Aunque tenía un poco más de ochenta años de edad, había dejado muy claro que era la que estaba a cargo y yo era un simple siervo y debía cumplir sus órdenes. Cuando me había visitado en mi oficina, una o más de sus tres hijas la llevaba en automóvil y Beth llegaba con su aire de reina. Siempre estaba muy bien vestida con accesorios que hacían juego, las uñas pintadas y un toque de perfume. Era una persona que pensaba mucho y a menudo me traía una lista de preguntas, las que a veces se contestaba ella misma porque no esperaba mi opinión.

A pesar de que su presión arterial era un poco alta, de que su colesterol estaba más elevado de lo normal y de que su familia tenía una historia de derrames cerebrales, su salud era buena. Durante sus visitas a mi oficina, ella me entretenía con historias acerca de sus bisnietos y de los recientes logros de ellos. Mi esperanza era que mis padres y mis suegros estuvieran tan orgullosos de sus nietos como lo estaba ella de los suyos.

Esa mañana, mientras yo la observaba sobre la cama, imposibilitada de hablar o de comer, recordé lo animada que había estado durante su última visita a mi oficina hacía unos pocos meses.

✦ ✦ ✦

—Doctor Anderson, he vivido más que todos mis parientes —me dijo Beth.

—Eso es una bendición —le respondí.

Sin embargo, me pude dar cuenta por la forma en que enderezaba los hombros de que algo la estaba molestando. Aclaró la garganta.

—Mi madre, mi padre y dos de mis hermanos murieron de derrames cerebrales, y sé que yo voy a ser la próxima.

Los ojos se le achicaron mientras hablaba y me di cuenta de cuán preocupada estaba. *Tus pacientes te van a decir lo que los aqueja.* Aquellas palabras, que había escuchado en la facultad de medicina, hicieron eco en mi mente mientras escuchaba lo que preocupaba a Beth.

—Tiene razón —le dije—. Usted tiene algunos factores que la ponen en riesgo, pero estamos haciendo todo lo posible por reducirlos. Solo el controlarle la presión arterial y el colesterol le reduce los riesgos a la mitad. —Traté de pensar en alguna otra cosa que pudiera hacer para tranquilizarla—. Y toma una aspirina para bebé todos los días, ¿no es verdad?

—Todos los días —me dijo—. Y me hice los dos exámenes que me mandó hacer. ¿Ya recibió los resultados?

—Sí, tengo el examen Doppler de la carótida y los informes de la ecografía aquí. Tiene bien el corazón y no hay problemas en cuanto a las válvulas o al ritmo, y tampoco hay arterias bloqueadas en el cerebro. Todo se ve bien.

Una vez más me recordó la historia de su familia.

—La mayoría de los miembros de mi familia murió unas pocas horas después de sus derrames cerebrales, pero Larry, mi hermano mayor, se mantuvo en el umbral de la gloria por más de cinco años. Si eso me sucede a mí, mi oración y esperanza es que no viva tanto tiempo en ese estado como Larry.

Le tomé las manos y la miré a los ojos.

—Usted va a estar bien. Quiero verla dentro de tres meses y casi no puedo esperar para escuchar más historias de sus bisnietos.

✦ ✦ ✦

Unos pocos días después, una de las hijas de Beth me llamó a mi consultorio.

«Doctor Anderson, vine a ver a mamá esta mañana y no la pude despertar. Llamé al teléfono de emergencias y una ambulancia viene en camino. ¿Se puede encontrar con nosotros en la sala de emergencias?».

Me sentí abrumado. Beth había estado bien unos pocos días antes y yo tenía los resultados de sus exámenes para probarlo. *¿Qué se me pasó?*

En la sala de emergencias habían llamado al equipo que trata los derrames cerebrales, pero tratarla con el activador tisular del plasminógeno, que disuelve los coágulos, no era una opción. Ese remedio tiene que ser administrado dentro de las primeras cuatro horas de un derrame. Beth había estado en su casa sola por un tiempo que no se podía determinar, así que no calificaba para esa medicina. Además, su edad la colocaba en la categoría de alto riesgo. Puesto que ella estaba fuera del parámetro de todos los protocolos, lo único que se podía hacer era admitirla a la unidad de cuidados intensivos y orar mientras esperábamos a ver qué sucedía.

Un examen de tomografía computarizada y un examen de resonancia magnética muy pronto confirmaron nuestras sospechas; le había dado un derrame embólico menor que la había dejado en estado semicomatoso y sin poder comunicarse. Los exámenes del laboratorio y sus signos vitales eran perfectos, y estaba respirando bien sin ayuda externa.

Yo estaba en la sala de cuidados intensivos hablando con las tres hijas de Beth cuando entró el neurólogo. Con rapidez la evaluó y ordenó terapia física y terapia ocupacional, así como evaluación del habla. «Continúen con la terapia de aspirina —recomendó y luego firmó el caso como cerrado—. No hay mucho más que pueda hacer. Me parece que en el futuro tendrá que ser internada en un lugar donde tienen enfermeras especializadas en este tipo de enfermedad».

Salió con la misma brusquedad con que entró.

La evaluación del neurólogo no dejaba mucho lugar para tener esperanzas. Una semana antes, la reina Elizabeth había estado a cargo y dándonos órdenes a todos. Ahora yacía en estado vegetativo en la unidad de cuidados intensivos. Miré a sus tres hijas, que se quedaron tan mudas como su madre.

—Siento mucho que él haya sido tan cortante —les dije—, pero me temo que probablemente está en lo correcto. A menos que haya alguna clase de milagro, la zona del cerebro que controla la comunicación ha sido dañada en forma permanente.

Les expliqué que era probable que no pudiera hablar nunca más o entender lo que le decían y que mientras estuviera en estado de coma, tampoco podría comer nada por su cuenta.

—Entonces, ¿qué hacemos? —preguntó una de sus hijas.

—¿Dejó ella instrucciones en cuanto a qué quería que se hiciera en un caso como este? Tal vez un documento de voluntades anticipadas o un papel firmado que dice «No resucitar».

Sus hijas no estaban seguras y decidieron revisar la casa de su madre antes de tomar una decisión.

Un día después, de nuevo estuvimos los cuatro al lado de la cama de Beth.

«Buscamos por toda la casa y no vimos nada —dijo la menor de las hijas—. Pero sé que ella no quería morir como murió el tío Larry. ¿Nos puede guiar en lo que se puede hacer a continuación? En realidad no tenemos ni idea de qué se puede esperar».

Nos pusimos de acuerdo para reunirnos aquella misma tarde para hablar sobre las opciones en cuanto al cuidado de su madre.

✦ ✦ ✦

Algunas personas creen que por haber firmado un papel que dice «No resucitar» o por tener un documento de voluntades anticipadas que dice que no quieren medidas extremas significa que un doctor no va a tratar de salvarlas si les sucede algo. Son renuentes en cuanto a completar uno de esos papeles cuando tienen buena salud y son supersticiosas en cuanto a firmarlos antes de un procedimiento médico, pensando que firmar un papel que dice «No resucitar» de alguna forma les va a traer mala suerte. Nada puede estar más lejos de la verdad. Una orden que dice «No resucitar» no es un documento inflexible. En esencia, lo que esos papeles les proveen a los profesionales médicos es documentación en cuanto a los deseos del paciente.

De la misma forma en que muchas mujeres que están embarazadas documentan un plan para el parto que incluye dónde y la forma en que quieren que nazca el bebé y los medicamentos que quieren o no quieren tomar, un documento que dice «No resucitar» o un testamento son solo una forma escrita que indica cómo quiere morir el paciente. Básicamente, la persona responde a estas preguntas: *Cuando le llegue la hora de morir, ¿en qué forma quiere irse de este mundo? ¿Y cuánta intervención quiere en su paso al otro mundo?* Si no responde a esas preguntas, va a recibir cuanto tratamiento esté disponible a menos que usted o alguien que lo representa elija lo contrario.

Por ejemplo, yo he elegido no ser resucitado. No quiero ser mantenido vivo por medio de máquinas y de tubos de alimentación. Sin embargo, si no tengo un documento firmado que diga eso, los técnicos de emergencias y los médicos de la sala de emergencias van a hacer todo lo posible por salvarme si me da un ataque al corazón. Es por eso que me aseguro de que todas las personas a mi alrededor —mi esposa, mis hijos y mis compañeros de trabajo—, todos ellos sepan lo que quiero. Mi documento «No resucitar» está colocado en el tablero de anuncios de mi consultorio, así que lo pueden encontrar de inmediato, en el caso de que fuera necesario.

Entiendo que no todo el mundo piensa de esta forma y está bien, pero aunque otras personas no piensen como yo, de todas formas tienen alguna idea de lo que quieren que se haga y no se haga en esos casos.

¿Quieren intervención?

¿Quieren ser intubados? ¿Y qué en cuanto a un respirador artificial?

¿Quieren que se les administren medicinas? Si es así, ¿de qué clase?

¿Preferirían una operación o ser tratados con técnicas no invasivas?

¿Quieren ser alimentados por medio de un tubo si no pueden comer? Si es así, ¿por cuánto tiempo?

Esas son preguntas que un documento de «No resucitar» o un documento de voluntades anticipadas pueden contestar, y lo ideal es que el paciente haya decidido estas cosas *antes* de que suceda algo. Sin estos papeles, los seres queridos o la persona que tiene poder notarial son los que deben tomar esas decisiones. Esa puede ser una carga muy pesada para los miembros de la familia que tratan de dilucidar qué es lo que querría el paciente. Cuando todos están al tanto de lo que quiere la persona, el proceso de la muerte puede transcurrir con mucha paz.

En mi experiencia, he visto que cuando los creyentes están al final de su vida, están listos para partir. A veces, esto está en conflicto con los deseos de la familia. Debido a que trabajo con muchos pacientes ancianos, con frecuencia veo a familiares que quieren extender el proceso de la muerte, porque *ellos* no están listos para dejar partir a su ser querido. A veces quieren mantener a la abuelita viva por su propio placer, porque la aman y la van a extrañar cuando no esté aquí. Por otra parte, con la misma frecuencia veo a familiares que mantienen a la persona aquí debido a un sentimiento de culpa. Tal vez no fueron buenos hijos o nietos y quieren esos momentos extra para reconciliarse o porque no pueden tolerar la separación. Mi trabajo como médico no es tomar la decisión que deben tomar ellos o aun influenciarlos; más bien, mi trabajo es ayudarlos a entender las consecuencias de las decisiones que toman.

Sin embargo, como un amigo compasivo que está en ese viaje con ellos, también quiero que sepan que la muerte no es lo peor que le puede pasar a una persona.

✦ ✦ ✦

Me reuní con las hijas de Beth y las ayudé a prepararse para lo que podían esperar.

«Tenemos que tomar algunas decisiones. Dependiendo de lo que ustedes decidan, su madre podría morir en forma natural en unos pocos días, tal vez unas pocas semanas como máximo, o podemos hacer algunas cosas para prolongarle la vida. Si hacemos eso, su mamá tendrá que ser llevada a un hogar de ancianos que tenga equipo especializado. Yo les puedo recomendar varios que son buenos. Si eligen esa opción, yo continuaré siendo el médico de ella, viéndola todas las semanas o cuando sea necesario, para continuar dirigiendo su cuidado».

Las tres asintieron con la cabeza. Tenían los ojos llenos de lágrimas.

Le di una copia del formulario de «No resucitar» a cada una, para que pudieran seguirlo mientras hablábamos al respecto. «Estas son las preguntas que formulo en esta situación y quiero que sepan que no hay respuestas correctas o incorrectas».

Comencé con las preguntas acerca de la resucitación. «Si el corazón de su madre dejara de latir, ¿quieren que se le haga reanimación cardiopulmonar?». Las mujeres hablaron sobre esa pregunta y finalmente concluyeron que eso no sería lo que querría su madre.

Seguimos a través de toda la lista y ellas estuvieron de acuerdo en que su mamá no querría ser intubada o puesta en un respirador artificial.

Mientras yo continuaba formulándoles preguntas me di cuenta de que estaban pasando por momentos muy difíciles. Una de ellas se secaba las lágrimas con un pañuelo de papel, mientras las otras dos lloraban abiertamente.

«Lo siento. Sé que esto es muy difícil, pero ustedes lo están haciendo muy bien. ¿Querría su mamá ser alimentada con un tubo GEP o un tubo NG?».

Les expliqué que GEP quería decir gastrostomía endoscópica percutánea, y que era un tubo que se coloca directamente en la pared del abdomen, mientras que NG era un tubo nasogástrico que se coloca a través de la nariz y bajaba por la garganta hasta el estómago. Les expliqué que cada uno de ellos tenía sus propias indicaciones para el uso y sus posibles complicaciones. Las mujeres se miraron una a la otra. Habían decidido con facilidad sobre todas las demás preguntas, pero esta les presentaba un dilema. La respuesta a esa pregunta determinaría el curso del tratamiento de su madre.

Finalmente, una de ellas preguntó:

—¿Qué deberíamos hacer?

—Quiero decirles que esta es la pregunta con la cual lucha más la gente. Y una vez más quiero decirles que no hay una respuesta buena o una respuesta mala a esa pregunta. Básicamente, lo que les estamos preguntando es si quieren o no que su madre reciba agua y comida a través de un tubo artificial, ya sea a través de la nariz o por el estómago. Hace cincuenta años esos tubos no existían y no les estaríamos formulando esta pregunta. Dios la hubiera recibido en su hogar más temprano que tarde, pero ahora tenemos la tecnología y ustedes tienen la opción.

—No sé —dijo una de las hijas—. Parece cruel no alimentarla, pero definitivamente ella no querría estar en estado de coma, yaciendo sobre una cama por cinco años como el tío Larry.

Ellas entendían lo que estaba en juego. Sin el tubo para alimentarla, su madre moriría en el hospital en unos pocos días. Con el tubo, era posible que viviera semanas, meses o tal vez años, como su hermano. Ellas sabían, al igual que lo sabía yo, que eso era algo que su madre no querría.

—¿Por qué las tres no piensan en esto un poco más? Tómense un tiempo para orar y volveremos a hablar mañana por la mañana.

Para la siguiente mañana, ellas tenían la respuesta.

—Doctor Anderson, hemos hablado sobre esto y sentimos que no podemos dejar que mamá se muera de hambre —me dijo la mayor de ellas—. No queremos que ella reciba RCP, intubación o que sea puesta en un ventilador mecánico, pero queremos que le den antibióticos en forma intravenosa si los necesita y queremos que la alimenten con el tubo GEP.

—Muy bien. Le voy a pedir al gastroenterólogo que le ponga el tubo mañana. La vamos a enviar a un hogar de ancianos antes del fin de semana.

✦ ✦ ✦

A estas alturas, Beth ya había estado en el asilo de ancianos por varios meses. Miré su frágil cuerpo, consumiéndose en esa cama. Para una mujer a quien le gustaba dar órdenes, ya no estaba a cargo de nada. Ni siquiera podía hablar. Su cabello estaba largo, estaba pálida y ya no usaba maquillaje. Se veía más fantasmal que viva. Por cierto que ya no tenía el aire de reina de antes, pero aparte de eso, estaba bien. Mi temor era que pudiera seguir así por años. *¿Debería haber hecho algo diferente por usted, reina Elizabeth? ¿Debería haberle hecho firmar la orden de «No resucitar» cuando vino a mi oficina aquel día? ¿Debería haber defendido más sus deseos cuando hablé con sus hijas? ¿Cómo podría haber sido un mejor médico para usted?*

Los médicos estamos acostumbrados a tomar este tipo de decisiones y a seguir adelante, pero a veces tenemos momentos cuando nos preguntamos si hemos tomado el camino *correcto*. Este fue uno de esos momentos para mí. *Señor, ¿guié a esta familia en la dirección correcta? ¿Era esto lo que tú querías?*

Una enfermera entró en la habitación y me vio mirando fijamente a Beth. La miré a ella y luego miré de nuevo a Beth.

—Yo no quiero terminar de esta forma jamás —dije.

Ella asintió, totalmente de acuerdo.

—Yo tampoco.

Le di el historial médico de Beth.

—No hay cambios. Regresaré la semana que viene para ver cómo sigue.

A medida que se acercaba la Navidad, a menudo yo pensaba en Beth y en sus hijas. No obstante, me había resignado al hecho de que no podía hacer nada por mi reina Elizabeth.

Ahora ella estaba verdaderamente en las manos de Dios.

✦ ✦ ✦

Faltaban unos pocos días para la Navidad y el hogar de ancianos se veía más festivo de lo usual. Las hijas le habían puesto un árbol de Navidad con luces en el cuarto. Pensé en lo mucho que le hubiera gustado a Elizabeth ver las decoraciones.

«¿Podemos abrir un poco las persianas para que haya más luz aquí?», le pregunté a la enfermera que había venido conmigo para el examen de Beth. Caminé hasta la cama de Beth y tome su flácida mano en la mía.

—Buenos días, Elizabeth.

—Buenos días, doctor Anderson.

Fue un susurro tan suave que al principio pensé que me lo había imaginado. Miré a la enfermera. Tenía los ojos muy abiertos por la sorpresa; era obvio que ella también lo había escuchado. Me incliné para estar más cerca del costado de la cama de Beth y le pregunté:

—¿Me escuchó, Beth?

—Sí, lo escuché.

Me quedé atónito. ¡Beth había hablado! A pesar del trauma a su cerebro, del daño en su centro de comunicaciones y de los meses que estuvo en coma, ¡la reina había regresado!

Ella estaba cansada y no se sentía como para hablar mucho.

Cuando la examiné, no encontré nada extraordinario. Sus signos vitales no habían cambiado, su respiración era normal y sus medicamentos eran los mismos de siempre. No pude encontrar ninguna explicación médica del por qué ella mejoró, sino que fue un milagro. Aquel día hice una de las llamadas más felices de mi vida a la hija mayor de Beth.

Ese año tiene que haber sido una Navidad muy llena de gozo mientras su familia se reunía en su cuarto. Durante las siguientes semanas, mientras Elizabeth se fortalecía cada vez más, también hablaba más. Muy pronto, Elizabeth volvió a ser la misma de antes, con el cabello bien peinado, dando órdenes al personal y a otros residentes del lugar. Para sorpresa de todos, ¡salió caminando del hogar de ancianos y vivió otros dos años!

✦ ✦ ✦

La próxima vez que Elizabeth vino a verme a mi oficina, traía unos papeles en la mano. Tenía una copia en blanco del formulario de «No resucitar» y quería que yo la ayudara a llenarlo.

—Estuve tan cerca del cielo que pude probar su dulzura —me dijo—. Si alguna vez llego así de cerca otra vez, ¡no quiero que nadie me detenga!

—Sí, señora, entiendo.

Llenamos el formulario juntos. Ella dijo «no» a la RCP, a la intubación, al respirador artificial y a los tubos de alimentación.

—Amo a mi familia y estoy contenta de estar aquí con ellos, pero ¡no quiero perderme ni un minuto del cielo!

La progresión de Elizabeth de un estado comatoso a poder hablar y a estar activa otra vez fue otro recordatorio de que no hay respuestas correctas ni incorrectas. Una vez más, Dios me había probado que no son los remedios o las decisiones en cuanto al tratamiento lo que determina nuestros días finales.

Él es quien lo hace.

Capítulo 21
EL OLOR DEL BIEN Y EL DEL MAL

✦

Los expertos en psicología del desarrollo afirman que a los dos meses de vida los bebés pueden reconocer rostros y voces familiares, pero les lleva solo una semana reconocer el olor de su madre. El poder del olfato, aun en un bebé recién nacido, es así de agudo y bien desarrollado. Yo siempre he sido sensible a los olores. Algunos de mis primeros recuerdos están relacionados con ciertos aromas y aún hoy en día, algunos aromas me llevan hacia el pasado, a mi niñez.

Esto es cierto para la mayor parte de la gente. El aroma de pan que se está horneando les hace recordar a su madre, el olor al aceite de motor les recuerda a su padre trabajando en el automóvil, o la fragancia de un fijador de cabello o perfume en particular les trae recuerdos de su abuela.

Tal vez esa sea la razón de que a algunas personas no les guste el olor de los hospitales o de los hogares de ancianos. A la primera inhalación, en esos lugares se percibe el olor de los productos químicos usados para limpiarlos. No obstante, esos mismos olores a productos químicos se encuentran en lugares que son menos desagradables a nuestro olfato, como las escuelas. Así que, ¿por qué dice la gente que le desagrada el olor de los hospitales y de los hogares de ancianos?

Es posible que cuando se refieren a olores desagradables, se estén refiriendo a fragancias menos dominantes, tales como el olor del cuerpo o de la sangre, orina o excrementos humanos, olores desagradables que los productos químicos deberían encubrir.

Sin embargo, si esas personas tienen un olfato sensible, también podrían detectar otro olor, uno que es más difícil de describir y del que podrían no estar conscientes. Cuando una persona está muriendo, hay un olor terrenal, un aroma como a humedad que se asocia con el proceso. Otros profesionales médicos lo han descrito como algo «empalagosamente dulce» o como el olor a la acetona.

Es el mal olor del cuerpo que se está descomponiendo. Algunos lo llaman el olor a la muerte.

Los olores asociados con el deterioro del cuerpo parecen persistir en lugares donde hay una alta concentración de muertes. Aun los pacientes que han sido bañados recientemente por una enfermera producen este olor distintivo cuando su cuerpo empieza a dejar de funcionar. A menudo, cuando hago mis rondas en el hospital, inclusive antes de ver las señales de deterioro en un paciente, lo puedo oler, a veces, antes de entrar a su habitación.

El olor del cielo es completamente diferente. Nada en la tierra huele así. Es tanto un olor a frutas cítricas como a flores, aunque ninguno de los dos aromas anula al otro. Es muy suave y fresco, con vestigios de lilas y de frutas cítricas, como el olor de la primavera cuando apenas lo percibimos antes de que explote en su máxima fragancia.

La primera vez que percibí el olor al cielo en la habitación de un paciente, fue tan asombroso que de inmediato me llevó de vuelta al único otro lugar en donde había percibido ese dulce aroma: el lugar de mi sueño mientras estaba acampando. Desde ese momento, cada vez que estuve con un paciente agonizante y que pude percibir la más leve brisa de aroma del cielo, yo traté de aspirarla tan profundamente como pude. En esos breves instantes en que mantuve la dulce fragancia dentro de mí, viví la experiencia de volver a estar en el cielo otra vez. El mundo me parecía más fresco, más brillante y más sólido, como la primera vez que usé lentes y me di cuenta de todo lo que me había estado perdiendo. La vida ya no era borrosa.

Al aspirar la fragancia del cielo sentí la paz y la tranquilidad que había sentido de niño cuando me yacía de espaldas y miraba el cielo de Alabama. El calor del cuarto se sentía como que el sol me abrazaba, mientras una brisa primaveral aromática me hacía cosquillas en el rostro.

Sin embargo, no era solo la fragancia. Había otras sensaciones, como el resplandor que aparecía arriba y hacia la derecha del paciente. Hacía que la sala se iluminara y se sintiera más cálida antes de desvanecerse rápidamente. Estas y otras señales del cielo me hicieron anhelar el día en que fuera yo el que cruzara al otro lado.

✦ ✦ ✦

En las raras ocasiones en que hablé con otros médicos acerca de estos vistazos del cielo, sus sonrisas condescendientes sugerían que yo había estado al sol demasiado tiempo.

Pensaban que yo era como el piloto que había visto un objeto volador no identificado. No me creían, o pensaban que yo debería saber que no se habla de eso en público.

Aunque los médicos no estaban interesados en escuchar acerca de mis experiencias, descubrí que mis pacientes que estaban en el umbral de la muerte sí querían escucharlas. Con ellos, esas conversaciones se desarrollaban en forma natural.

Cuando mis pacientes estaban preparándose para cruzar al otro lado, ayudarlos a hacer la transición se convirtió en mi trabajo. Una vez que sabían que no les quedaba mucho tiempo, yo trataba de ayudarlos para que evaluaran dónde estaban y adónde iban, no solo físicamente, sino también emocional y espiritualmente. Yo les formulaba muchas preguntas acerca de su enfermedad y de su vida. Quería ayudarlos a pasar por el impacto de saber que tenían una enfermedad mortal hablando con ellos acerca de los siguientes pasos que debían tomar.

Comenzaba preguntándoles: «¿Cómo quiere morir?».

Hablábamos sobre las posibilidades, tales como en el hospital o en su hogar, con o sin medidas extremas. A veces, yo los ayudaba a llenar el formulario de «No resucitar». A continuación les preguntaba acerca de quiénes eran las personas que los estaban ayudando. ¿Tenían familiares o amigos cercanos que los pudieran ayudar tanto física como emocionalmente?

Yo trataba de entender el estado emocional de los pacientes y si sentían o no que debían arreglar sus asuntos antes de morir. Para algunas personas, eso significaba arreglar sus asuntos financieros. Para otros pacientes significaba arreglar algunas relaciones de su pasado. Sin tener en cuenta lo que significaba para cada paciente, yo quería asegurarme de que él o ella tuviera tiempo de arreglar cualquier asunto pendiente antes de que fuera demasiado tarde.

Típicamente, hacia el final de la conversación, yo les preguntaba: «¿Qué cree que sucede después de la muerte?».

No estaba tan interesado en sus respuestas como lo estaba en que *tuvieran* una respuesta. Si tenían preguntas, yo quería que ellos supieran que podían hablar conmigo. Si no se sentían cómodos hablando conmigo, yo les ofrecía traer a un clérigo para que los ayudara a poner en orden su vida espiritual.

La mayor parte de las personas que trataba creía que iría al cielo y anhelaba ver a sus seres queridos al otro lado. A veces los pacientes me preguntaban qué creía yo que sucedería cuando llegaran allí. Esa clase de preguntas me daban oportunidad de compartir con ellos algunas de las cosas de las que he sido testigo. A menudo querían saber más acerca de esas experiencias y yo estaba feliz de compartir lo que sentía que era apropiado.

Para la mayor parte de mis pacientes que era creyente, cuanto más se acercaba la muerte, más tranquilidad sentían. Era como si aceptaran la muerte y casi no pudieran esperar para pasar al otro lado.

Sin embargo, ese no era el caso con todos.

✦ ✦ ✦

Eddie hizo una mueca de dolor mientras estaba sentado en la mesa de exámenes en mi consultorio. Era obvio que sentía mucho dolor. Era la tercera vez que lo veía en las últimas semanas y nuestra conversación aquel día siguió mayormente el patrón de sus dos visitas anteriores.

—¿Ha tenido fiebre?

—No estoy seguro, pero ayer tuve escalofríos.

—¿Tiene tos?

—A veces tengo episodios de tos seca y es peor cuando me levanto por las mañanas.

—¿Tiene náuseas u otros dolores estomacales?

—Sí, el estómago me duele todo el tiempo. Siento mucho dolor. Necesito un remedio más fuerte que el que me ha recetado.

Eddie tenía poco más de sesenta años de edad, pero parecía un hombre de cerca de ochenta años. Tenía una forma agresiva de cáncer al pulmón y estaba avanzando con mucha rapidez. Hacía solo dos semanas que le habían dado el diagnóstico, pero yo estaba bastante seguro de que no le quedaba mucho tiempo de vida. Habíamos hablado sobre eso, así que sabía lo que le esperaba, pero la velocidad con que se le estaba deteriorando el cuerpo me sorprendió inclusive a mí.

«Me temo que lo voy a tener que admitir al hospital. Si usted se interna, yo puedo hacer más para ayudarlo con su dolor y que no sufra tanto físicamente».

Aunque hacía solo unos pocos meses que estaba tratando a Eddie, yo sabía mucho sobre él. Tenía la reputación de ser una persona mala en la comunidad. Fumaba mucho y había abusado de su propio cuerpo, al igual que había abusado de otras personas. Cada vez que veía su nombre en la lista de citas, temía su visita. Era un hombre de un carácter horrible y su personalidad era tan agresiva como su cáncer. En el pasado, había abusado física y sexualmente de su esposa y de sus hijos. Era belicoso, y después de haber bebido demasiado, siempre se metía en peleas; a veces usaba sus puños y otras un cuchillo. Sus víctimas eran encontradas sangrando o con los huesos rotos a lo largo de los caminos, en los bares o donde fuera que sucediera la pelea. Trataba a sus hijos en forma terrible y no le importaba si vivían o morían.

No escribo esto a la ligera, pero Eddie era una persona realmente *malvada*. Vivía para ser malo y para herir a otras personas. Yo sabía esto de primera mano porque había estado tratando a sus víctimas por varios años.

No obstante, también creía que las conversiones en el umbral de la muerte eran posibles. Aunque no tengo la capacidad de mirarle el corazón o el alma a una persona para saber dónde está en cuanto a su relación con Dios, creo que sin importar dónde se encuentre la persona espiritualmente, puede ser redimida. Dios me había rescatado de la vida perdida que vivía y yo creía que él podía —y era algo que él hacía— rescatar a otras personas, incluso en el momento mismo de la muerte.

En el libro de Lucas hay un pasaje que habla de dos criminales que están colgados en dos cruces, uno a cada lado de Jesús. Uno de los criminales no se arrepintió, pero el otro reconoció que Jesús es el Hijo de Dios: «"Jesús, acuérdate de mí cuando vengas en tu reino". Jesús respondió: "Te aseguro que hoy estarás conmigo en el paraíso"» (Lucas 23:42-43).

Yo quería que Eddie conociera a Jesús, que experimentara el gran amor y el perdón de Dios, y que pasara la eternidad en el paraíso, al igual que el pecador que se arrepintió. Cada vez que tenía una oportunidad, trataba de hablarle a Eddie acerca de las cosas espirituales. Aquel día no fue diferente.

Después de haber completado su examen, le pregunté:

—En cuanto a lo espiritual, ¿está bien con Dios?

Como había hecho en todas sus visitas anteriores, en forma rápida y en voz bien alta rechazó mis intentos de una conversación espiritual cuando me dijo:

—¡Cállese la boca y simplemente tráteme el cáncer! No quiero perder tiempo hablando acerca de algo que no existe.

Admití a Eddie en el hospital como paciente terminal, para poder mantenerlo cómodo hasta que muriera. Yo sabía que tenía dolores muy intensos, no solo físicos sino también emocionales y espirituales. Mientras estuvo en el hospital, nadie vino a visitarlo ni a decirle adiós. Si la gente había escuchado que estaba enfermo, no parecían estar apenados por eso.

Todos los días durante las dos semanas siguientes pasé por la habitación de Eddie para tratar de hablarle de Dios. Su respuesta era siempre la misma: «¡Cállese la boca y tráteme el cáncer. Y si no puede hacer nada por el cáncer, entonces simplemente cállese la boca y deme remedios para el dolor».

Hasta el día de su muerte él no se arrepintió.

+ + +

Cada muerte es diferente, de la misma manera que cada persona es diferente, pero he notado que hay ciertos patrones asociados con la muerte que se pueden reconocer. Por ejemplo, recuerdo una de las primeras veces que entré a la habitación de un paciente moribundo. El hombre estaba mirando hacia arriba y hacia la derecha, con la mirada en el espacio, pero había algo diferente en cuanto a su mirada; era relajada y pacífica, con una calidad casi del otro mundo en ella. El hombre parecía estar mirando algo que yo no podía ver. Su mirada iba más allá de las personas en la habitación, aun más allá de las paredes del hospital.

Tomé mi linterna de bolsillo y le examiné los ojos. Sus pupilas todavía reaccionaban, así que supe que no se había ido físicamente, pero por cierto que estaba en otro lugar.

Murió unas pocas horas más tarde.

Comencé a ver esa misma mirada en otros pacientes. Siempre era hacia arriba y hacia la derecha, y siempre sucedía un poco antes de que murieran. Es difícil explicar con palabras lo que he visto porque esa experiencia transciende lo tangible. En esos momentos, lo que siento es que mis pacientes se están preparando para un viaje. Es casi como si vieran un anticipo del lugar adonde van.

Las señales de esa mirada son tan distintivas y reconocibles que fácilmente podrían ser confundidas con una enfermedad mental. Durante los primeros años en que ejercí mi profesión, si los pacientes que exhibían esta mirada eran jóvenes y saludables, es probable que yo hubiera dicho que eran esquizofrénicos, porque no me miraban a mí, sino que miraban *a través* de mí. Sin embargo, con el tiempo y la experiencia, he llegado a darme cuenta de que esta es otra señal de que el cielo está cerca. El paciente siente que hay alguien más en la habitación con nosotros. A veces puedo sentir la presencia detrás de mí o en algún lugar más allá de la habitación, en algún sitio que no puedo captar con mi visión terrenal.

A esa mirada pacífica la llamo «la mirada de la gloria», y a menudo es una señal de que el paciente está listo para cruzar al otro lado del velo.

✦ ✦ ✦

Yo estaba sentado al lado de la cama de Eddie, orando por él mientras hacía la transición de este mundo al siguiente. El cuarto estaba casi vacío; no había flores, tarjetas o globos. Aunque estaba bien iluminado, no se sentía calidez; muy parecido a su vida, era funcional, pero sin señales obvias de relaciones o de conexión con otras personas. En todas nuestras conversaciones, Eddie nunca reconoció que tenía un alma y no parecía pensar que existiera alguna clase de vida después de la muerte.

Mientras yo estaba sentado a su lado, Eddie comenzó a mirar hacia lo lejos, pero no era la mirada de gloria que yo había visto en otros pacientes. La mirada de Eddie era diferente. Él parecía estar mirando hacia un gran abismo. Los ojos se le agrandaron, estaba inquieto, tal vez ansioso, y detecté una mirada de temor en sus ojos.

La respiración Cheyne-Stokes me indicó que la muerte estaba cerca y lo escuché mientras luchaba por respirar. A diferencia de los muchos creyentes que yo había visto pasar al otro lado en forma silenciosa y pacífica, Eddie parecía estar luchando. Él hizo ruidos como de gruñidos y se aferró a cada respiración como si fuera la última. Finalmente, su respiración se hizo más lenta y los gruñidos fueron menos frecuentes. Cuando dio el último suspiro, no fue la pacífica exhalación de aire a la que yo estaba tan acostumbrado con mis otros pacientes al morir. Eddie luchó para inhalar aire por última vez y luego su pulso y su corazón dejaron de latir.

Su último suspiro fue un gruñido.

De pronto, sentí una clase de nube oscura en la sala. Las luces se hicieron más tenues y la temperatura bajó de golpe. La sala estaba helada, como si la temperatura hubiera bajado cuarenta grados. El calor que yo había anticipado cuando se abrían las puertas del cielo parecía haber sido reemplazado por la apertura de un recipiente de nitrógeno líquido. La habitación parecía oscura y sombría, como si estuviera siendo tragada por un abismo negro. A estas alturas fue cuando sentí el olor de azufre y gasóleo. El aire se sintió pesado y se me hizo difícil respirar. Recordé que era el mismo olor que había en Donalsonville después del asesinato de la familia Alday. Los recuerdos de esos días oscuros se me agolparon en la mente. Me sentí aterrorizado. Aunque no tenía una razón lógica para sentirme así, sentí temor de quedar atrapado y de no poder salir. Yo quería escapar de allí lo antes posible porque el mal había entrado a esa habitación.

Con rapidez lo pronuncié muerto y me fui.

Caminé muy rápido por el pasillo hasta llegar al lavamanos. Puse el agua lo más caliente que pude. Mientras esperaba que el agua se calentara, me enjaboné las manos. Entonces me restregué los antebrazos. Tan pronto como el agua salió caliente, puse las manos y los brazos debajo del grifo lleno de vapor hasta que se me pusieron rojos. Yo quería quitarme la oscuridad con el agua caliente. *Señor, por favor, apártame de esa oscuridad en el futuro. Gracias por rescatarme de eso. Porque si tú no te me hubieras revelado, allí es donde yo también estaría.*

✦ ✦ ✦

Todo en cuanto a esa habitación aquel día era lo opuesto al cielo; no había calor ni brisas, solo una frigidez estancada. Durante semanas después de eso, cada vez que pasaba por esa habitación, me daba cuenta de que tenía el olor de la muerte y todavía se podía aspirar el olor a azufre. El temor que había experimentado aquel día se me había grabado como un mal recuerdo que rehusaba desaparecer. Aunque he visitado a un sinnúmero de pacientes en esa misma habitación desde la muerte de Eddie, todavía siento una sensación extraña cuando ingreso a ese lugar. Mi experiencia de aquel día con la muerte de Eddie fue muy traumática.

Estoy seguro de que cuando Eddie cruzó al otro lado, no le gustó lo que encontró, pero también creo que él podría haber tomado una decisión diferente en cualquier momento antes de morir.

Su muerte me hizo sentir aún más agradecido de saber adónde voy y también me hizo ser más deliberado en cuanto a asegurarme de que otras personas también sepan adónde van. Jamás he querido que alguno de mis pacientes pase por lo que experimenté en la habitación con Eddie, o lo que me temo que Eddie esté experimentando ahora.

Después de la muerte de Eddie, determiné, con más firmeza que antes, asegurarme de que la gente sepa cómo es el *cielo*.

Capítulo 22
LAUREN

✦

Mis hijos me miraron como si no tuvieran idea alguna de lo que les estaba hablando. Así que lo repetí y esta vez con énfasis.

—¡No quiero encontrarlos *jamás* dando vuelta al capó de un automóvil y arrastrándolo con un tractor!

—¿Por qué querríamos hacer eso? —me preguntó Julia.

—Para poder tener un trineo —le dije.

—Pero tenemos trineos en el garaje.

—Además, casi nunca tenemos nieve en Tennessee —agregó Ashley.

—¿Tenemos un tractor? —preguntó David.

—No, David, no tenemos un tractor —dijo Kristen, mi hija mayor—. Lo que pasa es que papá tuvo un mal día en el trabajo.

—Bueno, no usen el tractor de otra persona ni tampoco algún otro vehículo —enfaticé esperando que sonara como que lo decía con mucha seriedad.

—¿De qué estás hablando, Reggie? —Karen había entrado al lugar y escuchó la última parte de mi sermón. Yo ya sabía que eso era una pérdida de tiempo. Los niños no estaban interesados en trineos, los automóviles en nuestro vecindario no tenían capós que se pudieran sacar y es probable que mis hijos no hubieran pensado siquiera en eso si yo no hubiera mencionado el tema.

—Niños, ¿por qué no van a jugar afuera hasta la hora de la cena?
Va a estar lista dentro de unos pocos minutos —dijo Karen.

—No jueguen en la calle —les dije mientras salían. De nuevo,
tan pronto como esas palabras me salieron de la boca, me di cuenta
de lo tontas que sonaron. Los niños nunca iban cerca de la calle,
y aun si lo hubieran hecho, nosotros vivíamos en un vecindario
tranquilo sin tránsito. No obstante, siempre me sentía mejor si les
hacía advertencias en cuanto a los peligros.

—Debes haber tenido un mal día —dijo Karen—. ¿Qué pasó
en el trabajo?

Estar casada con un doctor que trabaja en la sala de emergencias
tiene algunas ventajas, como no tener que ir allí si los niños están
enfermos, pero también tiene algunas desventajas. Como médicos
de la sala de emergencias estamos expuestos a las cosas más invero-
símiles que le puedan pasar a un ser humano. Accidentes trágicos
de tránsito. Un niño que se ahoga porque se puso algo en la boca.
Envenenamientos accidentales. También lo peor de todo, las consecuencias de las decisiones impulsivas de un adolescente. Lo que
yo veía en el hospital me asustaba. Yo estaba en una cruzada para
mantener a mis hijos sanos y salvos, así que en forma constante les
repetía las cosas que no debían hacer.

—Unos niños estaban arrastrando con un tractor el capó de un
automóvil que habían puesto patas arriba —le dije a Karen—. Lo
estaban usando de trineo y cuando el tractor marchó con demasiada
velocidad, el capó se dio vuelta encima de ellos.

—¡Oh, no! —dijo Karen—. ¿Están bien?

—Tuve que coserles las heridas a tres de los muchachos y envié
al cuarto a la unidad de traumas pediátricos en Nashville. Ese niño
tiene una herida muy grave en el cerebro y está inconsciente. No
estoy seguro de que sobreviva.

—Oh, querido, lo siento mucho —dijo Karen abrazándome—.
¿Pero crees que *nuestros* hijos harían eso realmente?

—No, pero tal vez en otras circunstancias... no sé. La verdad es
que nunca pensé que *algún* niño hiciera eso, pero lo *hicieron* y ahora

hay un muchachito que tal vez no sobreviva. Yo solo quiero proteger a nuestros hijos.

Sin embargo, cuando terminé de decir esas palabras, supe que eran tan inútiles como mi sermón anterior sobre la seguridad. Yo solo podía proteger a mis hijos hasta cierto punto. Lo que sucediera en su futuro en realidad dependía de ellos y de Dios.

✦ ✦ ✦

Cuando pensaba en que nuestras hijas estaban creciendo, no quería que fueran como algunos de los impulsivos adolescentes que atendía en la sala de emergencias. Quería que fueran como Lauren.

Lauren había sido mi paciente desde pequeña. Todos parecían conocerla en la ciudad. Era la capitana de las porristas en su escuela secundaria. Era bonita, popular y había sido elegida reina de su promoción en su último año de la secundaria. Además, lo más importante es que era una buena muchacha que amaba al Señor, amaba a su familia y era una buena amiga de mucha gente. También era inteligente y había recibido una beca para una universidad estatal grande.

Yo estaba muy orgulloso de Lauren.

También lo estaban sus padres. Ellos estaban muy entusiasmados en cuanto al futuro de su hija. La amaban mucho y siempre asistían a todas las actividades de la secundaria en que ella participaba. Al igual que una flor cuyos pétalos se abren cuando sale el sol, la vida de Lauren estaba floreciendo ante nuestros ojos. Yo no era el único que estaba entusiasmado al pensar en qué otras cosas le podría traer la vida a esta joven tan especial.

De noche, cuando Karen y yo orábamos por nuestros hijos, le pedíamos a Dios que realizara el plan que él tenía para cada una de sus vidas. En secreto, a veces yo oraba que las vidas de mis hijas fueran como la vida de Lauren.

✦ ✦ ✦

«Sala de emergencias de Cheatham, les habla la ambulancia Cheatham One, camino a su hospital. —La radio hizo un crujido y solo escuché parte de lo que dijeron a continuación—. Tránsito de emergencia. Llegada en cinco minutos. RCP de trauma en progreso».

No se escuchó nada más.

Las llamadas entrecortadas como esa eran muy comunes en las montañas y las hondonadas que rodeaban a nuestro pequeño hospital en medio del estado de Tennessee. Aun años después, cuando los teléfonos celulares reemplazaron a las radios, las llamadas eran entrecortadas con frecuencia. Desafortunadamente, parecía que perdíamos la comunicación en los momentos menos oportunos, como en medio de una importante transmisión médica de emergencia.

A pesar de la interrupción en la comunicación, yo supe que iba a ser un caso muy grave. Las RCP de trauma son casos muy difíciles y en la mayoría de ellos el paciente no sobrevive. Si alguien sufre un accidente y la herida física ocasiona que deje de latir el corazón, por lo general se trata de un caso fatal.

Le dije al personal médico que se preparan para lo peor. «Pero oremos pidiendo lo mejor».

Cuando llegó la ambulancia, yo salí para recibir al técnico de emergencias.

«Lo siento, doctor, no pudimos restablecer la comunicación para darle información de antemano», me dijo el técnico de emergencias. Entonces me dio los detalles mientras él y el conductor llevaban la camilla a la sala de emergencias y yo los seguía con rapidez.

—La paciente se salió del camino en la curva grande que hay en Johnson's Creek Road. Ella iba en un convertible rojo muy lindo y lo destrozó totalmente. El automóvil quedó con las ruedas hacia arriba en el arroyo al pie del barranco.

—¿Cuál era la condición de ella cuando ustedes llegaron? —le pregunté mientras pasábamos la camilla a través de las puertas de la sala de emergencia.

—Ella tenía puesto el cinturón de seguridad, pero estaba colgando del asiento con la cabeza hacia abajo. Pudimos sacarla y aunque en la escena del accidente pensamos que registramos su pulso, ahora lo hemos perdido. Acaba de cumplir dieciocho años. Se graduó de la secundaria hoy y se le estaba haciendo tarde para llegar a la fiesta de graduación. Sus padres estaban en la escena del accidente. La habían estado siguiendo cuando sucedió el accidente, así que vieron todo.

—Qué terrible —dije y en silencio oré por la joven y por su familia.

Llegamos a la sala y yo me hice a un lado para que el personal de emergencia y las enfermeras la pudieran transferir de la camilla a nuestra cama.

«¡Uno, dos, tres, ahora!».

El cuerpo de la joven estaba totalmente flácido, excepto por la espalda que estaba apoyada en una tabla especial para mantenerla inmóvil durante el viaje en la ambulancia.

«Lo triste es —continuó el técnico de emergencias— que los padres fueron los que le compraron el automóvil y se lo dieron hoy como regalo de graduación».

Me acerqué a la cama para darle una buena mirada a la muchacha.

«¡Oh, no!». Sentí un sentimiento de pesadez en la boca del estómago. Reconocí el hermoso e hinchado rostro.

Era Lauren.

La historia que había dicho el técnico de emergencias era muy triste, pero ahora que vi que era Lauren, me sentí devastado. *Dios, tienes que ayudarme.*

Se le aseguró el tubo en la garganta para que Lauren pudiera respirar. Escuché y pude oír sonidos de respiración de ambos pulmones mientras el personal de la ambulancia ayudaba manualmente para que respirara, pero cuando llegamos a la circulación, se nos presentó un problema. La sangre no le fluía, excepto por las compresiones de la reanimación cardiopulmonar. La situación no se veía prometedora.

Las enfermeras estaban haciendo sus propias evaluaciones.

—Temperatura del cuerpo: 34 grados centígrados —informó una de las enfermeras.

Eso era un indicio de esperanza en una situación sombría. A veces, con temperaturas muy bajas, el corazón deja de funcionar para tratar de protegerse a sí mismo de sufrir más daños.

—Tratemos de hacerla entrar en calor —dije.

Continué orando en silencio. Eso tenía pocas posibilidades de dar resultado. Mientras esperábamos continuamos dándole RCP, pero no estaba surtiendo efecto. Le aumentó la temperatura, pero nada más cambió.

Intenté todos los protocolos estándar, además de cualquier otra cosa que se me ocurrió, para hacerla volver a la vida, pero nada parecía estar funcionando.

Continué la reanimación cardiopulmonar por mucho más tiempo del que por lo general lo hacía.

Sabía que sus amigos y su familia estaban reunidos en la sala de espera. Todo dentro de mí quería salir y decirles que ella iba a estar bien, que muy pronto se reuniría con ellos, pero se me estaba haciendo claro que ese no era el plan de Dios para Lauren. Cuando le revisé el cuerpo por segunda vez, le puse mi mano detrás de la cabeza y me di cuenta de que se había quebrado el cuello. En la escena del accidente, el velo se había abierto instantáneamente para recibir el alma de Lauren y se había cerrado de inmediato detrás de ella. Lauren no iba a regresar a este mundo.

Yo no tenía duda alguna de adonde estaba Lauren ahora, pero también sabía el dolor que su muerte les traería a todos los que la amaban. El corazón me dolió al pensar que se lo tenía que decir a la familia. Mi trabajo pasó de tratar de sanar a Lauren a tratar de consolar a sus padres.

✦ ✦ ✦

La sala de espera estaba llena de familiares, amigos de la secundaria y porristas que lloraban. Me detuve un instante para orar antes de entrar.

Dios, por favor, cuídala allá arriba. Y por favor dame tus palabras para hablarle a la familia, para poder consolarlos lo mejor que pueda.

Cuando entré, todos dejaron de hacer lo que estaban haciendo. El cuarto quedó totalmente silencioso y todos los ojos se fijaron en el hombre con la chaqueta blanca: en mí. La madre de Lauren estaba sentada en el centro del lugar, con su esposo de pie a su lado. Pude darme cuenta de que me miraron el rostro buscando algún indicio de esperanza. Cuando no lo vieron, inmediatamente se les llenaron los ojos de lágrimas.

Me arrodillé frente a la madre de Lauren, le tomé la mano y dije las palabras que ningún padre o madre quiere escuchar.

—Lo siento mucho, pero no la pudimos salvar.

—¡No! ¡No, no, no! —gritó ella, cubriéndose la boca con la otra mano sin poder creerlo.

Mientras las palabras calaban profundo, la madre de Lauren comenzó a gemir y el cuarto se llenó de los sonidos de los amigos y de los familiares que se unieron a ella en el dolor. Fue uno de los momentos más tristes de mi vida, mientras escuchaba su dolor intenso, sabiendo que no había nada que yo pudiera hacer para ayudarlos o para arreglar la situación. Lo más desalentador de todo era que yo no podía traer de vuelta a su hija.

Las adolescentes se abrazaban unas a otras y lloraban. Algunos adultos se unieron en un grupo y oraron. Otros estaban sentados mirando hacia adelante con la mirada vacía, obviamente en estado de choque. Sin embargo, por encima de todos los sonidos, se escuchaba el gemido distintivo y horripilante de una madre que llora por su hija.

✦   ✦   ✦

—Lo siento mucho, mucho —le dije a la madre cuando dejó de llorar—. No puedo darle una respuesta en cuanto a por qué sucedió esto, pero le puedo decir que ella murió instantáneamente en la escena del accidente y que no tuvo ningún dolor.

—¿Está seguro? —me preguntó su padre.

—Estoy seguro —le dije tratando de evitar que las lágrimas me ahogaran—. Se rompió el cuello en el accidente y se fue con el Señor allí, en ese lugar. No hay nada que alguien pudiera haber hecho para salvarla.

Tal vez lo más importante que les dije a los padres de Lauren aquella noche fue que su hija no sufrió. En aquel tiempo, no entendía el consuelo que pueden traer esas palabras, pero desde entonces he aprendido que aun si los creyentes conocen su destino final y están ansiosos por llegar a él, tienen preguntas y preocupaciones en cuanto a la transición que tiene lugar en salir de aquí y llegar allá. A pesar de lo trágico que Lauren se rompiera el cuello, el saber que ella murió en forma instantánea y sin dolor les trajo mucho consuelo a sus padres.

Abracé a su madre y le dije: «Si hay algo que pueda hacer, cualquier cosa...».

Finalmente la sala de espera quedó desocupada. Solo cajas de pañuelos de papel casi vacías y latas de bebidas gaseosas a medio consumir fue lo único que quedó. Antes de salir para irme a casa, le eché una mirada más a esa sala de espera y pensé en lo mucho que había querido que la vida de mis hijas se pareciera a la de Lauren. En ese momento me di cuenta de que fue solo por la gracia de Dios que no les había pasado.

✦ ✦ ✦

Unas pocas semanas después, me encontré con los padres de Lauren y les pregunté cómo estaban.

—Estamos sufriendo —me dijeron.

—Entiendo su dolor, pero si tienen un minuto, quisiera decirles algo.

Encontramos un banco y nos sentamos. En forma breve les hablé de la muerte de mis primos, luego del sueño que tuve y de mis experiencias con el cielo en donde estuve reunido con ellos.

—Me gusta el pensamiento de que Lauren está caminando por ese prado —les dije—. Y me siento celoso cuando pienso que ella está bebiendo de ese arroyo azul o que tal vez esté sentada en la roca, disfrutando de ese arco iris de colores. Me hace sentir ganas de estar allí también.

—¿En verdad cree que es allí donde está ella? —preguntó la madre.

—Creo que es allí donde ella comenzó, pero luego, creo que se encontró con amigos y familiares que partieron antes que ella. Creo que ellos la estaban esperando al borde de ese prado, para poder llevarla a ese lugar que es aún más maravilloso que cualquier cosa que yo haya visto o les haya descrito a ustedes.

—Apuesto a que mi madre estaba entre esa multitud, esperando para saludarla —dijo el padre de Lauren.

—Estoy seguro de que sí. Allí hay una paz tan grande que es difícil de describir. Es totalmente diferente a cualquier otra cosa que yo haya sentido aquí. Allí todos son felices y están sanos. No tienen cicatrices, enfermedades ni discapacidades físicas. Lauren no tendrá la cicatriz en el brazo que le quedó cuando se cayó de la bicicleta, no tendrá el cuello roto y su rostro será aún más hermoso de lo que era antes de su accidente.

A la madre se le llenaron los ojos de lágrimas y le di un pañuelo de papel.

—Eso suena muy hermoso.

Le hablé acerca de mi encuentro con Jesús y del amor instantáneo, sobrecogedor, incondicional y abundante que solo él puede ofrecer.

—Nunca me he sentido tan amado ni antes ni después de esa experiencia. Todos están muy felices y están completamente sanos. Una vez que uno ha estado allí, jamás podría querer que sus seres queridos regresen. Lo único que uno quiere hacer es unirse a ellos en el otro lado.

Les hablé sobre otros vistazos que tuve del cielo a través de un toque, un cambio de temperatura o una fragancia. «Yo no tuve ninguna de esas experiencias la noche en que murió Lauren porque el alma de ella había pasado al otro lado en la escena del accidente, pero sí experimenté la presencia de Dios en la sala de emergencias». Si no hubiera sido por la fuerza de Dios sosteniéndome aquella noche, yo también me hubiera desmoronado.

Para cuando nuestra conversación terminó, yo sabía que no les había quitado el dolor de haber perdido a Lauren, pero oré pidiendo que la esperanza del cielo, por lo menos parcialmente, llenara el vacío que había dejado la ausencia de su hija en su corazón.

✦ ✦ ✦

La muerte de Lauren fue para mí un momento de esos que cambian la vida y no solo porque hubiera muerto una paciente joven a la que yo estimaba. También fue una experiencia transformadora porque me llevó a apreciar mi trabajo en forma diferente. Dios me reveló que no solo me había dado el don de ser médico para ayudar a la sanación de mis pacientes, sino que también me había dado el privilegio de poder estar con los que sufren, tomarlos de la mano y ayudarlos en las transiciones más difíciles de la vida. Hago esto compartiendo los vistazos del cielo que he tenido y explicándoles cómo sé que nuestro deseo de volver a ver a nuestros seres queridos que han partido un día nos será majestuosamente otorgado.

Al igual que una mariposa que lucha para salir de su crisálida, las luchas que tenemos a través de las transiciones de esta vida nos hacen más fuertes. En determinado momento, vamos a dejar nuestro gastado capullo para hacer la transición a un mundo más grande, más brillante y más lleno de amor que cualquier cosa que jamás pudiéramos haber imaginado.

Capítulo 23
LA HORA DE LOS ÁNGELES

✦

Adopté un grupo nuevo de Damas Octogenarias tan pronto como comencé a hacer visitas mensuales en el hogar de ancianos de Ashland City.

O tal vez debería decir que *ellas* me adoptaron a *mí*.

Una de las residentes que más me gustaba ver era una mujer llamada Lois. Ella les había dicho a las enfermeras que su día favorito del mes era el día en que yo las iba a ver. Cuando yo llegaba, ella me estaba esperando en la estación de las enfermeras vestida con su mejor ropa y joyas, y a veces hasta hacían juego. Su lápiz labial color coral en ocasiones se le había corrido, pero aun así, ella no podía ocultar su sonrisa grande y radiante.

«Oh, doctor Anderson, ¡estoy tan contenta de verlo!», me decía. La elección de sus palabras siempre me asombraba, porque Lois no podía *ver* nada. Había nacido ciega.

Tan pronto como yo firmaba mi llegada, ella me pedía que la llevara a su cuarto para una consulta privada. Mientras la enfermera empujaba la silla de ruedas, Lois insistía en tomarme la mano durante todo el camino por el pasillo hasta llegar a su cuarto.

—Doctor, ¿sabe a quién me recuerda usted?

—¿A quién? —le pregunté.

La enfermera me guiñó un ojo. Los dos sabíamos lo que iba a

decir Lois. Ella lo había estado diciendo todos los meses desde que yo había comenzado mis visitas hacía varios años.

—¡Usted me recuerda a Clark Gable!

—¿De veras?

—¡Sí! Él es mi actor favorito, ¿sabe?

Lois era una adolescente a la que le gustaba coquetear, atrapada en el cuerpo decadente de una mujer anciana. Puesto que su ceguera le impedía ver si era cierto o no, a menudo yo quería decirle que soy igual a Clark Gable, pero nunca lo hice. Pensé que la risa de la enfermera me descubriría.

✦ ✦ ✦

Un día, cuando llegué al hogar de ancianos para mi visita mensual regular, no vi a Lois esperándome en su lugar usual al lado de la estación de las enfermeras. De hecho, no la vi por ninguna parte.

«No se siente bien —me dijo una enfermera—. Está en cama y tiene fiebre desde esta mañana». La enfermera me llevó al cuarto de Lois.

—Buenos días, Lois. Soy el doctor Anderson —le dije mientras me acercaba a su cama y le tomaba la mano.

—¡Llegó mi doctor Clark Gable! —Sonrió en dirección adonde yo estaba—. No me siento muy bien hoy.

—Dígame qué le pasa.

—No estoy segura. Estaba bien ayer, pero hoy me duele el estómago y también la espalda, y me siento un poco mareada.

Le hice un examen rápido.

—Tiene el pulso elevado y también la presión arterial. ¿Ha estado orinando?

—Sí, pero me duele cuando lo hago.

—Creo que debemos admitirla al hospital para poderle hacer algunos exámenes. No creo que sea nada grave, pero quiero estar seguro.

Lois fue transferida al hospital donde los exámenes confirmaron mi sospecha: tenía pielonefritis, que es una infección a los riñones.

Ordené que le dieran antibióticos en forma intravenosa y pasé a verla más tarde aquel día.

—¿Cómo se siente? —le pregunté mientras le tomaba la mano.

—Me siento un poco mejor. Allí está Sissy —me dijo señalando a la paciente en la otra cama—. Sissy, este es mi doctor Clark Gable.

Sissy no respondió. Más tarde me enteré de que tenía demencia senil y que no hablaba mucho.

—Me alegro de que se esté sintiendo mejor —le dije a Lois—. Mi plan es mantenerla aquí uno o dos días mientras le damos los antibióticos. Cuando se sienta mejor y le vuelva el apetito, la mandaremos de vuelta a su cuarto en el asilo de ancianos, pero hasta entonces quiero continuar chequeándola con frecuencia.

Hablamos un poco más y me tuve que ir. «Vendré a verla por la mañana», le dije antes de irme.

✦   ✦   ✦

A la mañana siguiente, tuve muchos pacientes que atender durante mi ronda. La habitación de Lois estaba al final del pasillo, así que era mi última parada. A medida que me acercaba a su cuarto, pude escuchar que estaba hablando en voz muy alta.

«No los dejen que se acerquen. ¡Por favor, no los dejen acercarse!».

Cuando abrí la puerta y entré, pude ver que ella estaba tratando de alejar algo para que no se acercara a ella, pero no pude ver nada. La hija de Lois estaba al lado de la cama tratando de calmarla.

—¿Qué le pasa? —le pregunté.

—No sé qué le sucedió, pero de pronto enloqueció.

«¡Por favor! No los dejen que se me acerquen más», gritó Lois. Se veía muy agitada y determinada a mantener algo invisible lejos de ella.

—Lois, soy el doctor Anderson —le dije y le tomé las manos. Las sostuve, seguras en mis manos, esperando que eso le trajera paz—. ¿Qué es lo que está mal?

—¿No los ve? ¡Hay muchos, y su luz brillante me hace doler los ojos!

Quitó de un tirón sus manos de entre las mías y comenzó a hacer movimientos de empujar. Parecía estar alejando algo, y era algo que ninguno de nosotros veía, lo cual era irónico porque Lois era la única en ese lugar que no podía ver.

«Por favor, ¡sáquelos de mi lado!».

Tanto su hija como yo tratamos de calmarla. Le hablamos en tono tranquilizador tratando de que ella conversara con nosotros, pero Lois estaba obsesionada con lo que parecía ver. Tratamos de tocarla con suavidad colocando las manos en sus brazos o piernas, esperando que a pesar de su ceguera y de su confusión, entendiera que no estaba sola, que nosotros estábamos allí junto a ella. Sin embargo, ella se puso aún más desesperada. «Sus colores son tan brillantes. ¡Me hieren los ojos! Por favor, díganles que se vayan. Todavía no ha llegado mi hora. No ha llegado mi hora...».

Noté que la hija de Lois tenía miedo. Era obvio que nunca había visto a su madre actuar de esa manera y no estaba segura de qué podía hacer.

La frustración de Lois aumentó y ella comenzó a querer sacar las sábanas de la cama. «Por favor, díganles que no se me acerquen. ¡Díganles que todavía no ha llegado mi hora!».

Su hija se inclinó para tratar de poner las sábanas de nuevo en la cama, cuando sin advertencia alguna, Lois extendió el brazo y le pegó un manotazo en la cabeza.

La hija dio un salto hacia atrás y parecía que iba a comenzar a llorar.

«Ella no lo hizo conscientemente. Tiene alucinaciones —le dije—. Eso es algo que puede suceder cuando las personas están enfermas. Se sienten un poco confusas. Voy a ordenar un calmante para ayudarla a que se relaje».

Lois continuaba empujando cosas invisibles para que se alejaran de ella y protestaba en cuanto a la proximidad de lo que fuera que estaba viendo en su cabeza. «Por favor, ¡háganlos salir de aquí!».

La podía escuchar mientras me alejaba por el pasillo.

La estación de las enfermeras quedaba como a unos quince

metros de distancia del cuarto de Lois. Sus gritos iban menguando a medida que me acercaba a esa estación. Me di cuenta de que era posible que sufriera del síndrome de desorientación. Es una condición común entre los ancianos; se desorientan cuando están en lugares que no les son familiares. Típicamente estos síntomas ocurren de noche. *Tal vez porque ella es ciega, su cuerpo no puede notar la diferencia.*

Una vez que llegué a la estación de enfermeras, tomé el historial médico de Lois para escribir mis órdenes. Antes de que pudiera hacer el clic a mi lapicero, escuché el llamado de alerta: «¡Código diez, cuarto dos!».

El código diez significa que la reanimación cardiopulmonar está en progreso.

El cuarto dos era la habitación de la cual acababa de salir.

¡Lois es la paciente!

Solté el historial sobre el mostrador y corrí de vuelta por el pasillo. *¿Qué se me pasó?* Mientras me apresuraba a llegar a su cuarto, me cruzaron pensamientos de qué podría haber causado esto. Era posible que fuera un infarto agudo de miocardio, es decir, un ataque al corazón. Por cierto que estaba muy agitada cuando dejé su cuarto. *¿Será una embolia pulmonar?* Aunque no parecía factible, una embolia pulmonar, o un coágulo en el pulmón, podría haber sucedido con esa rapidez. *Tal vez le ha dado un choque séptico debido a la infección de los riñones.*

La puerta estaba cerrada y la hija de Lois estaba de pie en el pasillo, mordiéndose las uñas mientras las lágrimas le corrían por las mejillas. Yo sabía que ella tenía mucho miedo, pero no me detuve para hablarle. Durante una emergencia, el protocolo era hacer salir del cuarto a todos menos al personal de emergencia.

Abrí la puerta y la cerré detrás de mí. Me detuve tratando de entender lo que estaba pasando. Estaba allí el carro de paro, y las enfermeras estaban preparando a la paciente, pero la paciente que requería que se le hiciera reanimación cardiopulmonar estaba en la cama número *uno*.

Lois estaba en la cama número *dos*.

A Lois no le estaba dando un ataque al corazón sino a Sissy, su compañera de cuarto.

Con el código diez, el tiempo es importantísimo. Puesto que no había tiempo para sacar la cama de la paciente del cuarto, las enfermeras le habían pedido a la hija de Lois que saliera de la sala y corrieron las cortinas alrededor de la cama de Lois mientras trabajaban con Sissy.

Mis instintos reaccionaron y de inmediato me uní a las enfermeras para llevar a cabo el procedimiento.

Intubé a Sissy mientras las enfermeras cargaban el desfibrilador. Le dimos un choque. No sucedió nada. «Un miligramo de epinefrina. ¡Ahora mismo! —Continuamos con la RCP y a continuación le dimos otro choque. La línea del monitor permaneció plana—. Una ampolla de bicarbonato de sodio. Continúen con la RCP».

Juntos, tratamos de traer de vuelta a Sissy antes de que pasara por el velo. Había mucho ruido y caos mientras hacíamos todo lo posible por salvarla. En algún momento pensé en Lois y me pregunté si todavía estaría alterada. *Todo el ruido y la confusión la deben de haber asustado.* Ella estaba en un lugar que no conocía y ya estaba confundida. No me podía ni imaginar lo alterada que estaría ahora que le habían pedido a su hija que saliera de la habitación. Además, sabía que podía escuchar la conmoción, pero no podía ver lo que estaba sucediendo. Sin embargo, en ese momento estábamos tan ocupados trabajando con Sissy que no me podía estar preocupando por Lois.

Después de casi treinta minutos de tratar la RCP, el corazón de Sissy no pudo latir por sí mismo. Sabíamos que era inútil continuar por más tiempo. Su doctor llegó y nos dijo que podíamos parar, y la pronunció muerta. Todos dimos un paso hacia atrás. En silencio, oré brevemente por la familia de esa mujer. Las enfermeras comenzaron a llevarse el equipo y a sacar todas las cosas que usamos en la batalla que acababa de tener lugar.

Fue entonces cuando me acordé de Lois.

Con lentitud corrí la cortina esperando verla en el mismo estado en que la había dejado, pero en cambio se veía tranquila.

Le tomé la mano entre las mías.

—Lois, ¿está bien? Soy el doctor Anderson.

—Se han ido, doctor.

—¿Quiénes se han ido?

—Los ángeles. Ya no están volando sobre mi cama; se han ido con Sissy. Ellos se la han llevado.

—¿Cómo se veían?

—Como luces brillantes. Había tantos revoloteando que me hicieron doler los ojos.

Dios había enviado una bandada de ángeles para que acompañaran a Sissy a su hogar y él había permitido que una mujer ciega los viera.

Mientras recordaba todas las cosas que Lois había dicho cuando pensó que los ángeles habían venido por ella, recordé la noche en que murió Dennis. Esa fue la primera vez que vi un resplandor en la habitación de un hospital después de la muerte de un paciente. Algo en la luz aquella noche me había hecho recordar a Tinker Bell. Sonreí cuando pensé en Lois apartando de sí a un montón de ángeles con una luz muy brillante, solo para descubrir que no estaban allí por ella. Estaban allí para acompañar a su compañera de cuarto al cielo.

Le hice un examen rápido y vi que sus signos vitales eran perfectos; nada estaba elevado. Me di cuenta de que tenía una expresión de serenidad en el rostro mientras hablaba y parecía sorprendentemente tranquila a pesar de lo que le había sucedido en la hora anterior.

—Me alegro de que esté bien. Voy a decirle a su hija que puede volver a entrar. Si mañana todavía se siente bien, la vamos a dejar que regrese al hogar de ancianos.

—¿Doctor Anderson?

—¿Sí?

—Usted todavía me recuerda a Clark Gable.

Decidí no ordenar el calmante; era obvio que no lo necesitaba.

✦ ✦ ✦

Lois era ciega.

Y afirmaba haber visto ángeles.

Hubiera sido fácil no creer su historia. De hecho, muchos médicos hubieran asumido que estaba teniendo alucinaciones y le hubieran dado un calmante, o cambiado sus remedios, o anotado en su ficha que era posible que tuviera demencia. No obstante, como médico, yo creo que les estamos fallando a nuestros pacientes cuando no nos tomamos el tiempo de hablar realmente con ellos y de escuchar lo que nos están diciendo.

Yo creí lo que dijo Lois. Creo que en realidad ella vio ángeles que habían ido para llevarse a Sissy a su hogar. Si yo no la hubiera conocido como persona antes de que sucediera eso, es posible que hubiera llegado a una conclusión diferente, pero como médico familiar, yo había tenido la oportunidad de tener contacto con personas de todas las edades, y a través de los años había notado un paralelo curioso: los niños y los ancianos tienen la misma clase de fe.

Los niños pequeños tienen una visión clara que todavía no ha sido empañada por las cosas de este mundo. Ven a Dios y lo que él hace con más claridad que el resto de nosotros. En algún nivel, creo que reconocen que el lugar del cual han venido es muy real y que todavía existe. Creen sin esfuerzo alguno y están dispuestos a hablar libremente acerca de sus experiencias espirituales.

De igual manera, las personas ancianas parecen tener esa misma claridad. Como personas de muchos años y que están cerca de la muerte, sus cuerpos físicos se debilitan y su visión comienza a declinar. Ya sea debido a cataratas, glaucoma o simplemente a la ancianidad, no pueden ver tan bien como antes, pero su incapacidad de ver con tanta claridad como antes tiene algunos beneficios positivos. Por primera vez en su vida adulta, pueden hacer las cosas más despacio.

A medida que las imágenes y los sonidos de este mundo comienzan a desvanecerse, ellos sintonizan sus ojos y sus oídos hacia el cielo. De pronto parece estar mucho más cerca de lo que lo habían considerado antes. Comienzan a reflexionar más y empiezan a ver y a escuchar a Dios de formas en que no lo habían podido hacer antes. Su naturaleza espiritual despierta a nuevos niveles de discernimiento y de percepción después de haber permanecido adormecida por muchos años. A menudo las personas ancianas llegan a un estado en el cual la visión espiritual les mejora, aun cuando su visión física se deteriora. Experimentan ciertas cosas, tales como sueños o visiones, que nunca antes habían experimentado y son más valientes en cuanto a compartir con otras personas lo que han visto. En otras palabras, se vuelven más como niños en su fe.

Es muy común que los profesionales médicos consideren esto como demencia o senilidad, y en algunos casos esas condiciones existen. Sin embargo, el problema es que los que toman las decisiones para las personas ancianas son personas de edad mediana, que están demasiado ocupadas como para detenerse a escuchar y con demasiada frecuencia desestiman todo lo que no han visto antes o que no pueden comprobar en forma independiente. Durante esta etapa a la mitad de la vida, la gente a menudo parece haber perdido la visión espiritual con la que nació, el discernimiento que tal vez regrese cuando llegue la ancianidad. Como resultado, a menudo son impacientes con los niños y con los ancianos que tienen experiencias desconocidas para ellos. Se irritan, se vuelven más cínicos y sarcásticos, y son muy rápidos para explicar por qué ciertas cosas «no pueden suceder».

Así que no puedo dejar de preguntarme: *¿Cómo sería si la fe que tuvimos de niños continuara a través de toda nuestra vida?*

En el Nuevo Testamento, varias veces se cita a Jesús cuando él dice que debemos ser como niños si queremos entrar en el reino de los cielos. Yo creo que él habla de la fe que yo he visto tanto en los niños como en los ancianos. Ellos son los que están más cerca del velo; ya sea porque acaban de llegar, o porque pronto van a partir. Sienten el cielo mucho más cerca de lo que lo sienten las personas de mediana edad. O tal vez los muy jóvenes y los muy ancianos están más dispuestos a ver el cielo.

Creo saber por qué Jesús nos pidió que cuidáramos a las viudas y a los huérfanos, y no creo que sea solamente en cuanto a la necesidad de proveer para ellos. Por cierto que a través de la historia, esas personas han sido «el más insignificante de estos, mis hermanos», porque están en riesgo de pobreza, de sufrir enfermedades y de que otros se aprovechen de ellas. Jesús fue muy claro cuando les dijo a sus seguidores que debían cuidar al más insignificante de estos. No obstante, creo que hay otra razón por la cual nos pidió que cuidáramos de los más vulnerables. Creo que fue para ayudarnos a *nosotros mismos*. Cuando pasamos tiempo con las viudas y con los huérfanos, podemos ver mejor a Jesús.

Si queremos conocer a Dios, debemos aprender de aquellos que lo conocen mejor, y ¿quién está más cerca de su corazón que las viudas y los niños? Ellos nos pueden proveer los lentes que necesitamos para ver tanto esta vida como la siguiente con más claridad. Así que me parece perfectamente razonable que una anciana ciega pudiera ver a los ángeles de Dios. Ella tenía mejor visión que el resto de nosotros, que andábamos distraídos con las imágenes y los sonidos de este mundo físico. Lois estaba enfocada en otro mundo, uno que es mucho más real que el mundo en el que vivimos ahora.

✦ ✦ ✦

A través de mi carrera, he llegado a entender esta claridad de visión que poseen los muy jóvenes, los muy ancianos y ahora los ciegos.

En forma deliberada he tratado de pasar más tiempo con las personas que ven a Dios con más claridad que yo. Es por eso que quiero estar a la cabecera de los pacientes que están muriendo. Nadie está más cerca del cielo que alguien que ha cruzado o que está a punto de cruzar al otro lado.

Cuando tomo las manos de los pacientes que se están muriendo y que dan su último suspiro, yo estoy de pie en la antesala del cielo, observándolos entrar al mundo espiritual que está más allá de mi visión.

En esos momentos, es como si yo estuviera de pie en la antesala de una gran catedral. La elegante arquitectura y los diseños que me rodean me llevan a pensar que el santuario interior debe ser bellísimo. Nunca he visto las habitaciones interiores, pero he tenido vistazos de un lugar donde la luz es mejor, y donde todo parece más brillante y más claro. Mientras que la antesala es muy agradable y acogedora, sé que es solo una pequeña muestra de lo que hay adentro. Los aromas del cielo se filtran a la antesala, pero la fuente de esa fragancia viene de algo que está más allá, ofreciendo solo un anticipo del banquete que va a llegar.

Como sé que existe muchísimo más por experimentar, a menudo le he dicho a Dios que yo estaría muy contento con ser simplemente un lacayo en la antesala del cielo para recibir a las nuevas almas que lleguen. ¡Casi no puedo esperar para poder estar allí!

Mientras tanto, quiero ver la vida como la ven Lois, los ancianos y los niños: ciegos a este mundo, sabiendo que el brillo suave y los colores parpadeantes aquí son las luces de navegación que señalan hacia lo que viene a continuación.

Capítulo 24

UNIDOS PARA TODA LA VIDA

✦

La compañía States Industries, que es la empresa más grande del mundo que fabrica calentadores de agua, tiene una planta en Ashland City que emplea a más de dos mil personas. Dos de esos empleados eran Alice y Robert. Se graduaron de la secundaria, se casaron y fueron a trabajar para esa compañía.

Veinte años más tarde, su hijo, que también se llama Robert, pero al que todos conocen por Bobby, se graduó de la secundaria y se unió a ellos trabajando en la misma compañía. Alice y Robert estaban muy orgullosos de él. Aunque Bobby comenzó a trabajar en el equipo de mantenimiento, ellos esperaban que un día pudiera tener su propio camión y se uniera a la familia llevando calentadores de agua a través del país, tal vez reemplazando a su madre para que ella pudiera trabajar a medio tiempo.

Casi al año de que Bobby comenzó a trabajar en State, una lluvia torrencial y un hoyo que no se veía en el techo inundaron uno de los edificios principales impidiendo que los obreros pudieran realizar su trabajo. La producción en la fábrica se suspendió y cientos de trabajos, además de miles de dólares, quedaron en riesgo. El equipo de mantenimiento del lugar revisó el techo para encontrar el problema. Aunque era un novato, Bobby estaba ansioso por hacer lo mejor posible para mantener funcionando a la fábrica. A través de la lluvia torrencial, buscó el hueco y fue el primero que lo encontró. La causa de la inundación era un hoyo de varios centímetros cercano a un drenaje obstruido en el borde del techo. Bobby dio un paso más para investigar.

El techo no lo aguantó.

En forma instantánea cayó nueve metros al piso de concreto abajo.

Los testigos dijeron que lo primero que pegó en el suelo fue su cabeza.

✦ ✦ ✦

Cuando trajeron a Bobby a la sala de emergencias, estaba sujeto a una tabla y con el cuello inmovilizado, el método tradicional de transporte para proteger el cuello y la columna vertebral de más daños. El técnico de emergencias que estaba a cargo me puso al día en cuanto al estado de Bobby: «Tiene midriasis en la pupila derecha. Fractura del cráneo. El tejido cerebral se filtra de la laceración en la cabeza. Respira con ronquidos, así que no lo pudimos intubar. Simplemente lo ayudamos con la respiración hasta llegar aquí. Sus padres vienen en camino».

Yo nunca había visto a nadie que sobreviviera a una caída como esa, así que mis primeros pensamientos no fueron en cuanto a salvarle la vida, sino en cómo les iba a decir a Alice y a Robert que su hijo no iba a sobrevivir. Comencé a trabajar en la obstrucción de la vía respiratoria. La sangre, probablemente como resultado de sus dientes rotos, le estaba llenado la faringe oral con la misma rapidez con que nosotros la estábamos succionando. Lo único que nos quedaba por hacer era una intubación nasal. Yo solamente había hecho eso una vez, hacía muchos años, en la primera parte de mis estudios de medicina.

Esta vez no oré en silencio. «Dios —oré en voz alta—. Tienes que ayudarme con esta intubación».

Coloqué la mano en el lado derecho de la cabeza de Bobby para ponerlo en la posición correcta, pero de inmediato saqué la mano. Tenía el cráneo roto y se le estaba saliendo la materia cerebral. Me puse en el lado izquierdo, deslicé el tubo para respirar en el orificio nasal de Bobby y oré pidiendo que él respirara. «Una respiración más, Señor, por favor».

La intubación, cuando no se puede ver con claridad, depende de poder escuchar el sonido distante de las cuerdas vocales cuando se abren. Lo único que necesitaba para que el tubo pasara era la fracción de segundo en que se abrieran cuando acercaba el tubo. «Por favor, Señor, ¡deja que pase!», dije. Mientras escuchaba el aliento de Bobby, contuve mi aliento y deslicé el tubo.

Inflé la bolsa del tubo de respiración para abrir la vía respiratoria y evitar cualquier aspiración de sangre o de cualquier materia gastrointestinal. Todavía la muerte no había sido vencida, pero por lo menos había sido detenida. En lugar de abrir el velo, Dios había abierto una vía respiratoria, por lo menos por algún tiempo.

Llamamos a la unidad de trauma de Vanderbilt para decirles lo que teníamos. Ellos nos confirmaron que estábamos haciendo lo correcto, pero que no creían que el paciente estuviera fuera de peligro todavía. Nos iban a mandar transporte aéreo, pero aún era dudoso que Bobby estuviera vivo cuando llegara.

Nuestro trabajo era mantener vivo a Bobby hasta que llegara el transporte LifeFlight. Lo ayudamos a respirar con un ventilador manual. La sala estaba en silencio y lo único que se escuchaba era el zumbido de las máquinas. Oré en silencio: *Por favor, Dios, ¡ayúdanos a ayudarlo a él!* Escuché una voz apenas audible, o tal vez no fue audible y simplemente la sentí. «Este es *mi* hijo».

Durante los siguientes veintitrés minutos, continuamos tratando de mantener vivo a Bobby, y yo escuché el susurro una y otra vez: «Este es *mi* hijo».

De pronto, el susurro fue interrumpido por una gran conmoción que venía de la sala de espera. Esa sala quedaba a solo unos diez metros de distancia, así que pude escuchar todo lo que se decía.

«¿Dónde está mi hijo? ¿Dónde está mi hijo? —gritaba la mujer—. ¡Tengo que saber! ¿Ha muerto?». Yo supe que tenía que ser la madre de Bobby.

Mientras las enfermeras trataban de calmarla y de lograr que dejara de gritar, me sorprendió la similitud de sus palabras: «¿Dónde está mi hijo?», con lo que yo había estado escuchando: «Este es *mi* hijo».

Dios, él es tu hijo, pero en forma temporal, también es hijo de ella. Por favor, ayúdame a saber qué le debo decir.

En la sala de emergencias las cosas estaban bajo control, así que salí para hablar con los padres. Tan pronto como abrí la puerta de la sala de espera, los ojos de Alice y de Robert se encontraron con los míos.

—¿Cuál es su estado, doctor? Escuchamos que murió. ¿Es verdad? —preguntó la madre.

—Está muy grave, pero todavía está vivo. Está respirando en forma artificial y el helicóptero de LifeFlight viene en camino. Se fracturó el cráneo y tiene una herida traumática en el cerebro. Solo Dios nos puede decir cuál va a ser el resultado final, pero vamos a continuar orando para que las manos de Dios lo guíen, tal como han guiado nuestras manos.

✦ ✦ ✦

Bobby sobrevivió.

Los días pasaron. Las semanas se volvieron meses. Pasó el verano y llegó el otoño, el cual se convirtió en invierno. Finalmente recibí la llamada por la cual había estado orando. «Le estamos dando de alta a Bobby y lo vamos a enviar a Stallworth, la unidad de rehabilitación. Él va a necesitar una cita con usted para que lo revise antes de continuar con la terapia de paciente externo». La fractura del cráneo en realidad le había agrandado el espacio que ocupa el cerebro y le había provisto el espacio necesario para la hinchazón del cerebro.

Es probable que esa fractura le haya salvado la vida.

✦ ✦ ✦

Visité a Bobby en el centro de rehabilitación y me chocó la mano con su mano izquierda. El brazo derecho todavía no estaba funcionando tan bien como el izquierdo.

—¿Cómo te sientes? —le pregunté.

Me sonrió y me dijo:

—Mu... mu... muy bien.

Al principio, aun hablar era una tarea difícil para Bobby, pero trabajó duro en su rehabilitación y continuó haciendo progresos. En otra visita que le hice, le pregunté si recordaba algo de la noche de su accidente.

— No, doctor. A veces tengo problemas para recordar lo que comí en el desayuno.

—No te preocupes —le dije. Le expliqué que todos creíamos que se iba a morir y que el cerebro, literalmente, le había estado goteando por el cráneo. También le dije del susurro que había escuchado: «Este es *mi* hijo», unos pocos minutos antes de que su madre entrara corriendo y preguntara: «¿Dónde está mi hijo?».

«Dios te salvó por un propósito, Bobby. No sé lo que es, pero estoy ansioso por saberlo».

✦ ✦ ✦

Finalmente Bobby volvió a su trabajo en la fábrica, aunque ya no trabajaba en las alturas. A través de los años, cuando yo veía a sus padres, ellos me ponían al tanto en cuanto a su progreso.

«Todavía es un poco lento —me dijo su madre un día—, ¡pero ahora tiene una nueva novia!».

Unos meses después ella me dijo: «Bobby se va a casar en junio. El matrimonio es en el estado de Wyoming y parece que él se va a ir a vivir allí en forma permanente».

Hablamos sobre lo difícil que es dejar salir del hogar a los hijos, pero Alice me aseguró que ella y Robert verían a menudo a su hijo, en el cual Dios había obrado ese milagro. «Una de nuestras rutas pasa justo por ese lugar».

Una tarde, dieciocho meses después, Robert y Alice pasaron por mi oficina.

—Bobby nos pidió que le mostráramos esto.

Robert me alcanzó una foto y yo la tomé. Era la foto de un

varoncito recién nacido. Perplejo, levanté la vista y vi que Alice y Robert tenían una sonrisa radiante, como se ve solo en los flamantes abuelos.

—¡Felicitaciones! —les dije abrazándolos—. Díganle a Bobby que dije que es un niño precioso y que es un regalo especial de Dios.

—Bueno, también tiene un mensaje especial para usted, doctor —me dijo Robert—. Fíjese en la parte de atrás.

Di vuelta a la foto. En la parte de atrás Bobby había escrito: «Este es *mi* hijo».

✦ ✦ ✦

Había llegado el otoño. Las hojas comenzaban a caer de los árboles y las gélidas brisas pronosticaban el frío que se avecinaba. El otoño es típicamente un tiempo lento en la sala de emergencias. Durante el verano siempre hay accidentes, heridas y huesos rotos. En el invierno hay víctimas de la gripe, de pulmonía y de sus complicaciones típicas. Sin embargo, el otoño por lo general es una estación un poco más tranquila.

Cuando recién llegué a Ashland City, el doctor Lundy y yo alternábamos los días en que trabajábamos en la sala de emergencias, pero no nos quedábamos en el hospital. Estábamos en casa, al lado del teléfono, y salíamos de prisa si nos llamaban. A medida que la ciudad creció, aumentaron también las exigencias de la sala de emergencias. Para el tiempo en que llegó esta llamada en particular, la sala de emergencias tenía enfermeras y también un doctor las veinticuatro horas del día.

Yo había terminado de tratar a mi último paciente y como no había nadie más en la sala de emergencias, regresé a la sala de doctores para descansar. No había estado allí más de cinco minutos cuando me llamó la enfermera. «¿Puede venir? RCP en progreso. La ambulancia llegará en cinco minutos». Salté de la silla y fui a la sala de emergencias para asegurarme de estar listo cuando llegara el paciente.

Acababa de ponerme la máscara y los guantes cuando llegó

la ambulancia. El equipo estaba listo en su lugar para recibir al paciente. La camilla rodó a través de las puertas.

«Mujer blanca de setenta y nueve años de edad. Tuvo un colapso en su hogar y llamaron al teléfono de emergencias. Fue intubada en su hogar y le colocamos una vía intravenosa. El monitor indicaba asístole. Sin embargo, nosotros continuamos con la RCP puesto que estábamos muy cerca».

Asístole es una forma grave de paro cardíaco en la cual el corazón deja de latir completamente y no se puede detectar actividad eléctrica en el monitor. Por lo general, es un ataque al corazón muy serio del que no se sobrevive.

Betty Sue no había respondido a ninguna de las intervenciones iniciales del equipo de la ambulancia. El porcentaje de sobrevivencia dada su edad y la falta de respuesta era menos del uno por ciento. Las cosas no se veían bien, pero uno por ciento era mejor que nada.

La llevamos a la sala de emergencias que tenía dos camas para ver qué podíamos hacer. El personal de la ambulancia había estado tratando de hacerla respirar con una máquina, así que la cambiamos de esa máquina portátil a la nuestra que era más grande. No se registró ninguna actividad en el monitor.

«Continúe con la reanimación cardiopulmonar. Ahora la epinefrina».

Todavía nada.

«Un ampolla de bicarbonato y continúe la RCP».

Nada.

«Cargue las paletas».

Le dimos una descarga eléctrica a su corazón. Todavía nada.

El técnico de emergencias metió la cabeza por la puerta de la sala y dijo:

—William, su esposo, está afuera.

—Estamos ocupados con el cuidado de Betty Sue. Dígale que saldré cuando pueda hablar con él. Probablemente será dentro de algunos minutos.

—Creo que usted no entiende —me dijo el técnico de

emergencias—. *Ella* fue la que nos llamó por *él*. William es el primero que tuvo el ataque al corazón. Está en el pasillo y le estamos haciendo RCP.

—¿Qué? —Levanté la vista justo para ver que la enfermera abría la boca sin poder creer lo que escuchó.

El técnico de emergencias nos explicó que el esposo fue el primero que tuvo el colapso en su hogar y que la esposa fue la que llamó a emergencias, pero para cuando la ambulancia llegó, ambos yacían sin conocimiento en el suelo.

«¡Tráiganlo y pónganlo en la cama dos!», dije.

Tratar a dos personas al mismo tiempo en nuestra pequeña sala de emergencias era algo sin precedentes. Continué trabajando en Betty Sue mientras el equipo de la ambulancia y las enfermeras colocaban a William en la cama de al lado.

Sentí con mucha intensidad la presencia de Dios en la sala de emergencias. Sentí su calor en la forma más intensa que jamás había experimentado. Los aromas divinos me calmaron mientras sentía que el velo se abría para una o ambas de estas preciosas almas.

—Sus hijos vienen en camino y deberían llegar en unos cinco minutos —dijo la enfermera.

—Continúen con la RCP en ambos pacientes hasta que ellos lleguen.

Manejar uno de esos códigos era suficientemente complicado, pero tratar de manejar dos al mismo tiempo sin la intervención de Dios era imposible. Me sentí agradecido porque percibía que Dios estaba dirigiendo mi atención a los dos pacientes y me estaba manteniendo enfocado mientras yo supervisaba a las enfermeras.

Una vez que conectaron a William a su monitor, me di cuenta de que tampoco estaba registrando actividad alguna. Al igual que su esposa, prácticamente estaba muerto.

Lo intubé y comenzamos la respiración mecánica. Todavía no había señales de actividad en su corazón. «Tratemos de darle un choque», les dije.

No creía que darle un choque a él iba a funcionar mejor que

con Betty Sue, pero tenía que hacer algo por sus hijos adultos que estaban a punto de enterarse que habían perdido a ambos padres con minutos de diferencia el uno del otro.

«Cargue las paletas».

Me volví para mirar el monitor de Betty Sue por última vez antes de darle el choque a William, pero tan pronto como miré hacia la cama de ella, la enfermera de William dijo algo que me hizo volver la cabeza en el instante.

—Doctor, algo está sucediendo aquí.

Me señaló el monitor que mostraba un pequeño indicio de actividad. Entonces, aun antes de que pudiéramos darle el choque a su corazón, vimos un solo latido.

Blip.

—No use las paletas —le dije—. Creo que estamos registrando un pulso. Está regresando.

Entonces hubo otro. *Blip…* pero ese segundo no venía del monitor de William; venía de un lugar detrás de mí. Me di vuelta para ver qué estaba pasando, ¡y me di cuenta de que venía del monitor de su *esposa*!

Blip. Un segundo latido se registró en el monitor de William.

Blip. Otro latido en el monitor de Betty Sue.

Blip, blip, blip indicó el monitor de William y el eco provino del monitor de Betty Sue: *blip, blip, blip.* Parecía un partido de pingpong. Volví la cabeza para observar cada voleo de latidos mientras se registraban en los monitores de ambos pacientes.

Sin intervención, el corazón de William había comenzado a latir en forma regular, ¡y lo siguió el de su esposa! Muy pronto ambos corazones estaban latiendo en un ritmo sincronizado.

Fue la cosa más inusual que jamás hubiera visto y casi me hizo perder la respiración. La actividad en esa sala, que había sido tan frenética y caótica tratando de atender dos códigos al mismo tiempo, había cesado. Todos los profesionales médicos estaban boquiabiertos mientras escuchábamos asombrados a los monitores amplificando los sonidos de dos corazones latiendo al unísono.

✦ ✦ ✦

Ese fue uno de los milagros más maravillosos que jamás haya visto, pero el matrimonio todavía no estaba fuera de peligro. Ambos pacientes habían sido intubados, les latía el corazón sin ayuda externa y se registraba su presión arterial, pero todavía estaban inconscientes. Tenía que mandarlos a Nashville para que los atendiera un cardiólogo.

Cuando sus cuatro hijos adultos llegaron, les conté lo que había pasado. Se maravillaron, pero no parecían sorprendidos. Nos dijeron que ¡su padre y su madre nunca habían pasado una noche separados en sesenta años! Era obvio que el matrimonio de sus padres era algo de lo que la familia estaba orgullosa.

Les expliqué que tendríamos que trasladarlos a la unidad de cuidados intensivos en Nashville y que puesto que estaban en una condición muy frágil, podría suceder cualquier cosa. Los hijos estuvieron de acuerdo en que era obvio que sus padres estaban en las manos de Dios y que Dios todavía no había terminado con ellos. También estuvieron de acuerdo en una orden de «No resucitar». Si los padres se iban de nuevo, los hijos no querían ninguna medida extrema para tratar de revivirlos.

William y Betty Sue salieron de Ashland City en ambulancias separadas y sus hijos los siguieron en automóviles.

Llamé al hospital de Nashville y hablé con el cardiólogo de turno, el doctor Peter Scully, quien era australiano. Lo puse al día en cuanto a la situación médica de ambos pacientes y también le describí lo que había sucedido en la sala de emergencias. Él se sintió intrigado. «Escuché acerca de un caso similar en Australia, pero eso fue hace muchos años».

El doctor Scully prometió que me iba a mantener al tanto del progreso de mis pacientes.

✦ ✦ ✦

Unos días más tarde, recibí una llamada telefónica.

«Tengo una historia interesante que contarle acerca de sus

pacientes —me dijo el doctor Scully—. Llegaron a la sala de emergencias, y tuve la misma conversación que tuvo usted con sus hijos. Querían que les dejáramos los respiradores artificiales, pero decidieron que si se les paraba el corazón, no tratáramos de revivirlos de nuevo. Admití a ambos pacientes y los puse en habitaciones separadas en la unidad cardiaca».

Nada de lo que me dijo hasta ese momento me sorprendió. No obstante, el doctor Scully no había terminado la conversación.

«Esta mañana, mientras hacía mis rondas, yo estaba de pie al lado de la cama de William cuando su monitor marcó una línea recta. Puesto que no lo íbamos a resucitar, yo pronuncié la hora de su muerte y luego caminé por el pasillo hasta la estación de las enfermeras para escribir en su historial: "Enviar a una funeraria". Mientras escribía, levanté la vista y vi los monitores que tenía frente a mí y noté el de Betty Sue. Mientras estaba mirando, me di cuenta de que ¡el monitor de ella también marcaba una línea recta!».

✦ ✦ ✦

Ha habido informes del síndrome de «corazón roto», cuando alguien que ha perdido a un ser querido tiene miocardiopatía inducida por el estrés, pero en este caso, Betty Sue no sabía intelectualmente que el corazón de William había dejado de latir y que había muerto. Ella estaba inconsciente y en otra habitación. Sin embargo, unos pocos segundos después de que el corazón de él se detuvo, el de ella también dejó de latir.

¿Cómo se puede explicar algo como eso?

Cuando somos jóvenes, a veces los adultos nos dan la impresión de que el cielo está a años luz de distancia, en algún lugar del espacio, o por lo menos, arriba en las nubes. Sin embargo, a través de los años, algunos de mis vistazos me han convencido de que no es así. ¿Cómo es posible que yo haya escuchado a Dios que me susurraba en el oído cuando Bobby estaba en la sala de emergencias? Es cierto que yo había sentido el cielo en las brisas cálidas y frías en las habitaciones de mis pacientes que morían. Inclusive lo había olido. Es difícil sentir y oler algo que está muy lejos.

Si el cielo estaba más cerca de lo que yo pensaba que estaba, ¿explicaría eso cómo, cuando Dios llamó a William a su hogar, Betty Sue lo escuchó y también respondió? ¿O tal vez William, con un pie en el cielo, extendió la mano al alma de su esposa, para que ella pudiera ir con él? ¿Cuán cerca tiene que estar el cielo para que podamos extender la mano y tocar a nuestros seres queridos, o para que nuestros seres queridos extiendan la mano y nos toquen a nosotros?

A menudo pensamos en el cielo como un punto final o una parada final de un viaje. Miramos la vida en la tierra como que comienza y termina aquí, pensando que de alguna forma el cielo se encuentra fuera de todo esto.

Yo lo veo en forma diferente. Durante nuestra vida aquí en la tierra, no creo que nosotros estemos caminando hacia el cielo; lo que creo es que el cielo camina a nuestro lado.

El cielo está *mucho* más cerca de lo que pensamos.

Capítulo 25
¿IRNOS DE ASHLAND CITY?

✦

Aunque hacía ya varios años que yo había terminado mi obligación con el National Health Service Corps, en ocasiones Karen y yo nos preguntábamos si Dios todavía nos quería en Ashland City. Desde nuestra llegada, la calidad del cuidado de la salud en Cheatham County había mejorado en forma dramática. Durante mi servicio allí, observé la construcción de una clínica, después una sala de emergencias y finalmente un hospital. Desde entonces, todos esos servicios se habían expandido. La población aumentaba a medida que más personas se mudaban a las afueras de Nashville y ese incremento atrajo a nuevos médicos que comenzaron nuevas prácticas médicas. Eso hizo que Karen y yo nos preguntáramos: «¿Todavía nos necesita Cheatham County?».

Además, sabíamos que nuestros padres estaban envejeciendo y queríamos pasar más tiempo con ellos para poder ayudarlos cuando nos necesitaran. Así que, cada cierto tiempo, esa pregunta salía a la superficie.

Irnos de Ashland City significaría dejar una comunidad de muchas personas a quienes amábamos. A nuestros hijos les estaba yendo muy bien en ese lugar y tenían muchos amigos. ¿Queríamos, en realidad, comenzar de nuevo en otro sitio? La respuesta fue *sí*, si era eso lo que Dios quería para nosotros, pero los niños no serían los únicos que iban a extrañar a sus amigos.

✦ ✦ ✦

Hay muy pocas cosas mejores que tener un amigo que te entiende y que cree en ti. Ashley, mi segunda hija, encontró esa clase de amiga en kindergarten cuando ella y Emily se hicieron inseparables. Como sucede a menudo, los padres de los amigos de nuestros hijos llegaron a ser amigos nuestros. Conocimos a los padres de Emily porque nuestras hijas pasaban tiempo jugando una en la casa de la otra, por las actividades de la escuela y las fiestas de cumpleaños. Muy pronto, mi hijo, David, comenzó a jugar con Will, el hermanito de Emily. Para cuando llegaron al cuarto grado, los dos muchachitos jugaban en el mismo equipo de básquetbol.

Durante las prácticas diarias y los partidos, Karen y Mary Beth, la madre de Emily, se hicieron muy amigas, conversando en las gradas. Tenían muchas cosas en común. Ambas habían nacido en el Medio Oeste del país, les encantaban los deportes y el esposo de cada una tenía un trabajo que lo hacía muy conocido.

Bueno, el trabajo de Steven lo hacía un *poco* más conocido que yo.

Cuando conocí a Steven Curtis Chapman, él estaba trabajando arduamente para surgir como músico. Como cantautor, él y su banda a menudo viajaban, tocando y promoviendo su música en iglesias, conferencias, conciertos y festivales. Él trabajaba mucho y viajaba muchísimo. A través de los años ha llegado a ser uno de los artistas de más influencia en la música cristiana. Ha grabado más de veinte álbumes que han vendido más de diez millones de copias. Ha recibido cinco premios Grammy y cincuenta y siete premios Dove de la Gospel Music Association, más que ningún otro artista. No obstante, a medida que su carrera prosperaba, Steven no estaba en su hogar tanto como a él y a Mary Beth les hubiera gustado.

Karen entendía lo que era tener un esposo ausente. Con todas las horas que yo trabajaba para que mi práctica prosperara y con las noches que pasaba en la sala de emergencias, era casi como si yo también estuviera viajando.

A medida que nuestros hijos se fueron involucrando cada vez más en el básquetbol, Steven y yo comenzamos a viajar de una forma nueva, asistiendo a los campamentos de básquetbol de padres e hijos que se realizaban en el campus de la University of Alabama. Éramos dos muchachos del sur del país, y tanto su esposa como la mía habían nacido en el Medio Oeste, teníamos muchos hijos y no pasábamos mucho tiempo en el hogar. Al igual que Karen y Mary Beth se habían hecho muy amigas, Steven y yo trabamos amistad. Pasamos muchas horas con los hijos (y sin ellos), hablando sobre el básquetbol y sobre la clase de hombre que Dios nos había llamado a ser.

A medida que las familias Anderson y Chapman trababan una amistad más íntima, pasábamos más tiempos juntos, incluyendo cumpleaños, días feriados, vacaciones y hasta una simple cena para celebrar un importante partido de básquetbol que el equipo de nuestros hijos había ganado. Con los adultos y los otros hijos con sus respectivos amigos, mi tercera hija, Julia, y Caleb, el hijo de Steven, comenzaron a pasar tiempo juntos. A través del tiempo se hicieron muy buenos amigos. En algún momento a lo largo del camino, dejaron de mirar a sus hermanos cuando jugaban al básquetbol y comenzaron a mirarse el uno a la otra. No sorprendió a nadie que más tarde comenzaran a salir juntos, estrechando de esa forma aún más el vínculo que unía a nuestras familias.

Yo compartía mis historias acerca de mis vistazos del cielo con muy poca gente, pero fue inevitable que en uno de esos eventos «familiares», Karen o mis hijos me pidieran que le contara a la familia Chapman una historia de algo que había experimentado.

Cuando comencé a compartir detalles de las citas de mis pacientes con el cielo, me pareció que Steven lo aceptó de inmediato. Eso no debería de haberme sorprendido. Yo había escuchado su música, y él exploraba algunos de los mismos temas. Sin embargo, después de haber pasado tantos años tratando de procesar las cosas que había experimentado con otros profesionales en el campo de la medicina, quienes no parecían entender, fue bueno finalmente encontrar a un amigo que sí lo hiciera. Steven y yo habíamos sido cortados con la misma tijera. Aunque él no era un doctor que sanara por medio de la medicina, él era un cantautor que sanaba con la música. A través del tiempo, nuestra amistad y nuestras familias se unieron muchísimo.

Esa fue una de las principales razones por las que yo pensaba que irnos de Ashland City sería algo tan difícil. Separarnos de la familia Chapman sería igual que separarse de la propia familia. Sin embargo, Karen y yo estábamos comprometidos en seguir la guía de Dios, dondequiera que eso nos llevara.

✦ ✦ ✦

«Doctor, ¡creo que debe ver esto ahora mismo!», me dijo la enfermera.

Caminé hasta la máquina de electrocardiogramas y me sorprendió mucho lo que vi. ¡A mi paciente le estaba dando un ataque al corazón!

Eunice tenía casi setenta años de edad. Era diabética y tenía alta la presión arterial. Las complicaciones de su enfermedad le habían afectado la circulación en las piernas. Por mucho tiempo había caminado usando un bastón, pero ahora tenía que caminar usando un andador o una silla de ruedas. Yo la había admitido al hospital en Ashland City unos pocos días antes porque su presión arterial estaba peligrosamente alta. Pensé que si la hospitalizábamos podríamos controlar esos problemas antes de darle de alta para que regresara a su hogar. Mientras estaba internada, yo había ordenado un electrocardiograma de rutina, el cual ahora revelaba que la forma en que funcionaba su corazón era cualquier cosa menos rutinaria.

—¿Qué tengo mal? —preguntó Eunice. Ella trató de sentarse para ver lo que estábamos mirando, pero los cables del electrocardiograma se lo impidieron.

—Eunice, parece que le está dando un ataque al corazón —le dije—. Tenemos que enviarla al hospital de Nashville para que la examine un cardiólogo.

Pedimos una ambulancia y luego llamamos al hospital en

Nashville y les avisamos que ella iba en camino. Me comunicaron con el doctor Wong, el cardiólogo que estaba de turno.

—Tan pronto como llegue, la veré en la sala de hemodinámica —dijo el doctor Wong.

—Gracias —le dije y luego agregué: —Cuídela bien. Ella fue una de mis primeras pacientes cuando comencé a trabajar aquí.

—Siempre lo hacemos —me dijo el doctor Wong.

✦ ✦ ✦

Aproximadamente unas cinco horas más tarde, una enfermera que me estaba buscando me encontró. «El doctor Wong está en la línea tres. Dice que se trata de la paciente que usted envió hoy».

Caminé hacia el teléfono y estaba bastante seguro de que sabía lo que me iba a decir: «Encontramos una pequeña obstrucción, pero la pudimos abrir». Era lo mismo que había escuchado muchísimas veces en el pasado cuando había enviado a pacientes a la sala de hemodinámica o para una angioplastía. Cuando contesté la llamada, el doctor Wong fue directo al grano.

—Llevamos a Eunice a la sala de hemodinámica. Todo iba marchando bien y como usted sospechaba, ella estaba sufriendo un infarto muy grande del miocardio anterior. Tenía 99 por ciento de bloqueo en la arteria descendiente izquierda anterior. La abrimos con el catéter balón y entonces...

Él hizo una pausa. Todo lo que había dicho hasta ese momento había tenido sentido y francamente era lo que yo esperaba escuchar, pero cuando él se detuvo a media frase, me pregunté si algo no habría salido bien.

—Continúe —le dije.

—Abrimos la arteria con el catéter balón y entonces, bueno, todo comenzó a salir mal.

—¿Qué sucedió?

—Murió sobre la mesa.

—¿Se murió?

—Sí, su corazón dejó de latir. Allí mismo sobre la mesa. Había un doctor residente conmigo y trabajamos en ella por lo menos durante una hora. Yo estaba a punto de desistir, pero mi residente quería practicar hacer un código, así que lo dejé seguir mientras yo lo supervisaba.

Me resultaba difícil escuchar los detalles de la muerte de Eunice cuando todavía estaba en choque sobre el hecho de que ella hubiera muerto. Comencé a pensar en lo que le tendría que decir a su familia.

—¿A qué hora murió?

—Bueno, verá, eso es lo que quiero decirle. Como una hora desde que el residente había comenzado a trabajar en el código y dos horas después de que el corazón de ella había dejado de latir, comenzó a latir de nuevo sin ayuda externa alguna.

—¿Me está diciendo que está viva?

—Lo que le estoy diciendo es que ella estuvo muerta dos horas y ahora está viva.

—¿En qué condición se encuentra?

—La tengo en un ventilador en la unidad de cuidados intensivos y está en coma. Con todo el tiempo en que se le hizo la RCP, no estoy seguro de con cuánto de actividad va a regresar.

—Oh, eso es casi increíble.

—¡Lo sé! Ella estuvo muerta sobre la mesa por casi dos horas. Yo hubiera dejado de trabajar en ella después de la primera hora. No estábamos logrando ningún resultado. La única razón por la cual dejé que el residente continuara es porque él necesitaba la práctica.

—Muchas gracias por haber trabajado en ella y por continuar con su cuidado. Por favor, dele las gracias de parte mía a su residente.

—Lo haré. Lo mantendré informado.

Fue una historia asombrosa. Una vez más me maravilló el poder de Dios de romper las leyes de la ciencia para lograr sus propósitos más altos. Yo estaba plenamente consciente de que la muerte inoportuna de Eunice y su subsiguiente retorno nunca deberían haber sucedido. También sabía que la reanimación cardiopulmonar a menudo causaba daños irreparables.

Ella todavía no estaba fuera de peligro.

✦ ✦ ✦

Tres días después, yo estaba en Nashville cenando con Karen cuando recibí una llamada de la unidad de cuidados intensivos donde estaba internada Eunice, todavía en estado de coma y en observación.

«Doctor Anderson, usted debe venir a ver a su paciente», me dijo la enfermera de la unidad de cuidados intensivos.

Le expliqué que técnicamente ella era paciente del doctor Wong y que debido a que yo no tenía privilegios formales en ese hospital, era muy poco lo que podría hacer por ella médicamente.

—No creo que ella necesite ayuda médica. Está pidiendo verlo a usted personalmente.

—¿Está *pidiendo*? Yo creía que ella estaba en estado de coma.

—No, despertó del estado de coma hoy en la mañana y en ese momento le retiramos todo el equipo que la mantenía viva. Parece estar bien, tanto mental como físicamente, pero se mantiene insistiendo que usted venga a verla. Dice que tiene algo importante que decirle.

—Voy para allá en este momento.

Unos minutos después, Karen y yo llegamos al hospital. Cerca de la unidad de cuidados intensivos, Karen encontró un banco donde sentarse mientras yo llegaba a las puertas de la unidad de cuidados intensivos.

Una enfermera me detuvo.

—¿Puedo ayudarlo?

—Sí, soy el doctor Anderson... —Planeaba decirle que no tenía privilegios médicos en ese hospital y que una de las enfermeras me había llamado, pero ella me interrumpió antes de que yo tuviera oportunidad de continuar.

—Eunice ha estado preguntando por usted —me dijo mientras sus ojos se iluminaban—. Sígame. Ella lo está esperando.

Cuando entré a la habitación de Eunice me sorprendió lo bien que se veía, mucho mejor de lo que yo esperaba. La piel se le veía radiante, sus ojos resplandecían y parecía casi como una muchacha, algo que probablemente nadie había dicho acerca de ella en por lo menos unos cuarenta años.

—¡Doctor Anderson! —me dijo extendiendo la mano para tomar la mía.

—Hola, Eunice. ¿Cómo se siente?

—Fantástico, simplemente fantástico —me dijo con mucho más entusiasmo del que yo hubiera esperado de una mujer que había estado legalmente muerta solo setenta y dos horas antes—. Siéntese. Tengo una historia que contarle.

Tan pronto como me senté, ella comenzó a hablar.

«Lo último que recuerdo es que estaba acostada sobre la mesa mientras ellos hacían algo con mi corazón. Entonces de pronto hubo mucha conmoción. Las personas gritaban y se pasaban equipo médico los unos a los otros. Yo sabía que estaban trabajando en mi caparazón. Dijeron que había muerto en la mesa, ¡y que había estado muerta por dos horas! Pero no me acuerdo porque yo no estaba allí sobre la mesa. Yo estaba en otro lugar donde estaba más viva que nunca antes. Todo era pacífico y tranquilo, muy diferente de aquí. Era exactamente lo opuesto a la locura que estaba sucediendo en el lugar donde mi cuerpo yacía sobre esa mesa. Me envolvió una sensación de paz total y sentí como que estaba flotando.

»No sentí más dolor. Aun antes de que me diera el ataque al corazón, siempre sentía dolores por la artritis y la neuropatía, pero ahora, ya no sentía aquella sensación en las piernas de que me estaba quemando; en realidad, las sentía fuertes. Por primera vez en tres años, ¡me puse de pie y caminé sin un andador ni silla de ruedas!

»Caminé por un sendero que estaba al lado de una corriente de agua. Mientras pasaba sentí el agua helada que me rociaba el rostro. Me detuve para tomar de esa agua, y era tan fría y fresca como un riachuelo en Alaska, pero esa agua era dulce; sabía a miel.

»Cuando miré a mi alrededor, vi una cantidad de colores sorprendentes, ¡y los pigmentos parecían muy concentrados! Era algo más colorido de lo que jamás haya visto o imaginado».

A estas alturas, una de las enfermeras de la sala de cuidados intensivos había entrado y también estaba escuchando. Eunice comenzó a hablar con más rapidez.

«Caminé alrededor de una curva en el sendero y vi un campo abierto cubierto de pasto de un color verde como nunca antes había visto. Allí mismo, en medio de aquel prado ¡había un caballo que tiraba de un carruaje! A mi padre le *encantaban* los caballos. Cuando vi ese bello animal con su pelaje que brillaba, me acordé de mi padre...».

La voz se le apagó por un minuto, pero luego continuó adonde se había quedado.

«De pronto algo me bloqueó la visión. Un grupo de personas estaba de pie enfrente del carruaje. Miré un poco más detenidamente ¡y vi a mi padre, a mi dulce madre y a mi amado hermano! Ellos murieron hace años. Entonces reconocí en la multitud a otras personas que habían muerto hace décadas, pero cuando las vi fue como si el tiempo no hubiera transcurrido. Nuestros espíritus estaban compenetrados en un discernimiento que desafía a las palabras. De hecho, no estoy segura de que hayamos usado palabras para comunicarnos.

»Todos me dijeron que estaban muy bien. En forma específica me pidieron que le dijera a usted que lo que está haciendo aquí en Cheatham County necesita continuar. Ellos querían alentarlo».

Hasta ese momento, nada de lo que ella dijo me había sorprendido. Todo concordaba con lo que yo había experimentado en mi sueño. Puesto que las palabras de aliento de algunas de las personas en esa multitud parecían muy específicas, me pregunté si serían pacientes míos que habían cruzado al otro lado del velo. Eso tendría sentido; tanto Eunice como yo vivíamos en la misma comunidad y era probable que yo hubiera atendido a algunos de sus antiguos amigos.

«Me senté con ellos en el pasto de ese prado. Habían preparado un picnic con un almuerzo para mí, ¿y sabe qué, doctor Anderson? ¡Allí no había comida de diabéticos! ¡Yo podía comer cualquier cosa que quisiera!».

Le sonreí a la enfermera. Sabía lo mucho que Eunice debía haber disfrutado de eso. Detestaba tener que controlar la cantidad de azúcar que comía.

«Doctor Anderson, nunca me sentí tan en paz y contenta. Fue como si hubiera estado arropada en una bata de terciopelo. En realidad me quería quedar allí, pero entonces Jesús vino y se sentó a mi lado. Me preguntó si quería volver aquí por un tiempo para alentar a otras personas. Me dijo que no era necesario que estuviera mucho tiempo, que yo podría regresar pronto. Me dijo que quería que yo regresara aquí por dos razones. La primera fue para alentarlo a usted. Él quería que yo le dijera que usted está cumpliendo su voluntad y que debe mantenerse firme en el camino. No sé el significado de eso, pero eso es lo que me dijo que le dijera a usted».

Se me llenaron de lágrimas los ojos; un minuto más tarde, estaba llorando. Yo sabía el significado de eso. Dios quería que nos quedáramos en Ashland City.

—¡La segunda razón es para alentar a mi familia y a mis amigos a que crean que Jesús es real y que en verdad el cielo existe!

—Eunice, estoy muy celoso de su experiencia.

Yo nunca le había hablado a ella acerca de mi sueño y ahora quería hacerlo, pero me di cuenta de que de pronto ella se notaba muy cansada. Hasta que dejó de hablar, se veía muy entusiasmada. El rostro se le veía animado y había acompañado con gestos todo lo que dijo, pero ahora, inclinó la cabeza, cerró los ojos y comenzó a respirar profundamente. Necesitaba descansar; tendríamos otras oportunidades de compartir nuestras experiencias.

«Trate de dormir, Eunice —le susurré—. Necesita recuperar sus fuerzas para irse de aquí. Es obvio que Dios tiene un trabajo para usted».

Le sostuve la mano hasta que se durmió. Luego apagué las luces y salí en busca de Karen. Estaba en el vestíbulo leyendo una revista. Ella debe haber sentido que me acercaba, porque levantó la vista en cuanto llegué.

«Me doy cuenta por la expresión de tu rostro de que esta visita fue buena», me dijo sonriendo.

Rompí a llorar mientras le contaba todo lo que había dicho

Eunice. Me sentí muy honrado y humilde por haber recibido esa bendición de aliento. Me recordaba aquel día en que yo había salido del bosque en Tennessee (tanto en sentido literal como figurado) después de mi sueño en el que me convertí. Me había sentido de la misma forma en aquel momento. Yo sabía que había gente que hacía más para Dios, que eran mejores creyentes que yo, o que con desesperación necesitaban escuchar la voz de Jesús por algo difícil que estaban experimentando en esos momentos.

—¿Por qué eligió él mandarme un mensaje a mí? —le pregunté a Karen.

La respuesta de ella fue simple.

—Tú eres su hijo.

✦ ✦ ✦

Después de que Eunice salió del hospital, le pude contar acerca de mi sueño y nos maravillamos de las similitudes entre nuestras experiencias. El «corto» tiempo de Eunice en este lado del velo resultó ser de siete años, probando una vez más que el tiempo de Dios es diferente al nuestro. Yo sabía que, cada día que pasaba, ella anhelaba regresar; y lo sabía porque yo también me sentía de esa manera.

Visité a Eunice una vez por mes durante esos siete años y ella siempre me repetía lo mismo: «Continúe haciendo lo que está haciendo».

No había duda alguna en la mente del cardiólogo que Eunice había estado muerta dos horas. No había interrogante alguna en mi mente respecto a dónde había estado ella. Más importante aún, no había pregunta alguna en la mente de Eunice en cuanto a lo que se suponía que ella tenía que hacer con su maravillosa historia.

Cuando yo la escuchaba hablando con las enfermeras o aun con otros pacientes, no le llevaba mucho tiempo para que su mente y su espíritu encontraran una forma de guiar la conversación al lugar lleno de amor y de paz que ella había visitado, el lugar adonde, más que ninguna otra cosa, ella anhelaba regresar. Eunice contaba su historia una y otra vez. Ella debe haberla contado por lo menos una vez por día, tal vez más, durante siete años.

A menudo me decía que no podía descansar. «¡Quiero llevar a tantas personas al cielo conmigo como me sea posible!».

✦ ✦ ✦

Para mí era claro que Dios nos había llamado a Ashland City hacía años y ese era todavía el lugar donde quería que estuviéramos. La pregunta acerca de si debíamos mudarnos a otro lugar no surgió nunca más. Ser un doctor del campo edificó mi fe de maneras que nunca podría haber imaginado. Todos los días yo veía la presencia de Dios y me maravillaba del trabajo de sus manos sanadoras, especialmente cuando usaba las mías para que participaran en sus milagros.

No obstante, solo porque Dios había confirmado su voluntad para mi vida no quería decir que ahora todo me resultaría fácil. A veces como creyentes, pensamos que si seguimos a Dios, nuestra vida va a ser simple y fácil. Nada puede estar más lejos de la verdad; a menudo es cuando la vida se pone más difícil.

Yo era un creyente nuevo cuando los eventos que rodearon la muerte de la familia Alday probaron mi fe y causaron que me alejara de Dios, pero el cielo se acercó y en esa intersección entre los dos mundos, Dios extendió su mano y me trajo de vuelta hacia él. Desde aquel tiempo he tenido más encuentros breves con el cielo de los que puedo contar y de maneras totalmente diferentes de las que podría haberme imaginado. Creo con fervor que Dios es verdadero y que es bueno.

No es una exageración decir que a diario veo la mano de Dios moviéndose en la vida de mis pacientes. Continúo viendo reflejos del cielo, experimentando el calor de un alma cuando sale del cuerpo, sintiendo las brisas del cielo en mi mejilla y aspirando la fragancia dulce que llega del otro lado de un velo muy fino.

Sin embargo, después de haber practicado la medicina por más de dos décadas, mi viaje de fe no había terminado. Habría nuevas pruebas para mi fe y esas pruebas causarían que tuviera que volver a examinar las antiguas preguntas otra vez más.

¿Respondería en forma diferente esta vez?

Parte 3:
¿CREO LO QUE HE VISTO?

Capítulo 26
CUANDO EL VELO ES RASGADO

✦

Después de haber decidido quedarnos en la zona de Ashland City, terminamos mudándonos en el año 1994. Cuando vimos que se vendía una granja con una hectárea de terreno que quedaba a poco más de un kilómetro de nuestra casa en Kingston Springs, la compramos. La granja tenía un lago y un viejo granero, y nosotros construimos una casa de campo grande en esa propiedad. A nuestros hijos les encantaba tener más espacio y durante todos los años que estuvieron en la secundaria, teníamos lugar para que ellos recibieran a sus amigos en nuestro hogar. Sentimos que esa casa más grande era una bendición que Dios nos había dado para que la compartiéramos con otras personas. Karen inclusive había comenzado a soñar que, una vez que los hijos se hubieran ido, en ocasiones ella abriría nuestra casa a ministerios que buscaran lugares tranquilos para realizar retiros espirituales.

Mis padres nos habían venido a visitar muchas veces a través de los años, incluyendo varias visitas largas cuando David había tenido una de sus operaciones para repararle la hendidura que tenía en el paladar. Algunos años antes, mamá y papá habían comenzado a tener menos animales que antes en su granja, lo cual les permitía viajar con más facilidad. Después de que me fui para asistir a la universidad, ellos se habían deshecho de Tex, el poni, regalándoselo a una familia que tenía varios hijos pequeños. A través de los años, habían ido reduciendo el número de animales que dependían de ellos hasta llegar a cero. Puesto que les gustaba pasar tiempo con sus nietos y ser parte de sus actividades, nos podían visitar por más tiempo ya que tenían menos obligaciones en su hogar.

Cuando llegó el tiempo para que mis padres se jubilaran, tuvo sentido vender su granja y mudarse más cerca de nosotros. En primer lugar, la salud de mi padre había comenzado a declinar. Tenía una protuberancia en la tiroides, y él y mi mamá querían ayuda para lidiar con el sistema médico. En segundo lugar, mi hermano y mi hermana tampoco vivían en Plantersville. Tim, mi hermano, su esposa y sus dos hijos vivían en un suburbio de Huntsville, no muy lejos de la frontera de Tennessee. Cathy, mi hermana; su esposo, Mike; y sus hijos, Jon y Jennifer, se tenían que mudar cada dos o tres años debido al trabajo de Mike.

Como Karen y yo vivíamos en un lugar central entre mis hermanos y podíamos cuidar de la salud de mis padres, ellos decidieron mudarse a Kingston Springs. Compraron una casa desde la cual se podía ir caminando hasta nuestra granja, en la parcela que estaba a la espalda de nuestra propiedad.

✦ ✦ ✦

Aunque mi hermana, Cathy, y su familia eran los que vivían más lejos, siempre habían sido una parte integral de nuestra vida. Cuando yo asistía a la facultad de medicina en Birmingham, en ocasiones iba a cenar con Cathy y Mike, quienes vivían por esa zona en aquel tiempo. Yo sabía que asistían a una iglesia bautista local, pero en muy raras ocasiones hablábamos de asuntos de la fe; y por supuesto, yo nunca asistí a la iglesia con ellos. Después de que tuve aquel sueño, ellos se dieron cuenta de que había algo diferente en cuanto a mí, especialmente después de que empecé a salir con Karen y a asistir a la iglesia con ella, pero mi fe era tan nueva que en realidad nunca hablamos sobre ella.

Después de que Karen y yo nos casamos, Cathy y Mike se mudaron a Atlanta y tuvieron dos hijos. Jennifer era la mayor. Ella era una buena alumna y, como mis hijas, siempre participaba en un montón de actividades. Jon, el hijo de ellos, participaba en los Boy Scouts y le gustaba la música, pero siempre me pareció que era una persona un poco solitaria. Mike trabajaba de profesor técnico para la industria de la energía nuclear. Así que cada dos o tres años, cuando se le terminaba un contrato y comenzaba otro, Mike y Cathy se mudaban a otro lugar.

Con la distancia geográfica que aumentaba y nos separaba, y con nuestras familias creciendo, no nos veíamos con tanta frecuencia como nos hubiera gustado, pero siempre tuvimos la prioridad de reunirnos en la casa de mis padres en Troy, Alabama, para los feriados.

Mike era hijo único y sus padres se habían mudado para Dothan, que quedaba cerca de la casa de mis padres, así que a menudo se reunían con nosotros. De antepasados alemanes que vivían en Pennsylvania, eran un poco más estoicos y reservados que el resto de nosotros, los ruidosos sureños. Estoy seguro que a ellos les costó un poco acostumbrarse a nosotros. A pesar de nuestras diferencias, a mí me gustaban Mike y su familia, y nos llevábamos bien.

Cuando mamá y papá se mudaron a Kingston Springs, las reuniones de los días feriados se llevaron a cabo en nuestra casa. Para entonces, Cathy y Mike se habían mudado al Medio Oeste. Tim, mi hermano, su esposa y sus dos hijas todavía vivían en Alabama. Así que nosotros nos convertimos en el lugar central de toda la familia.

Aunque no tenían la misma edad, a las seis primas les encantaba pasar tiempo juntas. Mi hijo, David, y Jon tuvieron más dificultad para estrechar los vínculos familiares. A David le encantaban los deportes, mientras que Jon prefería juegos de video y leer. Karen y yo siempre tratamos de hacer lo posible para que Jon se sintiera bienvenido en nuestro hogar. De igual manera, mis padres también hicieron lo más que pudieron para hacer que Jon, su nieto mayor, se sintiera incluido.

✦   ✦   ✦

Era un martes soleado en Ashland City y se esperaba que la temperatura fuera muy alta para el mes de abril, cerca de 29 grados centígrados. Aquel día del año 2002 comenzó como cualquier otro. Después de haber realizado mis rondas aquella mañana, tenía una lista completa de pacientes por atender en mi consultorio, pero también tenía la esperanza de poder ponerme al día con algunos papeles que habían sido relegados. Karen había salido a hacer algunos mandados y había planeado pasar después por la escuela de nuestros hijos donde a menudo hacía trabajo voluntario. Sin embargo, nuestros horarios de aquel día fueron destruidos con una simple llamada telefónica.

—Reggie, necesito que te sientes —me dijo Karen y le temblaba la voz por la emoción. De inmediato supe que algo horrible había sucedido—. Jon se quitó la vida hace algunas horas.

—¡Oh, no! —dije con dificultad para respirar—. ¿Cómo te enteraste?

—Cathy llamó a tu mamá y luego tu mamá me llamó a mí.

Se me hizo un nudo en el estómago y cerré los ojos para contener las lágrimas. Podía escuchar que Karen lloraba. Después de una pausa, me dijo lo que había sucedido.

«Cathy les había preparado el desayuno a Jon y a Jennifer. Cuando estuvo listo, llamó a los muchachos. Jennifer fue, pero Jon no. Ella lo llamó otra vez, pero tampoco obtuvo respuesta. Cathy fue al segundo piso a buscarlo, pero él no estaba ni en su dormitorio ni el baño. Buscó por todos lados en la casa, pero no lo pudo encontrar. Pensó que tal vez había salido para la escuela más temprano que de costumbre. Entonces fue cuando vio la caja de rosquillas todavía sobre la mesa. Se suponía que Jon las debería de haber llevado a la práctica de la banda de jazz aquella mañana y que se había olvidado. Así que Cathy tomó la caja y se dirigió hacia la puerta de entrada de la casa».

Mientras Karen hablaba, yo me imaginé la escena. Cathy y Mike hacía poco que se habían mudado a una nueva casa y aunque yo no la había visto, recordé que Cathy me había dicho que la puerta de la secundaria a la cual asistía Jon estaba al otro lado de la calle, directamente enfrente de la puerta de entrada de su casa.

«Era temprano, pero ella dijo que podía ver lo que aparentemente era una persona de pie a la entrada de la escuela. A medida que se acercaba, reconoció la chaqueta de Jon. Algo no parecía estar bien y él no se movía. Ella comenzó a correr y cuando llegó allí...».

Karen estaba llorando más fuerte. Y yo también.

—Jon estaba colgando de una cuerda. Se ahorcó.

—¿Y ella fue la que lo encontró?

—Ella gritó pidiendo ayuda. Un vecino la escuchó y llegó corriendo con un cuchillo de cocina. Juntos cortaron la cuerda, pero ya era demasiado tarde. ¡Ya había estado muerto por varias horas!

Mientras escuchaba los sollozos de Karen, en lo único que podía pensar era en los gemidos de una madre que yo había escuchado tantas veces en mi práctica. Me sentí enfermo al pensar que Cathy fue la que había encontrado a su hijo de esa forma. No fue difícil imaginarme sus gritos guturales mientras pedía que alguien la ayudara. Me corrieron escalofríos por la espalda mientras sentía su dolor y pánico.

—¿Cómo estaba mamá cuando hablaste con ella?

—Estaba terriblemente angustiada. Yo quise llamarte primero a ti antes de ir a la casa de ellos para chequear cómo están ella y tu papá.

Le dije a Karen que iba a cancelar todas las citas que tenía y que le iba a pedir a alguien que trabajara por mí.

—Empaca la camioneta y saldremos en cuanto llegue a casa.

✦ ✦ ✦

La última vez que había hablado personalmente con Jon y Jennifer había sido en la Navidad. Hacía poco que se habían mudado al este, a unas tres horas de viaje desde Muscatine, Iowa, a su nueva casa en Coal City, Illinois. Los dos niños extrañaban a sus amigos de su escuela anterior, pero según pensábamos, la mudanza había sido buena. Jennifer, de acuerdo con su personalidad, se había dedicado de lleno a sus nuevas actividades y estaba haciendo nuevas amistades. Por otro lado, Jon se había visto más pensativo y distante que nunca. Karen inclusive había tratado de hablar con Jon a solas, esperando poder conectarse con él, pero él no había tenido mucho que decir. En aquel momento lo consideramos como el comportamiento normal de un muchacho en octavo grado.

Durante las vacaciones, Jon había mencionado que estaba nadando en algunas competencias y que tocaba el trombón en la banda de su escuela. No se mostraba tan entusiasta en cuanto a sus actividades como Jennifer, pero eso era lo típico en cuanto a sus personalidades. También nos habló de su nueva tropa en los Boy Scouts y la experiencia de ir a acampar solo en poco tiempo. Tenía sentimientos encontrados en cuanto a ese viaje, ya que sonaba entusiasmado pero también un poco temeroso. En aquel tiempo, esa parecía una reacción normal. Yo sospechaba que la mayor parte de los muchachos de su edad se sentiría de esa forma.

Ahora yo sufría por Jon y pensé en lo que debió haber experimentado emocionalmente en los días y las horas antes de quitarse la vida. Me devané el cerebro tratando de recordar alguna otra cosa. *¿Se me escapó algo? ¿Estaba deprimido durante la Navidad? ¿Hubo algo que yo pudiera haber hecho para prevenir esto?* Me sentí responsable. Era médico. Retrospectivamente, era obvio que algo había estado mal y sentí que yo debería de haberme percatado.

En mi interior, sufría profundamente cuando pensaba en lo que estaban sufriendo Cathy y Mike. No tenía ni idea sobre qué decirles ni hacer para aliviar su dolor. En realidad nunca habíamos hablado de dónde estaban ellos espiritualmente, pero ahora ese fue mi primer pensamiento. Recordé cómo el dolor del asesinato de la familia Alday había hecho que me alejara de Dios. Yo había tenido muchas preguntas acerca de quién era Dios y cómo Dios había permitido que sucediera algo tan terrible. No obstante, después de haber visto a la familia Alday tan feliz, no tuve duda alguna de que Dios era real y que era bueno. Otras preguntas, tales como por qué tuvo que suceder eso así, me parecían sin importancia. O, por lo menos, yo podía esperar por las respuestas hasta que estuviera en el cielo para siempre.

Sin embargo, ahora, el fantasma de esas preguntas de *¿por qué?*

volvían a aparecer. *¿Por qué Jon? ¿Por qué ahora? ¿Por qué Dios permitiría esto? ¿Por qué tuvo que ser Cathy la que lo encontrara?* Yo sabía que Mike y Cathy estarían formulándose las mismas preguntas.

✦ ✦ ✦

Mis padres, Karen y yo viajamos sin parar en ningún lado, y cuando llegamos a Coal City, Cathy nos recibió en la puerta. Lloramos mientras la abrazábamos. Nuestro dolor pareció fundirse en una herida abierta y masiva que compartíamos.

Durante las siguientes horas nos enteramos de que aparentemente Jon había salido furtivamente de la casa después de la medianoche. Dejó dos notas acerca de su suicidio. Una de ellas estaba cerca de una vela encendida, que se encontró cerca de la puerta del liceo. En parte decía: «La llama delante de mi cadáver representa a todas las personas que han sido acosadas. Mantengan mi cadáver aquí, para que todos sepan que las presiones que ejercen los compañeros y el acosamiento son cosas enormes».

Cathy y Mike buscaron respuestas del por qué le había sucedido eso a su sonriente hijo de cabello castaño. Cuando salieron a la luz los rumores de que Jon había estado siendo acosado por sus compañeros, pareció ser la respuesta a las preguntas de todos acerca de por qué Jon se quitó la vida. Encontraron una segunda nota en su dormitorio. En esa nota él pedía que su cuerpo fuera cremado y que las cenizas se esparcieran en el Golfo de México, donde él y su padre habían ido a pescar algunos años antes.

El servicio funerario fue cuatro días después en la First United Methodist Church y la música estuvo a cargo de la banda de la escuela de Jon. Los miembros de la banda tuvieron que aprender con mucha rapidez música nueva, puesto que los himnos que se cantan en los funerales no eran parte del repertorio de aquel año, pero los tristes alumnos hicieron lo mejor que pudieron. Los que estaban en el santuario no pudieron dejar de notar que faltaba el que tocaba el trombón, quien ahora yacía frente a ellos. En lugar de firmar su libro anual del colegio, sus compañeros de clase tomaron marcadores negros e inscribieron sus pensamientos, sus recuerdos y sus oraciones en el ataúd blanco y brillante de Jon.

Después del funeral, el cuerpo de Jon fue cremado.

Durante los siguientes días, Cathy y Mike llegaron a la conclusión de que Jon había estado deprimido y contemplando suicidarse por largo tiempo. Encontraron una tercera nota en su dormitorio que había sido escrita unos meses antes. En ella escribió: «Hago esto porque mi vida no está yendo como yo quiero. Todo parece estar mal en mi vida».

Un segundo servicio se realizó en el sur del estado de Georgia, donde la mitad de sus cenizas se enterró en una urna en un lugar del cementerio que le pertenecía a la familia y que jamás se pensó fuera a contener las cenizas de un muchacho de catorce años de edad. La otra mitad de las cenizas fue esparcida en el Golfo de México, tal como él había pedido en su nota.

✦ ✦ ✦

Mi padre se sintió responsable.

Una vez que estuvimos solos en Coal City, Karen me dijo que cuando ella fue a la casa de mis padres el día del suicidio de Jon, mi padre estaba cortando el césped. Eso no me sorprendió. Papá no era muy bueno en cuanto a expresar sus emociones. Después de noticias trágicas y, de hecho, cada vez que algo lo molestaba, a él le gustaba hacer alguna actividad que requiriera esfuerzo físico. Mi padre también era una persona muy práctica; quería estar seguro de que el césped estuviera cortado antes de salir para el funeral.

—Estaba llorando —me dijo Karen y eso me preocupó. Muy pocas veces yo había visto llorar a mi padre—. Cree que *él* tiene la culpa de la muerte de Jon.

—¿Por qué pensaría eso? Ni siquiera tiene sentido.

—Eso es lo que yo le dije, pero él me mencionó a tu bisabuelo.

Después de haber regresado de pelear en la Primera Guerra Mundial, mi bisabuelo nunca fue el mismo. Parecía que no pensaba bien y todos sabían que tenía problemas. Finalmente se pegó un tiro.

—¡Pero eso fue hace más de ochenta años!

—También mencionó a su sobrino.

Yo no había pensado en ese primo mío por algún tiempo. Mientras crecía, él había sentido la presión de tener un padre que sobresalía en todo y él no estaba seguro de poder vivir de acuerdo con las expectativas de su padre. Mi primo luchó para poder terminar sus estudios universitarios y cuando se enteró de que no iba a poder graduarse junto con su clase, se pegó un tiro.

—Tu padre cree que la historia de suicidios que hay en su lado de la familia es lo que causó la muerte de Jon. Tu madre y yo hemos tratado de asegurarle que eso no es verdad, pero Reggie, no recuerdo haber visto nunca tan triste a tu padre.

—Hablaré con él —le dije a Karen.

Como médico, yo sabía que había estudios que revelaban que hay una predisposición genética a la depresión, la cual potencialmente podría llevar al suicidio, al igual que hay una predisposición genética a enfermedades del corazón o a la diabetes. No obstante, aun con una historia familiar de enfermedades al corazón, hay cosas que un paciente puede hacer para aumentar o disminuir las probabilidades de morir de esa enfermedad o de sus complicaciones. Por ejemplo, fumar, llevar una vida sedentaria o comer una dieta inapropiada pueden influenciar la celeridad o la severidad de la progresión de una enfermedad al corazón. Los pacientes que hacen ejercicio, comen comidas saludables y no fuman pueden reducir en forma dramática el riesgo de una enfermedad al corazón.

De la misma forma, aun si alguien tiene predisposición a la depresión, los factores del medio ambiente pueden aumentar o reducir las probabilidades de que una persona depresiva se quite la vida. Una historia familiar de depresión, o inclusive de suicidios, no determina lo que hará un individuo; lo que lo determina son sus elecciones.

La muerte de Jon fue un hecho triste que no teníamos el poder de cambiar, pero yo ya estaba comenzando a entender cómo una tragedia así puede afectar a toda una familia. Mi padre no era responsable por la muerte de Jon, como tampoco lo era yo. Sin embargo, los dos habíamos llegado a la misma conclusión desde distintas direcciones. Sabíamos que si éramos responsables, podíamos hacer algo para arreglar el problema. Así como se arregla una filtración de agua. Si podíamos entender cómo llegó Jon a ese punto, podríamos prevenir que eso sucediera de nuevo. Yo sabía que Cathy y Mike estarían lidiando con las mismas interrogantes inútiles.

Jon ya había muerto, pero las pérdidas recién estaban comenzando a acumularse.

✦ ✦ ✦

Aunque el suicidio de Jon fue el más personal que yo hubiera sufrido, no era el primero o, tristemente, el último que vería como médico o como amigo. Todo el mundo tiene una conexión con el suicidio; ya sea que hayan conocido a alguien que se quitó la vida o conocen a alguien que ha perdido a un ser querido por suicidio. La mayor parte de los suicidios con los que yo había tenido contacto había sido de hombres que se mataron de un tiro. Las mujeres por lo general tomaban drogas en exceso y cuando se las atendía a tiempo, se les podía vaciar el contenido del estómago para salvarlas. Mientras yo trabajaba en ellas, siempre sentía la presencia de Dios en la sala de emergencias, así que sabía que Dios había estado con ellas, aun cuando habían tratado de quitarse la vida. No obstante, más tarde atendí un caso que me probó que Dios no solamente estaba allí, sino que estaba allí en forma activa.

George no solo era un hombre malo, sino que era una persona muy dura. Había entrado y salido de la sala de emergencias muchas veces, a menudo por cortaduras que había recibido en peleas en los bares. Alguien lo traía y lo dejaba en el piso de la sala de emergencias, y él estaba demasiado intoxicado como para saber qué había pasado, pero nosotros sí lo sabíamos. El olor a bebidas alcohólicas y la sensación del mal eran muy fuertes en la sala en la que él estaba. Yo sabía que algún día George moriría en una pelea y oraba para no ser yo el que lo tuviera que pronunciar muerto. Cuando él pasara al otro lado, yo no quería tener que enfrentar el olor a azufre o tener que ver el abismo negro.

Una noche, George terminó en la sala de emergencias de nuevo. No fue un amigo el que lo trajo, sino un técnico de emergencias. Esta vez, sus heridas eran serias; tenía un tiro en la cabeza. Encontramos una nota en su cuerpo que decía que era una herida que se había hecho él mismo. Lo estabilizamos y llamamos al centro de traumas en Nashville. Yo oré por su alma mientras lo poníamos en la ambulancia. La bala le había hecho volar la parte derecha de la sien y tenía flácida la parte izquierda del cuerpo. Escuchamos que estaba desesperado y que no quería continuar más con su despreciable vida. Estaba cansado de luchar contra el dolor.

En Nashville, el equipo de traumas lo trató y lo admitió para tenerlo bajo observación. Parecía que su familia se sentía aliviada de no tenerlo cerca.

No obstante, George sobrevivió.

Unas pocas semanas después, la unidad de rehabilitación me llamó por teléfono para revisar las instrucciones cuando le dieran de alta y para hacer una cita para la semana siguiente. Yo no estaba muy entusiasmado con eso, pero tan pronto como su hermano lo trajo empujando la silla de ruedas, noté la diferencia. Aunque tenía la cara distorsionada y la boca torcida como resultado de sus heridas, George tenía una sonrisa que iluminó la sala. Le di la mano y sentí que me la apretaba con fuerza. De todas formas, su recuperación física había sido notable, pero su recuperación espiritual fue realmente un milagro.

«Sentí que algo sucedía aquella noche después de que me pegué el tiro —me dijo—. Supe que era el Señor».

Yo estaba muy sorprendido. Ese hombre nunca había dicho el nombre de Dios antes, a menos que lo usara para maldecir. Sin embargo, él me dijo que mientras estaba en estado de coma, Jesús lo había visitado y que cuando despertó era un hombre cambiado. Se recuperó lo suficiente como para caminar con un bastón y tenía una nueva perspectiva de la vida. Hace unos pocos meses, George dijo: «Dios me trajo aquí por una razón»; luego me dijo que estaba trabajando con la organización Alcohólicos Anónimos y con un grupo de hombres que viven en la calle. Dios lo había sacado del abismo, aun después de que George se había pegado un tiro.

No creo que el suicidio sea la elección de Dios, pero a veces él permite que el velo se rasgue de este lado para admitir a un alma desesperada en el cielo antes de lo planeado. A veces, como en el caso de George, Dios envía a la gente de vuelta a la tierra para que arreglen las cosas aquí, antes de que se les permita entrar. De cualquier forma, yo creo que Dios le habla al oído a cada persona desesperada que considera quitarse la vida, pero la depresión puede disminuir la habilidad de escuchar esa esperanza.

A pesar de lo que algunas denominaciones y tradiciones religiosas enseñan, como médico, yo no creo que el suicidio sea un pecado que nos separe de Dios; es una causa de muerte que resulta de una enfermedad. Tal como las enfermedades al corazón o la diabetes pueden ser mortales, también lo puede ser la depresión.

Los amigos y los familiares no deberían temer de no volver a ver a su ser querido de nuevo. Si esa persona ya estaba aceptada en el cielo antes de decidir suicidarse, esa persona está en el cielo después de haberse suicidado. Dios es amor, ¿y a quiénes ama él más de lo que ama a los indefensos y a los que sufren?

Siento mucha esperanza cuando pienso en que Jon es feliz en el cielo, especialmente después de saber que era una persona muy triste aquí en la tierra.

✦ ✦ ✦

Desafortunadamente, cuando las almas que sufren cruzan al otro mundo, dejan su dolor aquí y ese dolor es parte de todos los que más amaban a la persona.

Yo sabía que Cathy tenía una carga especial. Ella fue la que encontró a Jon, y estoy seguro de que por un tiempo, todo pensamiento acerca de su hijo debe de haber estado empañado con las terribles imágenes del cuerpo de Jon colgando de la cuerda. Sin embargo, ella se apoyó en su fe y Dios la ayudó, dándole fuerzas cuando más las necesitaba. Cathy usó su dolor para ayudar a otras personas. Aprendió más acerca de las causas del suicidio y de la depresión, y conoció a otras personas en Internet que también habían perdido a seres amados aquejados por esa terrible enfermedad.

Finalmente, Cathy usó sus conocimientos y su experiencia y comenzó a hablar en la localidad para advertirles a otras personas de los peligros ocultos que existen en el acosamiento. Yo sabía que no era fácil, pero estoy muy orgulloso de ella por la forma en que usó su dolor y sufrimiento personales en algo que ayudaría a otras personas.

No obstante, yo estaba preocupado por Mike.

A menudo a los hombres les cuesta más procesar sus emociones, y cada vez que nos reuníamos con toda la familia, me daba cuenta del dolor en los ojos de Mike y del peso que llevaba sobre sus encorvados hombros. Él comenzó a apartarse de la gente en general, y de nosotros; se iba a algún lugar apartado, o salía a caminar solo. A menudo se veía distante, perdido en sus propios pensamientos y retirado de los demás. Mike también dejó de asistir a la iglesia.

Varias veces me senté a su lado para tratar de juzgar el nivel de su depresión. El suicidio es contagioso, y a menudo, un suicidio es seguido por otro de alguien cercano. Mi preocupación era que Mike se pudiera estar culpando a sí mismo y cargara con un sentimiento de culpa que lo abrumara.

Yo reconocí ese patrón de aislamiento. Era similar a la forma en que yo había reaccionado ante la muerte de la familia Alday. No podía ni imaginarme cuánto más intenso podría ser ese dolor cuando la persona que había muerto de forma tan absurda era su único *hijo*.

Yo sentía temor por Mike, por su familia y por todos nosotros. En verdad creía que el maligno estaba tratando de lograr que mi cuñado se desesperara y no estaba seguro de que Mike pudiera encontrar un camino de salida. Todos estábamos muy preocupados y orábamos a diario pidiéndole a Dios que lo protegiera.

También sabíamos que Cathy y Jennifer no podrían soportar perderlo también a él.

Capítulo 27
CUANDO EL VELO ES LEVANTADO

✦

Era la última semana del mes de septiembre, pero el tiempo todavía estaba bastante caluroso. Estaba ocupado atendiendo pacientes en mi consultorio cuando recibí una llamada telefónica del personal del servicio de emergencias médicas. En realidad, eso no era algo inusual. Como uno de los médicos encargados de investigar las muertes violentas del condado, si algo anormal sucedía en ese campo, el personal del servicio debía llamarme. Para aquella época, yo había estado practicando la medicina en Ashland City por más de veinte años. Creía que había visto y escuchado de todo, pero estaba equivocado.

—Necesito reportar una negación de transporte —me dijo el técnico de emergencias.

—Está bien, ¿me puede decir qué sucedió?

—Mientras manejaba alrededor de una curva, una enfermera vio cuando un hombre anciano se caía de un árbol. Ella se detuvo, llamó a la ambulancia y esperó hasta que llegáramos. El hombre todavía estaba en el suelo cuando llegamos. Estaba sudando y tenía algunos rasguños en sus brazos, pero no vimos ninguna evidencia de que tuviera huesos rotos. El hombre rehusó que lo tratáramos y que lo transportáramos.

Siempre había uno o dos pacientes que se negaban a ser tratados por el personal de la ambulancia o a ser transportados a la sala de emergencias. Cuando eso sucedía, yo anotaba los detalles en un registro, por si se presentaba alguna pregunta más tarde. En este caso, no había heridas visibles y la transpiración del hombre probablemente había sido causada por el calor. No parecía haber ninguna otra cosa que pudiera causar preocupación.

—Está bien, gracias. Lo voy a anotar en el registro. ¿Cuál es la dirección?

—Ese es el asunto. Nosotros fuimos llamados a su casa. El hombre que se cayó es *su padre.*

¿Mi padre? ¿Qué estaba haciendo en un árbol? Una docena de pensamientos me bombardearon la mente. Yo sabía que Karen no estaba en casa, *Pero ¿dónde estaba mi mamá? ¿Por qué no estaba ella con él? ¿Qué es lo que está pasando?*

Me di cuenta de que el técnico todavía estaba en el teléfono.

—¿Dónde está él ahora?

—No estoy seguro; se fue conduciendo su automóvil con su mamá.

✦ ✦ ✦

A mi papá siempre le ha gustado mantenerse ocupado y cuando no encontraba nada que hacer en su casa, él caminaba hasta la nuestra y buscaba cosas que hacer allí. Recientemente había mucho que hacer; estábamos arreglando el jardín y la casa para una boda.

¡Ashley se iba a casar!

Mi segunda hija, Ashley, fue la primera en enamorarse y en comprometerse. Ella conoció a Ciarán McCarthy mientras asistía a la American Musical and Dramatic Academy en la Ciudad de Nueva York, donde ambos estudiaban teatro musical. Ciarán había nacido en Irlanda, pero se había criado en Canadá. Era un jugador de fútbol fantástico y tenía la esperanza de poder jugar profesionalmente, hasta que una herida terminó con su carrera. Su plan B fue asistir a la universidad de maestros en Canadá. Aunque tenía las notas para entrar a la institución de estudios que quisiera, en esa universidad no lo aceptaron. Eso hizo que pusiera en tela de juicio el llamado de Dios para su vida. ¿Tenía Dios otro plan para él quizás?

Un día su padre le dijo: «Hijo, despierta. A ti siempre te ha gustado el teatro musical. ¿Por qué no te mudas a la Ciudad de Nueva York y sigues tu corazón?». Así que Ciarán decidió hacer eso. Sucede que él no solo siguió su corazón y fue a Nueva York, sino que una vez allí conoció a la joven que le robó el corazón. Cuando visitamos a Ashley en esa institución de estudios, sospechamos que ellos eran más que amigos. Ciarán lo confirmó el día que nos pidió a Karen y a mí la mano de nuestra hija en matrimonio. Nosotros dijimos que sí.

Para entonces toda nuestra familia quería mucho a Ciarán. Él se había graduado en historia, por lo que él y Kristen, mi hija mayor, a menudo trataban sobre el tema. A mi hijo, David, le encantaba el hecho de que Ciarán era un buen jugador de fútbol, y puesto que era bailarín, también tenía algo en común con Julia, nuestra hija menor.

Ciarán quería sorprender a Ashley proponiéndole matrimonio en la playa y decidió hacerlo en un viaje familiar que íbamos a hacer. Nos íbamos a ir de vacaciones junto con la familia Chapman; visitaríamos Disney World en Florida y pasaríamos unos días en Vero Beach. Ciarán estaba muy entusiasmado y pensaba que no podría esperar tanto tiempo para pedirle a Ashley que se casara con él.

Ya estábamos en Disney World cuando Mary Beth Chapman se enteró del asunto y con rapidez decidió resolverlo.

Ella hizo arreglos con el gerente del Castillo de la Cenicienta para que cerrara la entrada un poco antes de la medianoche, dejando entrar solamente a Ashley y a Ciarán después de haber cerrado. Karen y yo, junto a Mary Beth y a Steven, ya estábamos ubicados en la escalera, casi alocados con anticipación y alegría. Un poco antes de la medianoche, mientras nosotros estábamos ocultos por las sombras, vimos que Ciarán, que estaba un poco nervioso, entraba con Ashley. Ella parecía un poco confundida con la explicación de Ciarán de por qué la estaba llevando al Castillo de la Cenicienta a la medianoche.

Entonces Ciarán dejó de hablar sin terminar la frase. Puso una rodilla en el suelo y le pidió que se casara con él, diciéndole que sabía que ella era la mujer que Dios había elegido para él.

Los adultos en la escalera se reían y derramaban lágrimas de gozo. Para mí, fue otra brisa de felicidad que venía del cielo mientras observaba a la primera de todos mis hijos comprometerse en matrimonio. Ashley estaba llevando a cabo el plan de Dios para su vida. Sobrecogido por la bendición que son mis hijos y por el pensamiento de que ellos también algún día van a tener hijos, no pude contener las lágrimas.

La boda de la bella dama sureña y el inmigrante de Irlanda se realizaría el 7 de octubre de 2006.

✦ ✦ ✦

A menos de una semana del día de la boda, muchos preparativos estaban teniendo lugar en la granja. La noche anterior, papá y yo habíamos estado hablando de la enorme carpa blanca que nos iban a traer y que sería colocada sobre el césped rodeado de árboles. Él me había mencionado que tendríamos que cortar algunas de las ramas bajas que sobresalían demasiado.

«Deberíamos cortar esas ramas, para que si los niños juegan aquí, no se lastimen con ellas».

Yo no le presté mucha atención a eso puesto que todavía había cientos de pequeños detalles que debíamos atender antes del gran día, pero ahora, después de haber terminado de hablar con el técnico de emergencias, me di cuenta de que *¡Eso era lo que papá estaba haciendo en el árbol!*

Llamé por teléfono a la casa de mis padres y mamá respondió.

—¿Dónde está papá? —le pregunté.

—Se está duchando.

—Me enteré de que se cayó de un árbol.

—Oh, no. Estaba cortando algunas ramas y se cayó de la escalera.

—Tal vez debería revisarlo.

—Dice que está bien. Me dijo que la señora fue muy amable al detenerse, pero que nunca debería de haber llamado a la ambulancia.

—Mamá, esa señora amable es *enfermera*. Pensó que la caída parecía lo suficientemente seria como para llevarlo al hospital. Escucha, tan pronto como salga de la ducha, debes traerlo a mi oficina.

Por fortuna, a menudo mis padres me pedían consejo, y a veces, hasta hacían lo que yo les decía.

Treinta minutos más tarde, los escuché entrar por la puerta de atrás de mi consultorio. Llevé a mi padre a uno de los cuartos donde examino a mis pacientes y cerré la puerta. Mi primera pregunta fue la de un hijo a su padre:

—¿Estás bien?

—Estoy bien. No sé qué me pasó. Estaba cortando algunas de las ramas más bajas y de pronto, me di cuenta de que estaba en el suelo.

Mis siguientes preguntas fueron las de un doctor a su paciente.

—¿Tienes dolor en el pecho? ¿Tienes dificultad para respirar? ¿Te duele algo?

Algo parecía estar mal. Revisé los signos vitales y noté que su presión y su pulso estaban un poco altos, pero nada para preocuparse demasiado. «Te vamos a hacer un electrocardiograma —le dije—. Quiero estar seguro de que todo está bien».

Una vez más, Dios me había dado la sensación de que algo estaba mal, a pesar del hecho de que no había evidencia médica que así lo indicara. Me sentí agradecido de haber seguido lo que sentí que era de Dios. El electrocardiograma reveló un infarto agudo al miocardio inferior. ¡A mi padre le estaba dando un ataque al corazón en mi consultorio!

«Papá, no quiero alarmarte, pero te está dando un ataque al corazón. Voy a hacer algunas llamadas y vamos a tener que decidir cuál es el siguiente paso».

Salí de allí y llamé al doctor Sykes, un cardiólogo amigo mío. Su hijo jugaba al básquetbol con David, mi hijo, así que mi padre también lo conocía. Le dije lo que había visto en el electrocardiograma y también que mi padre se había negado antes a que lo trataran, y que tal vez lo hiciera de nuevo.

El doctor Sykes me dijo: «Debe venir a la sala hemodinámica.

Si no lo hace...». Entendí exactamente lo que me estaba diciendo y estuve de acuerdo. Teníamos que enviar a mi padre al hospital en Nashville para que el doctor Sykes lo pudiera tratar de inmediato.

Lo difícil sería convencer a papá para que fuera.

✦ ✦ ✦

Ningún hijo quiere pensar en que su padre se puede morir y yo no era diferente. Aunque había tenido vistazos del cielo y sabía lo que nos espera al otro lado, también sabía que mi experiencia no iba a disminuir el dolor de la pérdida a aquellos que quedamos de este lado. Me había gustado mucho tener a papá y a mamá cerca de nosotros, y creo que ellos disfrutaban mucho de estar cerca de los nietos, pero sabía que una de las razones por la cual papá se había mudado más cerca de nosotros era porque quería que alguien cuidara de mamá si él moría primero.

Unas pocas semanas antes habíamos viajado por la zona del campo. Me recordó las veces en que lo habíamos hecho juntos cuando yo era pequeño y mi padre era un maestro de agricultura que visitaba cada una de las granjas de sus alumnos.

—Me alegro de que nos hayamos mudado a Kingston Springs... —me dijo papá. Asumí que él estaba pensando sobre lo mismo que yo, hasta que terminó de decir lo que estaba pensando—: porque sé que la vas a cuidar. Tú serás su protector cuando yo ya no esté aquí.

En aquel momento, le respondí con algo trillado, como:

—Por supuesto que la voy a cuidar.

Pensando en aquel momento, me pregunto si papá habría sentido algo que yo no sentí. Si era así, yo esperaba que él se resistiera a cualquier tipo de tratamiento que pudiera salvar su vida. Papá sabía adónde iría cuando dejara este mundo y al igual que yo, él anhelaba ver a Jesús en el cielo. Él no quería que se usaran medidas extremas para mantenerlo vivo, pero yo no estaba seguro de qué era lo que él consideraba extremo. ¿Pensaba él que destapar una obstrucción en su corazón seis días antes del casamiento de su nieta era una medida extrema?

✦ ✦ ✦

Después de terminar de hablar con el doctor Sykes, decidí que la mejor manera de manejar el asunto era decirle a mi padre lo que sucedería a continuación y no dejarle opción. Luego lidiaría con sus protestas. Respiré profundamente y caminé hacia el cuarto donde lo había examinado, y donde él y mi madre me estaban esperando.

—Acabo de hablar con el doctor Sykes y te enviaremos a Nashville para que te revisen en la sala hemodinámica. ¿Y recuerdas la ambulancia que rehusaste a que te transportara? Bueno, esa es la ambulancia que te va a llevar allá.

Me miró fijamente a los ojos y yo sostuve su mirada. Él sabía que yo hablaba en serio.

Para sorpresa mía, él estuvo de acuerdo.

—Está bien. ¿Puedes llevar a tu mamá? —me preguntó.

Le dije que sí y papá salió para Nashville en una ambulancia. Nosotros la seguimos.

En la sala hemodinámica, el doctor Sykes encontró la obstrucción y le colocó un estent esa misma tarde. Papá fue internado en el hospital para mantenerlo en observación por dos días. Todo salió muy bien y le dieron de alta a tiempo para asistir a la boda de Ashley.

Aquella bella noche del mes de octubre, celebramos con todos la unión de los corazones de Ciarán y de Ashley en matrimonio, y yo también celebré la recuperación del corazón de mi padre.

✦ ✦ ✦

Ciarán no sería el único irlandés en nuestra familia.

Cuando nuestra hija mayor, Kristen, cursaba su último año en la University of Alabama, viajó a Irlanda del Norte para trabajar como voluntaria en el grupo de jóvenes de una iglesia del lugar. Como su especialidad era el teatro, la pusieron a cargo de las representaciones teatrales. David Kernaghan, un muchacho de Newcastle, Irlanda del Norte, estaba a cargo de la música. Ellos trabajaron juntos y descubrieron que compartían el mismo sueño de servir a Dios sirviendo a otras personas. Cuando Kristen decidió repentinamente mudarse a Belfast para asistir a un instituto bíblico, no hubo duda alguna en nuestra mente que, además de estudiar la Biblia, ella también planeaba estudiar si David era o no el esposo que Dios tenía planeado para ella.

Nueve meses después de que Ashley se casó con Ciarán en nuestro jardín color esmeralda, Kristen y David se casaron en la Isla Esmeralda. Aunque yo compartía la felicidad de mi primogénita en esa tierra novelesca de castillos, iglesias y ovejas, también me preocupaba por las tensiones locales que con tanta frecuencia aparecían en las noticias. Sin embargo, una vez más, Dios me mostró que mis preocupaciones eran tan poco pertinentes como mi discurso sobre no hacer trineos usando los capós de los automóviles.

El día después de la boda, estábamos sentados en el aeropuerto orando, pidiéndole a Dios que los problemas políticos de Irlanda se resolvieran y que Irlanda del Norte fuera un lugar seguro para mi hija y su esposo.

Unas pocas horas más tarde, el gobierno británico anunció que estaba sacando cuarenta mil soldados de Irlanda del Norte, marcando el fin de treinta y ocho años de haber tenido soldados en ese lugar. Fue un acontecimiento tranquilo en el proceso de la paz.

Para mí, fue otro recordatorio de lo grande que es Dios. Ya sea que mis hijos estuvieran en Belfast, Los Ángeles o Franklin, Tennessee, no tenía de qué preocuparme. Sin importar dónde estuvieran, Dios estaba en control.

+ + +

A través de los años, había notado que a medida que mis pacientes se acercaban más al velo, todo se hacía menos separado y más transparente. Cuando estaba con ellos, podía ver colores que eran más brillantes, sentía cambios más pronunciados en la temperatura y aspiraba fragancias que parecían más livianas que el aire. Era como si yo estuviera experimentando lo que ellos estaban experimentando. Me recordaba cuando había mirado a Ashley y a Kristen a los ojos, después de levantarles el velo de novia, y había visto una expresión de gozo en sus ojos. Cuando nos estamos acercando al velo «real», podemos ver a través de él cosas que no podemos ver desde lejos, y por cierto que cuando el velo se parte, tenemos una visión mejor del gozo que nos espera del otro lado.

En la boda de Kristen hubo tres momentos especiales que fueron eco de la boda de Ashley y que esperaba se repitieran algún día cuando Julia, nuestra hija menor, se casara.

El primero fue levantar el velo que cubría el rostro de mis hijas al llegar al altar. Cuando Cristo murió en la cruz, el velo del templo se rasgó en dos, anulando la separación que había existido entre el hombre y Dios. El matrimonio de dos creyentes es una metáfora de la unión entre Cristo y su novia, que es la iglesia. Levantar el velo del rostro de una novia en una boda también es un ejemplo físico de cómo al esposo y a la esposa se les da libre acceso el uno a la otra en el matrimonio, al igual que quitar el velo entre este mundo y el siguiente nos da libre y completo acceso al cielo.

El segundo momento fue cuando Steven Curtis Chapman cantó la canción «Cinderella [Cenicienta]» para el baile del padre con su hija. Era una canción personal escrita por Steven, inspirado por sus propias hijas. De hecho, durante algunos años, la familia Chapman había estado muy ocupada agrandando su familia por medio de adopciones. Además de Emily, Caleb y Will, ellos habían agregado a su familia tres niñitas nacidas en China: Shaoey, Stevey Joy y Maria. Esas tres niñas no solo se unieron a la familia Chapman, sino que también se unieron a nuestra familia.

La canción «Cinderella» fue inspirada por las dos hijas menores, Stevey Joy y Maria. Una noche, mientras estaba acostando a las niñas con rapidez para poder volver a su estudio, Steven pensó en Emily, su hija mayor, que pronto se iba a casar, y se lamentó de no haber podido arroparla con más frecuencia. Aquella noche, decidido a no perderse otro momento con sus hijas, escribió la canción «Cinderella». Escucharlo cuando la cantó en la boda de mis hijas fue un recuerdo conmovedor de que yo también me había perdido algunos de esos momentos.

El tercer momento especial para mí fue cuando el DJ pidió que todas las parejas casadas pasaran adelante para un «baile de aniversario». Mientras la música sonaba, él les indicaba a las parejas que se sentaran según los años que habían estado casadas.

«Si han estado casados menos de cinco años, por favor, siéntense».

Unos pocos minutos después dijo: «Si han estado casados menos de diez años, por favor, siéntese». Él continuó así hasta que solo unas pocas parejas quedaron en la pista de baile.

El casamiento de Ashley fue tan próximo al ataque al corazón que sufrió mi padre que me conmovió mucho ver a mi padre y a mi madre bailar juntos. Mientras los observaba en la pista de baile, le di gracias a Dios por haberle permitido a mi padre estar en este mundo el tiempo suficiente como para ver el matrimonio de Ashley. Fue una de las últimas parejas que dejó la pista de baile y se veían muy felices.

Sin embargo, Cathy y Mike no se sentían felices. Mike permaneció afuera, lejos de los demás invitados a la boda. Era obvio que no estaba listo para celebrar. Cathy trató de darnos excusas, pero no eran necesarias; todos sabíamos que él estaba sufriendo. Tres meses después, durante la Navidad, todavía podíamos ver el dolor en sus ojos.

El siguiente mes de julio se casó Kristen. Mike y Cathy no asistieron a la boda porque se realizó en Irlanda, pero mamá y papá sí asistieron. Una vez más, le di gracias a Dios por la bendición que eran mis padres. Después de más de cincuenta años de casados, papá y mamá fueron la última pareja que salió de la pista de baile.

Capítulo 28
¿POR QUÉ PERMITIRÍA DIOS QUE SUCEDIERA ESTO?

✦

Después de haber adoptado a sus tres hijas menores, Dios comenzó a usar a la familia Chapman de manera especial para que la gente les prestara más atención a los huérfanos en China y alrededor del mundo. Los Chapman tenían planes de construir un centro para cuidar a niños huérfanos en China y ya estaban traspasando las barreras políticas para facilitar adopciones y que más niños pudieran ser rescatados. El trabajo de la familia Chapman estaba cambiando vidas, tanto para los huérfanos que soñaban con encontrar familias para el resto de sus vidas, como para los matrimonios que ansiaban adoptar niños. Nosotros nos sentíamos muy orgullosos del trabajo que los Chapman estaban haciendo a nivel global.

Cerca de nuestra casa y de nuestro corazón, comenzamos a amar mucho a las nuevas adiciones de la familia Chapman: Shaoey, Stevey Joy y Maria. A menudo cuidábamos a las niñas cuando se requería, o cuando Mary Beth necesitaba un par de manos extra. Las niñas nos permitían practicar ser abuelos y nos enseñaban lo último en cuanto a la tecnología más reciente de los juguetes, manteniéndonos a todos jóvenes.

Shaoey era unos tres años mayor que Stevey Joy, quien era solo siete meses mayor que Maria. Las dos niñas menores siempre jugaban juntas e inclusive usaban ropa similar, excepto cuando se trataba de jugar a ser personas mayores. Stevey Joy prefería vestidos de gala, mientras que Maria prefería vestirse como una cantante del *rock and roll*. Aunque Maria era la menor, ella era la que hablaba más alto y la más extrovertida. Su cuerpo era pequeño, pero su espíritu y su voz llenaban el lugar en que estaba.

Un día, cuando llegué a casa del trabajo, escuché chillidos de alegría y aspiré el aroma de galletitas con trocitos de chocolate que recién habían salido del horno. Entré a la cocina y vi a Stevey Joy y a Shaoey con rastros de chocolate en la cara, sentadas delante de un plato de galletitas a medio comer. Karen estaba de pie cerca del mostrador y sostenía a una pequeña chinita desnuda en el fregadero de la cocina.

Maria soltó risitas en cuanto me vio.

—¿Qué pasa, niñas? —les pregunté pensando que tal vez Maria se había ensuciado mucho con las galletitas. Las dos niñas mayores trataron de responderme con la boca llena, pero no pude entender lo que decían.

Finalmente Karen habló.

—Hicimos galletitas, y Shaoey y Stevey Joy quisieron probarlas. Maria quiso "ayudar" a lavar los platos —Karen señaló una pequeña pila de ropa rosada y blanca en el piso—, así que ¡se alistó para subirse al fregadero y ayudarme!

A menudo habíamos visto a Maria cuando «ayudaba» a lavar los platos en su hogar y yo sabía que ella prefería hacerlo desnuda. Ahora supe por qué. Para ella, ¡eso era algo divertido! Pasaba agua de una taza a otra, tomaba en sus manos las burbujas de jabón y las soplaba al aire y después salpicaba el agua con las manos. En el proceso, la pobre Karen quedó empapada. Ella había sido bautizada con el jabón líquido de lavar los platos en la «iglesia de diversión» de Maria. No estoy seguro de si los platos *se lavaron*, pero era obvio que tanto Maria como Karen tenían que *secarse*.

Las niñas eran como nietas para Karen y para mí, y hermanitas pequeñas para nuestros hijos. Nuestro amor por estas bellezas de cabello negro aumentó a través de los años.

✦ ✦ ✦

El profundo dolor de Mike continuaba y lo mismo sucedía con nuestra preocupación por su seguridad. Unos dos años después de la muerte de Jon, su trabajo en Coal City terminó, y él y Cathy estaban planeando mudarse al estado de Nueva York para su próximo contrato. Ese sería un cambio crítico para ellos porque estarían dejando a los amigos que los habían apoyado a través del choque inicial y luego a través de su dolor constante durante los días y meses que siguieron a la tragedia.

La comunidad de Coal City entendía todo lo que habían pasado. Mike y Cathy no tenían que explicar cómo se sentían o fingir que tenían un día bueno cuando en realidad no era así. Mudarse a un lugar nuevo significaba comenzar con otros amigos y tener que repetir su historia una y otra vez. Una pregunta tan simple como: «¿Cuántos hijos tienen?» tenía el potencial de desencadenar mucho dolor. Dejar a las personas que los entendían y apoyaban podría sumergirlos en más dolor. Yo me preocupaba de que el aislamiento de Mike avanzara y me preguntaba cuánto más podría soportar antes de quebrantarse.

Por otro lado, la mudanza tenía el potencial de generar un cambio positivo en su vida. Si se quedaban en Coal City, el recordatorio de la muerte de Jon estaba literalmente justo enfrente de la puerta de su casa. Cada vez que abrían la puerta, veían la entrada de la escuela donde Jon se había ahorcado. La escuela había colocado un monumento en memoria de Jon en el lugar, así que recordar la tragedia era inevitable. Yo esperaba que el alejarse de esos recuerdos constantes de la muerte de Jon los ayudaría a recordar la vida de él y a continuar adelante con su propia vida. Nada podría hacer desaparecer su pérdida jamás, pero tal vez una nueva ubicación los ayudaría a seguir adelante.

Para mí, la muerte de Jon y la subsiguiente depresión de Mike eran recuerdos dolorosos del período en tinieblas por el que yo había pasado después de la masacre de la familia Alday. ¿Por qué permitiría Dios que las cosas fueran tan malas para que un muchacho de octavo grado sintiera que no había otra salida que quitarse la vida? ¿Por qué le tuvo que pasar eso a Jon? ¿Por qué le tuvo que suceder a *cualquier* persona?

Yo creía que Dios era real y que Dios era bueno, y aunque su plan perfecto no fuera que Jon muriera de la forma en que murió, creía que Dios era lo suficientemente grande como para usar incluso la muerte prematura de un adolescente para su gloria. El problema era que yo no entendía cómo. Sin respuestas apropiadas para las preguntas que surgían, yo las hacía a un lado y trataba de ser fuerte para todos los demás.

✦   ✦   ✦

Con mucho orgullo, Maria estaba sentada ante su pastel de cumpleaños con decoraciones de Tinker Bell. Las cinco velitas estaban encendidas y ella sonreía mientras esperaba que nosotros termináramos de cantarle «Cumpleaños feliz». Nadie sabía en realidad el día en que había nacido, pero cuatro años antes, cuando había llegado de China, se había elegido el 13 de mayo. Ahora ella decía que esa fecha era su cumpleaños. Esperó con paciencia hasta que terminamos de cantar, sopló para apagar las velitas y luego metió las dos manos en el pastel.

Maria se reía mientras apretaba el pastel entre sus dedos. Tenía una risita muy particular que era contagiosa. Se sentía feliz porque era su cumpleaños y nosotros también estábamos felices. Yo casi no podía esperar que ella terminara de comer su pastel para que abriera los regalos.

Julia, nuestra hija menor, era la que había elegido el regalo de Maria. Las chicas se habían compenetrado poco después de que Julia y Caleb se hicieron novios, y la relación de ellas se hizo cada vez más estrecha. Con rumores de una boda en el futuro, las dos bebés de las familias Chapman y Anderson sabían que un día iban a ser hermanas. Juntas compartían los sueños de la Cenicienta y secretos acerca de la boda que no compartían con los demás.

Maria rompió el papel de muchos colores de su regalo y chilló cuando vio las mariposas pintadas en la caja. A ella le encantaba todo lo que tenía alas, especialmente si eran mariposas y catarinas.

—Es una red para cazar mariposas y una jaula para ponerlas dentro —le explicó Julia—. Podemos cazar orugas y las puedes poner en esa especie de jaula hasta que se conviertan en mariposas, y entonces las podemos dejar volar.

—¿Me ayudarás? —le preguntó Maria y Julia le dijo que sí.

Era fácil ver que Maria estaba intrigada con la idea de capturar una oruga y cuidarla hasta que se transformara en una mariposa.

Tal vez Maria no entendía el proceso de metamorfosis por el cual una oruga llega a ser una mariposa, pero por cierto que entendía el cambio. Ella había visto a Emily irse de la casa para ir a la universidad y ahora su hermana mayor se iba a casar. Emily planeaba que sus tres hermanitas menores participaran en la ceremonia. Había elegido vestidos de seda muy brillantes (por supuesto que eran de China) y tenían bordados de mariposas. A Maria le encantaba pensar que iba a participar en la boda de Emily y podría transformarse a sí misma en una princesa de bodas.

Además de eso, Caleb se iba a graduar de la secundaria en unos pocos días, y había rumores que pronto él y Julia se comprometerían. Muchos cambios se avecinaban en la familia Chapman al año siguiente y yo lo sentía por Steven. Sabía bien la mezcla de emociones que llegan cuando una hija se va a casar. Ver lo feliz que estaba Emily hizo que Steven también se sintiera feliz. Como padres, nunca hubiéramos querido detener a nuestra hija de casarse con el hombre que Dios había elegido para ella. No obstante, la verdad es que cuando una hija se casa, también se experimenta un sentimiento de pérdida. Antes del gran día, me hice una nota mental de ayudar a mi amigo a prepararse para esos sentimientos.

✦　✦　✦

Había pasado una semana desde el cumpleaños de Maria y era un día en que estaba muy ocupado en mi consultorio. Karen y yo íbamos a viajar al día siguiente para visitar a Kristen y a David en

Irlanda, y yo estaba tratando de dejar las cosas en orden, puesto que íbamos a estar ausentes por más de una semana. Nuestros planes eran ir a cenar a la casa de la familia Chapman más tarde esa noche. Ellos esperaban finalizar algunos de los detalles de la boda de Emily y querían nuestra opinión sobre algunas cosas. Para ellos éramos los consultores de facto debido a nuestra experiencia con matrimonios, ya que habíamos casado a dos de nuestras hijas.

Unos días antes, esa misma semana, le había hecho a Steven lo que yo consideraba que era una oferta muy magnánima. Yo pagaría la bondad que él había demostrado en las bodas de mis dos hijas y le ofrecí cantar «Cinderella» en la boda de Emily. Él todavía no había aceptado esa oferta. *¿Tal vez la acepte esta noche?* Mientras trabajaba, me reí internamente con ese pensamiento y en secreto me dije que me hubiera gustado tener el don de cantar en público.

Durante todo el día tuve que atender a muchos pacientes y también organizar algunos de los preparativos para los diez días que iba a estar fuera del consultorio. El tiempo pasó sin que me diera cuenta. Cuando finalmente miré el reloj vi que eran casi las cinco de la tarde y que todavía tenía que hacer algunas cosas antes de irme.

Unos pocos minutos después, sonó el teléfono. Era Mary Beth. Parte de mi responsabilidad de esa noche era ayudar a Steven a entender lo mucho que *en realidad* cuestan las bodas. Mary Beth quería que yo le recordara a él que todo lo que se gasta en una boda vale la pena. Tomé el auricular pensando en disculparme por mi retraso, pero no pude. Aun antes de que el teléfono me tocara la oreja, pude escuchar el lamento de una madre. Era algo inconfundible.

Y la que lloraba era Mary Beth.

Ese sonido me hizo sentir escalofríos en la columna vertebral. Escuché mientras aparentemente ella hablaba con otra persona y luego me preparé para lo que iba a venir después.

—¿Dónde está Karen? —me preguntó cuando finalmente habló. Sus palabras estaban mezcladas con gritos de angustia—. Algo le ha sucedido a Maria...

—¿Qué? ¿Qué le pasó a Maria?

—Will no la vio... el automóvil... ¡dime que va a estar bien! ¡Por favor, dímelo! Por favor, Dios, ¡permite que ella esté bien!

Mary Beth no hablaba en frases completas. Ella hablaba conmigo y con Dios al mismo tiempo. Sucedía algo terrible, pero ella no se podía enfocar el tiempo suficiente como para expresarse claramente.

—Había mucha sangre... Yo traté de limpiarla para que ella pudiera respirar... Steven le hizo RCP... LifeFlight, el helicóptero... se llevaron a Maria... Por favor, ¡encuentra a Karen!

—¿Dónde estás? —Por lo general no levanto la voz, pero la levanté para que Mary Beth se pudiera enfocar en mis palabras.

—Estamos en el automóvil. Nos están llevando al hospital Vanderbilt Children's. ¡Oren! ¡Por favor, oren por Maria! Solo oren...

Y la llamada se cortó.

Dejé todo lo que estaba haciendo, le grité algunas instrucciones a mi personal y me dirigí al estacionamiento. Una vez que estuve en el automóvil, llamé a Karen y le dije lo poco que sabía.

«Voy en camino —me dijo ella—. Te veré allí».

Hice un par de llamadas telefónicas rápidas y me enteré de que Will Chapman acababa de regresar de una prueba para un papel en una obra de su secundaria. Las niñas estaban jugando en el jardín, y cuando Maria lo vio llegar, corrió hacia él para pedirle que la levantara en las barras de juego. Will no la vio. Aunque no fue culpa de él porque había estado conduciendo en forma lenta y segura, estaba muy afligido, extremadamente angustiado.

Yo había estado orando en silencio desde que escuché la voz de Mary Beth en el teléfono, pero como estaba solo en mi camioneta, comencé a orar en voz alta. Sabía que por lo general los códigos de trauma no tenían éxito, y lo menos que esa familia necesitaba era una esperanza falsa si es que Maria no iba a sobrevivir. «Oh, Dios, por favor, si te la vas a llevar, llévala enseguida».

Me dirigí hacia el este en la carretera I-40. «Dios, permíteme saber lo que está sucediendo. Por favor, dame una señal para saber lo que voy a encontrar cuando llegue allí».

Hasta ese momento no me había dado cuenta de que tenía la radio encendida, pero algo me llamó la atención. Aumenté el volumen. Era una estación secular de música *country*, pero escuché la voz de Steven cantando el coro de su canción «Cinderella». Escuché y recordé que Maria y Stevey Joy habían sido su inspiración para esa canción. La había cantado primero en la boda de Ashley y luego en la de Kristen. Sabía la letra y escuché las últimas notas de la canción. «Porque demasiado pronto, el reloj va a dar la medianoche, y ella se va a ir».[1]

Entonces fue cuando lo supe.

Maria se había ido.

Se me llenaron los ojos de lágrimas y los elevé al cielo como una forma de darle gracias a Dios por la vida de Maria, por haberme permitido pasar el tiempo que había pasado con ella y por haberme dado la señal que le había pedido. El cielo estaba azul y sin nubes. Entonces, algo me llamó la atención en el horizonte. Arriba y hacia la derecha noté una nube solitaria, rosada y con un reflejo plateado de la luz del sol, que se veía a través de su centro.

Para mí, esa fue la señal de que el alma de Maria estaba pasando a través del velo.

Las lágrimas me corrían por las mejillas cuando tomé el teléfono para llamar a la sala de emergencias de Vanderbilt Children's Hospital y confirmar lo que ya sabía.

—Habla el doctor Reginald Anderson —dije tratando de calmarme y de sonar profesional—. Sé que Maria Sue Chapman está en camino a su hospital vía helicóptero.

Les expliqué que era amigo de la familia y también su médico, pero que no tenía privilegios en ese hospital. Les pregunté si me podían poner al día en cuanto a esa situación.

Hubo un poco de vacilación en el otro lado de la línea antes de que una mujer me respondiera:

—¿A qué distancia está del hospital?

[1] «'Cause all too soon, the clock will strike midnight, and she'll be gone». «Cinderella», letra y música por Steven Curtis Chapman. Copyright © 2007 Sparrow Song (BMI) (Administrado por EMI CMG Publishing) / Primary Wave Brian (Chapman Sp. Acct.) (BMI). Todos los derechos reservados. Usado con permiso.

—Unos veinte minutos.

—Por favor, apúrese. Nos vamos a encontrar con la familia en cuanto lleguen y apreciaríamos mucho que usted estuviera presente.

Como médico veterano en las salas de emergencias, supe que ese código significaba que Maria ahora estaba en el otro lado.

Se me rompió el corazón cuando recordé a esa dulce y pequeñita niña, desnuda en el fregadero de mi cocina, a la niñita que celebraba su cumpleaños soplando las cinco velitas de su pastel y a la niñita sentada en el suelo, hablando en voz baja con Julia, mi hija menor. No tuvo tiempo de cazar una oruga y de ponerla en la jaula que Julia le había regalado. Ahora era ella la que estaba pasando por una metamorfosis, dejando su capullo aquí en la tierra y abriendo las alas que siempre anheló tener.

Maria estaba volando con los ángeles.

✦ ✦ ✦

Mientras los amigos y familiares oraban, con la esperanza de que el Gran Médico rompiera las leyes de la naturaleza y que nos trajera a la pequeñita de vuelta, la familia Chapman fue llevada a una sala al final de un pasillo para darles la noticia. Entonces nos pidieron que fuéramos con ellos para ver a Maria.

De pie a su lado, tomé la pequeña y delicada mano de Maria y la sostuve entre mis manos. Ella parecía estar durmiendo.

«No sufrió. Se fue al cielo inmediatamente», les dije a Steven y a Mary Beth.

El pensamiento de que Maria estaba experimentando todo lo que el cielo ofrece me dio mucho gozo. Yo hubiera querido estar allí para explorar todas esas cosas con ella. Sonreí cuando me la imaginé aspirando las fragancias, corriendo detrás de las mariposas a través de las verdes praderas y mirando todas las flores silvestres de vívidos colores. A Maria le *encantaba* dibujar flores. Le coloqué la mano de vuelta sobre la cama. La niña que una vez había estado aquí se había ido y no tenía sentido alguno aferrarse a su capullo.

Sin que nadie les dijera que lo hicieran, Shaoey y Stevey Joy

comenzaron a referirse al frágil cuerpo de su hermanita como su
«caparazón». Ellas sabían que Maria estaba en el cielo. Ese conocimiento solo podría haberles llegado de Dios. La fe inamovible de
esas preciosas niñas era contagiosa y todos nos mantuvimos cerca de
ellas, esperando que su confianza se nos pegara a nosotros.

De pie al lado de su cama, recordé el suave destello que había
visto en una habitación de hospital la primera vez que vi morir a
un paciente. Recordé que me había hecho recordar a Tinker Bell.
A Maria le gustaba mucho Tinker Bell. Pensé en mi paciente ciega
quien una vez había visto las luces brillantes de los ángeles que
venían a buscar a su compañera de cuarto. Me imaginé el gozo que
Maria debía haber sentido al estar rodeada de ángeles y de su gloriosa luz. Esos pensamientos me dieron paz.

Sin embargo, todavía tenía emociones encontradas.

✦ ✦ ✦

Como médico, a menudo he visto la devastación emocional y espiritual que experimentan los padres y las madres cuando pierden a
un hijo o a una hija. Con el suicidio de Jon, yo la había sentido en
forma muy personal. La muerte de Jon también me había enseñado
la importancia de observar a las personas que están en el círculo más
cercano del dolor, como Mike y Cathy, pero también a aquellas
personas que están en la periferia y que se pueden sentir culpables,
como mi papá.

Hasta este momento, yo había observado todo eso desde la distancia. A pesar de que la muerte de Jon nos había afectado a mi familia
nuclear y a mí, no vivíamos en la misma ciudad que Jon. Lo veíamos
unas pocas veces al año y no habíamos pasado mucho tiempo con
él. Tampoco veíamos a Cathy y a Mike a diario. Lo mejor que yo
podía hacer era comunicarme por medio de llamadas telefónicas y
observarlos durante las reuniones de los días feriados. No obstante,
ahora la familia Chapman estaba pasando directamente por el dolor
más grande que se pueda imaginar y los sufrimientos no pararon
allí. Los proyectiles que volaban y los escombros encendidos del

impacto todavía estaban afectando a otros miembros de la familia y a amigos cercanos. Aunque no siempre sería tan debilitante como lo fue al principio, todos estábamos a punto de descubrir lo que es vivir con el sufrimiento por la pérdida de un ser amado las veinticuatro horas del día, los siete días de la semana, por el resto de nuestra vida.

La muerte de Maria estaba a punto de llevar todas las cosas a un nuevo nivel.

Este dolor era personal y se sentía de la forma más profunda. No solo habíamos perdido a Maria, sino que Steven, mi mejor amigo, y Mary Beth, la mejor amiga de Karen, estaban sufriendo la pérdida de su hija y estaban muy preocupados por su hijo Will.

¿Cómo afectaría la pérdida de Maria a su familia? ¿Cómo dañaría la fe de ellos? ¿Cómo obraría en sus almas? A esas personas, que estaban tan cerca de mí como para decir que eran mi familia, les había sucedido algo impensable e injusto. Me vino a la mente con mucha intensidad la misma horrorosa pregunta que me había formulado cuando murió la familia Alday, en la cual había tratado de no pensar cuando había salido otra vez a la superficie por la muerte de Jon. Era la misma pregunta que me formulaban los padres, madres y otros seres queridos cuando me encontraba con ellos en la sala de espera para darles una mala noticia.

¿Por qué permitió Dios que sucediera esto?

Era una pregunta para la cual yo todavía no tenía respuesta.

Capítulo 29

UNA CLASE DIFERENTE DE PENA EN OBSERVACIÓN

✦

Regresar a su hogar no fue una opción para la familia Chapman. Los medios de comunicación se enteraron de la tragedia, y los informes que llegaban de sus vecinos indicaban que las cámaras de los canales de noticias estaban reunidas afuera de su casa esa misma noche. Además, el lugar donde había ocurrido el accidente todavía no había sido limpiado y los oficiales necesitaban más tiempo para terminar su investigación. La familia Chapman necesitaba un lugar privado durante los próximos días para poder expresar su dolor como cualquier ser humano y no como personas famosas. Nuestra casa de campo estaba lejos del camino y detrás de ella había un lago rodeado de árboles. Los jardines ofrecían tanto lugares privados para llorar a solas como lugares con espacio donde se podrían reunir grupos de personas. Así que los llevamos a nuestra casa para que vivieran con nosotros.

Más miembros de su familia y algunos de los amigos más íntimos de la familia Chapman se reunieron allí con nosotros. Muy pronto el lugar estuvo lleno de personas que sufrían mucho. En el porche del frente y en el de atrás de nuestra casa, y en cada espacio grande dentro de la casa, las personas se tomaban de las manos y oraban, dejando que las lágrimas les rodaran libremente por las mejillas.

La casa estaba tan llena de intensa emoción y tantas preguntas estaban siendo formuladas que yo sentí que la mejor forma de ayudar a la gente era mantener mis sentimientos y preguntas dentro de mí. Así que guardé mis emociones lo más profundo que pude. Después de todo, yo era el médico y el sanador, el guardián y el protector. Yo tenía que ser la persona que no se desplomara, aquella a quien todos los demás se podían volver cuando necesitaran de alguien fuerte. Eso era lo menos que podía hacer por Steven y Mary Beth quienes, junto a sus hijos, eran los que más sufrían. Además, sabía que Karen y mis hijos también estaban lidiando con su propio dolor mientras trataban de ayudar a la familia Chapman. Lo último que ellos necesitaban era que yo me desmoronara.

Así que no me desmoroné.

✦ ✦ ✦

Era muy difícil ver a Steven sufrir con tanta intensidad, cuando al mismo tiempo trataba de ser fuerte para su esposa y para sus hijos. Unas pocas horas después del accidente, Mary Beth estaba luchando con su dolor profundo y dijo que no quería continuar viviendo. Quería estar con Maria. Aunque entendí que era el dolor el que hablaba, yo me mantuve observándola para asegurarme de que estuviera bien. Mientras los gritos de dolor de una madre por su hija continuaron en forma intermitente a través de toda la noche, me di cuenta de con cuánta desesperación quería estar con su hija.

Todos estábamos preocupados por Shaoey porque ella había *presenciado* el accidente. ¿Cómo afecta a una niña de ocho años ver morir a su hermanita y no poder hacer nada para evitarlo? También estaba Stevey Joy, muy cercana a Maria, tanto en edad como en rasgos físicos, al punto de que muchas personas pensaban que eran mellizas. Las dos habían sido inseparables desde que se habían convertido en hermanas en la familia Chapman. Esas dos preciosas niñas no solo habían perdido a su hermana menor, sino que ahora estaban observando a todas las personas que amaban desmoronarse emocionalmente.

Las niñas eran demasiado pequeñas como para expresar sus sentimientos más íntimos, pero nosotros nos aseguramos de que tuvieran

UNA CLASE DIFERENTE DE PENA EN OBSERVACIÓN

oportunidad de hablar si querían hacerlo. También las incluimos en las oraciones y en las conversaciones que eran apropiadas para su edad. Los familiares y amigos las abrazaban, y su madre las tomaba en brazos. Yo las vigilaba y me sentí agradecido cuando finalmente las niñas pudieron dormir y encontrar paz en su sueño.

Nuestra preocupación más grande aquella noche era Will.

Inmediatamente después del accidente, él trató de escapar. Caleb, su hermano mayor, se lo impidió, le quitó la camisa que estaba manchada con la sangre de Maria, la enrolló y la tiró a un estanque. Desde ese momento, otras personas trataron de hablar con Will, incluyendo amigos y familiares, algunos de los cuales habían pasado por tragedias similares.

No resultó. Will estaba inconsolable.

Aunque todos sabíamos que había sido un accidente, Will se sentía responsable. Estaba destruido, no solo debido a su papel en lo que había sucedido, sino también por su tremenda pérdida. De los tres hijos mayores de la familia Chapman, Will era el más apegado a las niñas. Él era el que *siempre* se daba tiempo para jugar con ellas. De hecho, fue el gran amor que Maria sentía por Will y el saber que él jugaría con ella lo que la hizo correr hacia el automóvil aquella tarde.

No obstante, ahora toda la familia estaba preocupada de que tal vez Maria no iba a ser la única pérdida del accidente. ¿Estaba Will tan angustiado como para hacer algo en su desesperación que aliviara su dolor? ¿Estaba fuera del ámbito de las posibilidades pensar que pudiera quitarse la vida?

Desde la inesperada muerte de Jon, yo había pensado mucho en el suicidio y en la rapidez con que puede ocurrir sin que alguien se percate de que una persona está deprimida. También había observado la forma en que Mike había cambiado después del suicidio de Jon, volviéndose más solitario y retraído como resultado de su dolor. Ahora yo tenía una casa llena de personas que estaban experimentando un dolor emocional terrible, probablemente el peor que jamás sentirían.

El suicidio era una amenaza muy real si Will se desesperaba y decidía terminar con su dolor. Así que, aunque Will quería estar solo, Caleb, su hermano mayor, y David, mi hijo, junto con otros amigos, no dejaron que eso sucediera. Tomaron turnos para estar a su lado mientras Will estaba despierto y permanecieron cerca mientras dormía.

Will no era la única persona por la cual nos teníamos que preocupar. Mary Beth había sufrido de depresión clínica. ¿Se hundiría tanto en la depresión que tal vez no pudiera salir de ella? ¿Y si Steven se enojaba tanto con Dios que le daba la espalda, como lo había hecho yo hacía muchos años? ¿Cómo afectaría eso su testimonio cristiano a través de la música? O ¿cómo se iba a ganar la vida si no podía cantar? ¿Y si los hijos se volvían uno contra otro? ¿O si por alguna razón errónea se sentían responsables y sucumbían bajo el peso de su dolor?

Ya habíamos perdido a Maria; me tenía que asegurar de que no perdiéramos a nadie más.

✦ ✦ ✦

La primera noche era crítica. El dolor era muy reciente y los que lo estaban experimentando no tenían los mecanismos para lidiar con dicho dolor. Los pensamientos oscuros parecen invadir la mente de noche y nos persiguen cuando estamos cansados. Todos éramos susceptibles a que la mente divagara. Si lográbamos salir de la oscuridad de aquella primera noche, al llegar la mañana podríamos pasar otro día.

Yo sentí como que me correspondía asegurarme de que todos estuvieran a salvo en mi casa. Yo no pude dormir mucho, así que me quedé despierto cuidando a los que necesitaban dormir. Fui de cuarto en cuarto, evaluando el estado emocional de cada persona de la forma en que asignaba prioridades a las víctimas de un desastre natural. *Ella está respondiendo bien, pero debo vigilarlo a él. Esta persona parece tener problemas; ¿alguien ha hablado con ella? ¿Por qué está sola esta mujer?* Traté de escuchar a los que se veían con demasiada carga. «¿Te sientes bien? ¿Quieres hablar?», preguntaba. Mientras hablaban, yo les tomaba la temperatura emocional y cataloga su condición. Les ofrecí el hombro a los que necesitaban llorar y las manos a los que necesitaban el contacto físico.

Los heridos abundaban por todos lados. Las personas que habían venido para orar con los miembros de la familia se quedaron por horas y luego se durmieron en algún rincón o en el piso. La casa me recordaba a un hospital de campaña en medio de una zona de guerra.

Me sentía aterrado de lo que puede hacer el dolor y cómo nos podía arrastrar a todos bajo su peso. Me lo había hecho a mí una vez antes y me había prometido que no iba a permitir que eso le pasara a ninguna otra persona. Sentí una sensación de urgencia en esta batalla, pero también sabía que no estaba solo en mi lucha. No mucho después de haber llegado a nuestra casa habíamos llamado a Kristen y le habíamos dado la triste noticia de la muerte de Maria, y de que no íbamos a viajar al otro día a Irlanda. Después de llorar con Karen y conmigo mientras hablábamos por teléfono, me prometió que iba a reunir a un grupo de personas para orar. Otras personas en Europa y en Asia también estaban orando por la familia Chapman. Me imaginé que cuando los admiradores de Steven escucharon la noticia, ellos también unieron sus voces en oración.

¿Por qué le ha sucedido esto a una familia tan buena que ha dado tanto a la obra de Cristo? Ese pensamiento hizo eco en mi mente toda la noche.

En verdad no podía imaginarme a dos siervos de Dios que fueran mejores que Steven y Mary Beth. Todos los días, a través de su música, Steven les testificaba a millones de personas acerca de la bondad y del amor de Dios. Además, él y Mary Beth eran fieles ejemplos del carácter del Señor y vivían ayudando en forma activa a los más insignificantes de estos a través de sus esfuerzos públicos para cuidar de los huérfanos.

A medida que los guerreros de oración a través del mundo se pusieron de rodillas para orar por esta familia, sabía que otras personas se estarían formulando la misma pregunta. La oración es nuestra arma más poderosa para vencer la desesperación, y la usamos en forma deliberada a favor de la familia Chapman.

A través de la noche sentí la certera y poderosa presencia de Dios en mi casa. Estábamos tan angustiados que ni siquiera teníamos la fuerza para ponernos de pie. Sin embargo, de alguna forma pudimos encargarnos de las necesidades físicas y emocionales de todos los que estaban en nuestra casa. Comida, frazadas y almohadas aparecían de la nada. Nadie estuvo solo jamás, aun cuando estaban orando. Cuando pensábamos que no podíamos soportar el dolor ni un minuto más, era como si los ángeles de Dios nos rodearan y en forma milagrosa nos ministraran.

Temprano aquella tarde escuché decir a Steven: «¡Satanás no va a vencer a mi familia!». Y lo dijo de todo corazón.

A través de la noche, la familia Chapman demostró que tenía fortaleza para resistir. Cada uno de ellos se mantuvo firme, rehusando dejarse llevar por sus peores pensamientos o temores más oscuros. En cambio, se aferraron el uno al otro y a Dios.

✦ ✦ ✦

La mañana siguiente comenzó lentamente. Parecía casi como si hubiera sido un sueño. Los estragos de la batalla de la noche anterior estaban por todos lados. Todavía parecía una zona de guerra, pero habíamos mantenido la línea de fuego. Todos estábamos allí todavía. Sí, sufríamos, pero no nos habíamos vuelto los unos contra los otros en nuestro dolor; nos habíamos vuelto hacia Dios.

También sabía que era solo la primera de muchas batallas.

Durante los próximos días, nuestra casa de campo se convirtió en un lugar de retiro espiritual y de descanso para los que sufrían. Nuestro lago privado tenía un solo muelle en una de sus orillas. Allí era adonde iban las personas que querían estar a solas. Will pasó muchas horas allí. Aquellos de nosotros que lo cuidábamos no lo importunábamos en su tiempo de sufrimiento, pero estábamos al tanto de lo que hacía desde la terraza de atrás. Él nunca estaba fuera de nuestra vista. El muelle se convirtió en una especie de lugar sagrado.

A medida que la noticia del accidente se esparció, la gente organizó una línea continua de abastecimiento de comida y de agua para mantener alimentada a la tropa, y a veces nos traían algunas cosas inesperadas, que eran exactamente lo que necesitábamos. Una mañana, no teníamos almíbar para los panqueques. Sin saber nuestra necesidad, nuestra amiga Terri llegó con una jarra grande de almíbar de arce.

«Pensé que iban a necesitar esto», nos dijo.

Las flores comenzaron a llegar. Eran un tributo apropiado para una niñita a quien le había gustado mucho dibujar flores. Muy pronto nuestra casa parecía un jardín interior, y el olor del sudor y de las lágrimas fue reemplazado por la fragancia de las rosas, las lilas y las azucenas.

Yo estaba preocupado por Mary Beth, pero ella conquistó la tragedia lidiando con ella un día a la vez. Se hizo cargo de los asuntos relacionados con elegir el ataúd y planear el funeral, mientras que al mismo tiempo se aseguraba de que cada uno de sus hijos tuviera exactamente lo que él o ella necesitaba. Más tarde, ella admitió que no recordaba haber hecho esas cosas, pero al principio, durante esos días, fue lo que la mantuvo funcionando. Karen estuvo siempre al lado de Mary Beth, ayudándola cuando necesitaba ayuda y dándole aliento cuando a Mary Beth se le acababan las fuerzas.

Como hombre, para mí era más difícil encontrar la forma de ayudar a Steven. Él tenía obligaciones que debía cumplir y quería llevar a cabo esos compromisos. Aunque el mundo se estaba desmoronando a su alrededor, seguía siendo una persona muy conocida, y por muy terrible que parecía la idea, tenía que atender su negocio para que siguiera adelante.

No me parecía justo y clamé a Dios. *Steven escribe música que proclama tu bondad, ¿pero cómo lo puede hacer ahora que tú le has quitado su hija?* Aunque yo sabía que Maria estaba en un lugar mejor, todavía no entendía por qué tuvo que suceder esto y por qué le tuvo que pasar a Will. *¿No hubiera podido ser un accidente que no* *involucrara a otro hijo de la familia Chapman? ¿Por qué permitiste que esto pasara de esa forma?* Para mí era difícil consolar a Steven cuanto yo todavía tenía tantas interrogantes en la mente.

Los amigos de Steven y yo lo escuchábamos cuando él hablaba, lloraba y oraba en voz alta. Durante una de esas conversaciones, compartí con él el dolor que había experimentado después de la Masacre de los Alday y la pérdida de mis primos. Luego le describí lo maravilloso que había sido verlos de nuevo felices y perfectos en el cielo.

«Sé que mi experiencia es diferente de la tuya, pero sé lo que se siente cuando ocurre una tragedia inesperada. Debido a mi experiencia, sé que Maria realmente está en un lugar mejor».

Lo que no le dije fue que esto había resucitado interrogantes con las que yo había luchado hacía tantos años, así como las que había archivado en la mente después del suicidio de Jon. Una vez más, quería respuestas. *¿Por qué ha sucedido esto ahora?* Todo estaba marchando muy bien. Emily se iba a casar; Caleb se estaba graduando de la secundaria; y por el interés que surgió del asunto de las adopciones, la familia Chapman tenía grandes proyectos para trabajar con huérfanos en China. *¿Por qué le sucedió esto a la familia Chapman?* Hay mucha gente mala en el mundo que merece cualquier cosa mala que les pueda suceder. Los Chapman eran personas buenas que servían a Dios en todo lo que hacían.

Mientras que el tiempo que pasé en el cielo me confirmó que Dios es real y que es bueno, la muerte de Maria me hizo clamar a Dios: *¿Por qué no vamos derecho al cielo? ¿Por qué tenemos que sufrir de esta forma primero?*

Sin embargo, continué siendo «el hombre fuerte». No lloré, no hablé acerca de mis interrogantes y no le dije a nadie lo que estaba pensando. Me sobrepuse a mi confusión y enterré mis pensamientos en lo más profundo de mi mente.

✦ ✦ ✦

El funeral se realizó unos días después y asistieron más de dos mil personas. Una vez más, la familia Chapman me sorprendió con su fortaleza. Aunque estábamos allí para consolarlos, fueron ellos los que nos consolaron a nosotros.

Solo unos pocos días después de la tragedia, Caleb se puso en pie delante de una multitud y les habló: «Nosotros oramos pidiendo sanidad para Maria y Dios la sanó de una forma que no nos gustó. Sin embargo, creo que él va a sanar a mi hermano de una forma que nos va a gustar mucho a todos». Viniendo de Caleb, estas no eran trivialidades. Él entendía lo profundo de lo que estaba diciendo. Él había sido el que le había quitado la camisa manchada de sangre a Will y la había tirado al estanque. A continuación abrazó a su hermano y le dijo: «No es culpa tuya; Dios permitió que esto sucediera. Él lo eligió para nosotros». Me maravillé ante la fe de un hombre joven que podía reconocer que Dios permite que suceda una tragedia y, al mismo tiempo, le daba crédito a Dios por la sanidad que genera.

Steven se puso de pie delante de la multitud y dijo: «Tenemos que poner la vista en la eternidad. [...] Esto es lo que estamos haciendo hoy. Es en lo que debemos pensar todo el tiempo, viendo y celebrando la gloria de Dios cuando se manifiesta tanto en el dolor como en las alegrías que nos da en esta vida».

Admiré la fe que se requiere para alabar a Dios en el sufrimiento. Yo no lo había hecho en lo que siguió a la masacre de la familia Alday; de hecho, me pregunté si *alguna vez* le había dado gloria a Dios en medio de mi sufrimiento.

✦ ✦ ✦

A través de las semanas y de los meses siguientes me di cuenta de que la razón por la cual la familia Chapman veía a Dios en su sufrimiento era porque en forma activa lo buscaban a él allí.

El día después del accidente, Steven y Caleb oraron pidiendo una señal que les mostrara que Maria estaba bien. Poco después, cuando fuimos a la casa de la familia Chapman a buscar algunas cosas para el servicio en memoria de Maria, ellos encontraron un dibujo que ella había comenzado a hacer con una flor llena de colores y la palabra

VER escrita en letra de imprenta en el papel. Ellos no sabían que ella supiera cómo escribir esa palabra, pero sí supieron que era una señal de parte de Maria y de Dios confirmando que ella estaba bien.

En medio de su dolor, la familia Chapman vio a Dios y le agradeció por las cosas que él había hecho en la corta vida de Maria. Unos pocos meses antes, ella había estado aprendiendo una canción de Audio Adrenaline, una banda de música cristiana, que le había hecho formular algunas preguntas.

«¿Tiene Dios una casa muy, muy grande?», había preguntado Maria.

Steven y Mary Beth le aseguraron que sí. Respondieron a sus preguntas y le explicaron que el cielo es para siempre y que si ella le pedía a Jesús que entrara a su corazón, algún día iría al cielo. Entonces, en sus propias palabras, Maria le pidió a Jesús que viniera a vivir en su corazón, porque ella quería ir a vivir con él en esa casa muy, muy grande. Aunque Maria tenía solo cuatro años en ese tiempo, el recuerdo de ese momento consolará el corazón de Steven y de Mary Beth por el resto de su vida. Para mí, esa fue una prueba de que aun la más pequeñita de la familia Chapman tenía sus ojos y sus oídos puestos en Dios.

Si necesitaba una prueba más de esto, la obtuve unos pocos días después del accidente, cuando asistí al concierto de danza de Stevey Joy. Ese fue un momento agridulce para la familia, porque también Maria iba a bailar allí, pero ahora Stevey Joy bailaría sola. Karen y yo nos sentamos cerca de la familia Chapman y charlamos con ellos antes de que comenzara el programa. Antes de que atenuaran el brillo de las luces, abrí el programa y vi la foto de la clase de baile de Stevey Joy. La habían tomado una semana antes del recital. Mientras que todas las otras niñas miraban directamente a la cámara, Maria estaba mirando hacia arriba y hacia la derecha, con una mirada que no parecía de este mundo. Reconocí la mirada. Yo había visto expresiones similares en algunos de mis pacientes antes de que pasaran a través del velo.

Era la mirada de la gloria.

✦ ✦ ✦

Desde Steven hasta Maria, que era la más pequeña, cada persona de la familia Chapman había buscado a Dios en medio de terribles tragedias, o como en el caso de Maria, antes de la tragedia, y cada uno de ellos había encontrado a Dios allí.

¿Qué pasaría si yo también lo busco allí?, me pregunté.

Una de mis primeras preguntas fue: *¿Por qué Will?* Así que le pedí a Dios una respuesta. A través del tiempo, Dios me mostró que *solo* podría haber sido Will. Caleb era una persona demasiado sensible. Se hubiera desmoronado si él hubiera sido el conductor del automóvil. Lo mismo le hubiera ocurrido a Emily. Will era una persona fuerte, de voluntad firme, que hacía todas las cosas con todo lo que tenía. Yo conocía su personalidad y era obvio que él era el mejor para poder seguir adelante a pesar del dolor y sin creer en las inevitables acusaciones que le pasarían por la mente. Además, él era el que estaba más cerca de las niñas en edad y en espíritu. Él era su cómplice, el que tenía muchos recuerdos que podían desplazar este recuerdo doloroso. Solo Will podría haber sobrevivido este flechazo directo a su corazón.

Mientras buscaba a Dios, comencé a ver sus bendiciones en otras esferas. Si yo no me hubiera estado preparando para viajar a Irlanda, no habría hecho los arreglos para que otros doctores se hicieran cargo de mi práctica y de mis pacientes. Debido a que el viaje estaba planeado, también estaba cubierto. Si el accidente hubiera sucedido un día más tarde, Karen y yo hubiéramos estado en un avión y no hubiéramos podido ayudar a la familia Chapman.

Tanto Steven como Mary Beth habían estado en la casa a la hora del accidente, un milagro raro en sí mismo, y Steven había estado hablando por teléfono en el porche de la casa. Él vio cuando Will entraba lentamente, lo cual no dejaba duda alguna de que había sido un accidente. Esa confirmación fue una bendición tanto para Steven como para Will.

Una vez que comencé a buscar a Dios en la tragedia, lo pude ver en todos lados.

Mientras conducía hacia el hospital, yo le había pedido a Dios que me diera una señal y él me dio dos. En primer lugar, «Cinderella», la canción de Steven, estaba siendo tocada en la radio, y luego la nube rosada. Cuando estuve despierto toda aquella noche preocupándome por la gente y luchando para mantener a salvo a todo el mundo, sentí que me rodeaban ángeles. También los había sentido en la sala de emergencias cuando vi el cuerpo de Maria.

Pensé de nuevo en el asesinato de la familia Alday, que había ocurrido casi treinta y cinco años antes. Si entonces yo hubiera buscado a Dios, en lugar de alejarme de él, me di cuenta de que también lo hubiera visto allí.

Lentamente, entendí que el sufrimiento de la familia Chapman no era diferente al mío porque ellos tuvieron menos dudas, o porque su fe no fue puesta a prueba; todas esas cosas les sucedieron a ellos como me habían sucedido a mí. Lo que fue diferente en cuanto a la forma en que la familia Chapman lidió con la muerte de Maria fue que en lugar de *alejarse* de Dios en su dolor como lo había hecho yo, ellos *se apoyaron* en él.

Capítulo 30
PROPÓSITO EN EL DOLOR

✦

El primer año después de la muerte de Maria fue difícil para todos, pero todavía encontramos algunas cosas que nos dieron alegría. Tal como estaba planeado, Emily, la hija mayor de la familia Chapman, se casó en el mes de octubre y todos apretamos el botón de «pausa» en nuestro dolor para celebrar ese día con ella. Unas pocas semanas después, en noviembre, Caleb y Julia anunciaron su compromiso en forma oficial. Las dos familias habíamos pasado por muchas cosas juntas, así que ya nos sentíamos como una sola familia. Ahora eso iba a ser oficial.

Aunque Caleb y Julia eran jóvenes, diecinueve y veinte años de edad respectivamente, la edad cronológica de ellos no nos importaba mucho. Habían sido novios por tres años y juntos ya habían experimentado emociones de toda una vida. Yo vi mucha madurez espiritual en Caleb cuando cuidó de su hermano, y Karen y yo estábamos encantados de que ahora él iba a pasar el resto de su vida cuidando de nuestra hija. Les dimos nuestra bendición.

Julia se quería casar al lado del lago que estaba detrás de nuestra casa. Nosotros ya considerábamos ese lugar como «tierra santa» por todas las lágrimas derramadas en esas aguas cuando Will y muchas otras personas se sentaron en el muelle y lloraron por Maria. Estuvimos de acuerdo en que era el lugar perfecto para que se unieran en matrimonio, haciendo oficial la unión de las dos familias.

También esperábamos que el levantar otro velo nos ayudaría a terminar de aceptar el velo que se había abierto para la pequeñita que partió demasiado pronto.

La fecha del casamiento fue establecida para el 10 de mayo de 2009, solo once días antes del primer aniversario de la muerte de Maria.

✦ ✦ ✦

La noche previa, durante el ensayo de la boda, Julia y Caleb caminaron juntos y se sumergieron en el agua del lago en una especie de ceremonia bautismal que nos trajo lágrimas a los ojos una vez más. Esta vez fueron lágrimas de felicidad. Sentí físicamente el calor de la presencia de Dios que nos rodeaba y aspiré la fragancia del cielo, el perfume de lilas y de frutas cítricas. Sabía que Dios había bendecido este lugar.

Semanas antes de la boda, habíamos hecho un camino que llevaba hasta el muelle, al lado del lago en la rocosa ladera de una pequeña colina. Un *bulldozer* había aplanado la zona donde se iba a realizar la ceremonia. Queríamos facilitar el transporte de mis padres y de otros invitados de avanzada edad hasta el lago sin tener que usar una larga y serpenteante escalera por la que se podía bajar desde nuestra casa que estaba en una colina. Ahora mi única preocupación era si el muelle aguantaría el peso de todos los que participarían en la ceremonia.

Aparentemente, esa no debería haber sido mi única preocupación.

La mañana de la boda, nos despertó la lluvia. Esto nos creaba un problema, puesto que no teníamos un plan alternativo. Comenzamos a orar pidiendo que el cielo se aclarara y luego procedimos sobre la premisa de que eso iba a suceder.

Una hora antes de la ceremonia, Dios respondió a nuestras oraciones: el sol se asomó a través de las nubes, dándonos tiempo para tomar algunas fotos antes de la boda. Llegaron los invitados y se sentaron. La música comenzó y Julia me tomó del brazo. Mientras bajábamos la escalera hacia el muelle, le hice la misma pregunta que les había hecho a sus dos hermanas mientas caminaba con ellas hacia su novio.

—¿Estás segura de que es la voluntad de Dios que te cases con este hombre?

Sin vacilación alguna y con seguridad total, al igual que sus dos hermanas antes que ella, la respuesta de Julia fue:

—¡Sí!

Mientas el volumen de la música iba aumentando, llegamos a nuestro lugar en el muelle. El pastor preguntó: «¿Quién da a esta mujer en matrimonio?». Yo quería gritar: «¡Dios es el que la da!», pero en cambio repetí la frase que había repasado muy bien: «Su madre y yo la damos». Esa era la última vez que yo diría esas palabras. Como había hecho con mis otras dos hijas, le levanté el velo y le di un beso en la mejilla a mi hija menor.

Y con toda claridad escuché una risita suave.

Bajé la mirada pensando que sería Stevey Joy, pero la pajecita estaba jugando con sus propias flores. Era una risita muy particular y yo la había escuchado antes. Cuando volvía a mi asiento, eché una mirada a los invitados para ver quién podría haber emitido esa risita tan alegre. Como no vi a nadie, me hice una nota mental para preguntar sobre eso más tarde.

Unos pocos minutos después, de pronto supe dónde había escuchado ese sonido muchas veces antes.

Era la risita de Maria.

¡Por supuesto que ella estaba allí con nosotros! Ella y Julia por mucho tiempo habían estado colaborando en cuanto a los planes de la boda de Julia. Desde el otro lado del velo, Maria estaba dando su alegre bendición a la unión de nuestras dos familias.

Esa noche, Steven cantó «Cinderella» mientras Julia bailaba conmigo. No hubo un solo ojo seco en la carpa. Esa canción había llegado a significar mucho para todos nosotros durante el último año, especialmente cuando Steven cambió el final de la letra de «... entonces ella se habrá ido» a «... el baile continúa». Más tarde aquella noche, mis padres fueron, otra vez, una de las últimas parejas en dejar de bailar, durante la canción que dejaba sola a la pareja que había estado casada más tiempo.

Aunque había sido un año de tristeza, estos momentos especiales eran recordatorios de que la vida puede continuar y de que continúa, y de que hasta en la tristeza podemos encontrar momentos de gozo.

✦   ✦   ✦

Aunque la pérdida de Maria fue lo más difícil que jamás hubiera enfrentado la familia Chapman, ellos continuaron haciendo lo que siempre hacían, pero ahora con un mayor sentido de urgencia. Aunque era muy difícil, Steven, junto con Caleb y Will, continuaron viajando y escribiendo música. Me recordaron a mi padre quien, después de haberse enterado del suicidio de su nieto Jon, tomó sus herramientas para el jardín y continuó haciendo lo que se necesitaba hacer. Para Steven y sus hijos, las herramientas que Dios les había dado eran sus guitarras y sus tambores. Y con cada nota que tocaban, inspiraban a las personas sufrientes en todas partes.

Antes de la muerte de Maria, sus planes habían sido construir un orfanato en China. Con la muerte de la niña, recibieron mucho amor y apoyo. La familia Chapman dirigió todo eso a un proyecto a nombre de su hija. Con las donaciones adicionales, el proyecto se expandió a un orfanato de seis pisos llamado Maria's Big House of Hope (La casa grande de esperanza de Maria).

Aun después de haber observado la forma en que la familia Chapman se había vuelto a Dios en su dolor y luego cuando yo mismo vi a Dios en la tragedia, mis interrogantes no desaparecieron. Todavía quería saber por qué. *¿Por qué tuvo que suceder? ¿Por qué todos tuvimos que sufrir tal tragedia? ¿Qué significaban los cinco años de Maria en la tierra?* En lugar de que esas preguntas ocasionaran que me apartara de Dios, ahora yo me estaba volviendo a él para las respuestas. Y ahora tenía la paciencia para esperarlas.

Finalmente estaba viendo las respuestas en el orfanato que se había construido en memoria de Maria.

A fines de junio del año 2009, viajamos con la familia Chapman a Luoyáng, China, para dedicar el nuevo edificio de unos 5.600 metros cuadrados, que sería un lugar donde cuidarían a huérfanos con necesidades especiales. El lugar estaba diseñado para cuidar desde bebés hasta niños de cuatro años de edad con necesidades médicas especiales, las cuales a menudo eran impedimentos para que fueran adoptados. Si el problema médico de un niño podía ser corregido por medio de una operación, como por ejemplo la fisura del paladar, la criatura sería operada en China usando los fondos de la organización Show Hope. Después del tratamiento, ese niño o niña iba a ser cuidado en Maria's Big House of Hope. Una vez que hubiera sanado lo pondrían en la lista de niños para ser adoptados. Si un niño no podía ser operado o sanado, le proporcionarían el nivel más alto de cuidado para que pudiera vivir lo mejor posible dentro del nivel en que se encontraba. Los niños que tenían enfermedades muy graves eran cuidados con amor en un ambiente de hospicio y se oraba por ellos hasta que cruzaban al otro lado para recibir sanación completa allí.

Cuando llegamos a Maria's Big House of Hope, encontramos a cerca de cuarenta y cinco niños que recibían los cuidados de tres enfermeras y setenta miembros del plantel. Y esos números han continuado aumentando. No solo vidas eran salvadas y niños eran colocados en familias que los cuidarían toda la vida, sino que el centro también proveía trabajos en la localidad. El gobierno de China ha construido otros centros para el cuidado de los huérfanos tomando como modelo el centro que se construyó en memoria de Maria.

El 2 de julio de 2009 se dedicó oficialmente el centro Maria's Big House of Hope. Nosotros asistimos a las ceremonias donde se cortaron cintas y a otras actividades festivas relacionadas con la apertura de dicho centro. Steven cantó, acompañado por Caleb y Will. Yo observaba mientras la multitud aplaudía y se movía al ritmo de la música. Oficiales del gobierno chino, de la provincia local y de la comunidad de Luoyáng, y el personal y las familias Chapman y Anderson, todos los presentes estábamos celebrando. Mirando las radiantes sonrisas en los rostros de mi familia y en los de mi extendida familia Chapman, sentí que aunque el año anterior había sido un año de mucho dolor y de heridas que todavía estaban sanando, todos íbamos a estar bien.

No obstante, de pie al lado de la gente que amo, me pregunté *si yo iba a estar bien.*

Por primera vez desde la muerte de Maria, sentí que no tenía que ser la persona fuerte. Podía bajar la guardia. El dolor y la tristeza que había ocultado dentro de mí comenzaron a sobrecogerme en una cálida ola de emociones. Mientras que los que estaban a mi alrededor sonreían y aplaudían, yo traté de contener las lágrimas que había logrado reprimir por un año. Sentí una tristeza horrible cuando la pérdida finalmente me sobrecogió y sentí dolor por la niñita que estaba ausente.

Maria debería estar aquí. A ella le hubiera encantado esta ceremonia.

✦ ✦ ✦

Después de la muerte de Maria, una de las primeras oraciones de Steven fue: «No entendemos por qué sucedió esto, pero sabemos que tú eres Dios y aceptamos tu providencia en esto. Sabemos que hay un propósito. Te pedimos que nos ayudes a encontrar ese propósito».

Tarde aquella noche, tomé en brazos a uno de los bebés chinos del centro. Él estaba muy enfermo y yo sabía que estaba a punto de dar su último suspiro. Enseguida, las lágrimas me corrieron por el rostro. Mi tristeza por ese pequeño varoncito se mezcló con las otras pérdidas por las que sufría: por Maria y por mi sobrino, Jon. Lloré por Cathy y por Mike, y por el dolor que habían sentido por tanto tiempo. Entonces algo en los ojos de ese bebé enfermo me recordó que mirara hacia Dios y entonces lo vi.

Y también vi esperanza.

Maria y Jon estaban en el cielo y muy pronto el pequeño bebé en mis brazos se uniría a ellos. El hecho de que un niñito enfermo había sido cuidado con tanto amor, que se había orado por él y que ahora estaba muriendo en los brazos de un hombre creyente, *en China*, era un milagro. Era obvio que su familia lo había abandonado. El hecho de que el personal del centro de rehabilitación lo había recibido y de que ahora alguien había notado que se estaba muriendo era una bendición de Dios... muchísimos bebés no eran tan afortunados. Mientras sostenía al pequeño bebé en mis brazos y le acariciaba su sedoso cabello negro, se me ocurrió un pensamiento: *Nada de esto hubiera sucedido si Maria no hubiera muerto.*

Si las circunstancias hubieran sido diferentes, la muerte de Maria hubiera pasado desapercibida. Sin embargo, el interés de la familia Chapman por los huérfanos, combinado con su fama y la muerte trágica de Maria, puso la historia de su muerte en los titulares de los periódicos alrededor del mundo. Las ofrendas de amor que les enviaron habían construido el lugar donde yo estaba de pie y donde tantos niños podrían ser cuidados, ahora y en el futuro. Lo que Satanás quiso que fuera un mal, Dios lo había usado para bien.

La vida de Maria fue demasiado corta, pero en los cinco años que vivió hizo más por la causa del cuidado de los huérfanos en China de lo que podrían haber hecho cien hombres en cien años. Debido a su muerte, se salvarían innumerables bebés; muchos de ellos encontrarían familias para siempre y aun en un país cerrado como China, muchas personas escucharían la Buena Noticia del evangelio.

✦ ✦ ✦

El viaje a China me ayudó a aceptar y a lidiar con algunas cosas. Hasta que los sentimientos de pérdida me sobrecogieron en el orfanato de Maria, yo no había entendido realmente la gran responsabilidad que sentía por la sanidad de ambas familias, la mía y la de los Chapman. Tenía sentido. Soy médico. He recibido adiestramiento para ayudar a sanar a las personas y sentía que ese era el papel que Dios me había llamado a desempeñar en la tragedia. Elegí ser la persona fuerte.

Sin embargo, en China comencé a ver que ya no tenía que seguir sintiéndome así. Tenía que dejar de tratar de aliviar el dolor de la

familia Chapman. Yo no era el responsable de ellos. En los meses
después de que regresamos de China, descubrí otras esferas de mi
vida en las cuales había tomado la carga de la responsabilidad, aun
cuando esa carga no era mía.

Al igual que mi padre, yo me había sentido culpable por no
haberme dado cuenta de que Jon estaba deprimido. Había sentido
que, como médico, yo debería haber visto algo. Aunque con rapidez me di cuenta de que yo no tenía la culpa de la muerte de Jon,
emocionalmente no me podía liberar de la culpa y de sentir que en
alguna forma yo era responsable de asegurarme de que eso jamás
volviera a ocurrir. Esa era una de las razones por las que estaba tan
preocupado por Mike. Yo quería vigilarlo para asegurarme de que
no fuera a sucumbir a la depresión al igual que su hijo, Jon.

Además, en poco más de tres años, mis tres hijas se habían casado,
pero en lugar de sentir que mis obligaciones hacia mi familia dis-
minuían, con cada yerno e hija mudándose lejos, sentía el peso de
más responsabilidad. Debería haberme dado cuenta de que eso no
era necesario. Dios ya me había demostrado en Irlanda que él iba
a cuidar de mi hija. Aun en medio de gran inestabilidad política,
sobre la cual yo no podía hacer nada, Dios estaba allí cuidando y
protegiendo a mis hijas.

Y por cierto, ¿qué era lo peor que nos podría suceder a alguno de
nosotros? Que estuviéramos separados por unos años para después
reunirnos por toda la eternidad en el cielo. Mis pacientes me habían
enseñado que hay un tiempo para desprenderse de las cosas de este
mundo y para anhelar estar en el siguiente, pero en cambio, yo continuaba tratando de llevar sobre los hombros la tarea imposible de
asegurarme de que todo a mi alrededor marchara bien y que todos
estuvieran bien.

El viaje a China me mostró que ambas familias, Chapman y
Anderson, estaban sanando muy bien. Y Dios me recordó que
a veces hay un propósito más grande para nuestro dolor y sufrimiento. Yo estaba comenzando a ver que era tiempo de dejar de
querer arreglar todas las cosas.

Cuando Karen sugirió que hiciéramos un viaje a Italia, enseguida le dije que sí. Tal vez lo que yo necesitaba eran unas vacaciones.

✦ ✦ ✦

Cuando estuvimos en Roma, pasamos un día en la Ciudad del Vaticano y me sentí muy contento porque fuimos a la Basílica de San Pedro. A través de los años yo había visto algunas catedrales muy maravillosas en Irlanda y en Inglaterra, pero ahora, cuando miré hacia arriba, a la parte superior de la cúpula de la basílica, a unos ciento cuarenta metros desde donde estábamos parados, me di cuenta de que otras catedrales solo podían ser pobres imitaciones de esta. La Basílica de San Pedro es una de las iglesias más grandes del mundo y es uno de los lugares más sagrados para los católicos.

Una iglesia ha estado en ese lugar, que se cree que es la tumba original del apóstol Pedro, desde el siglo IV de nuestra era. La estructura actual se comenzó en el año 1506 y tomó más de ciento veinte años terminarla. Eso quiere decir que ninguna de las personas que estuvo allí cuando se comenzó la obra la vio terminada. Traté de imaginar la fe que tuvieron que tener las personas que la diseñaron y que comenzaron a construir una estructura que nunca iban a ver terminada.

Mientras caminaba por esa iglesia, me sentí muy conmovido por las historias de los mártires que habían dado sus cuerpos terrenales para predicar a un Dios que nunca habían visto en la carne. Por supuesto que la única excepción era el hombre en cuyo honor le habían puesto el nombre a la iglesia. Pedro fue uno de los discípulos de Jesús. De hecho, Jesús le había cambiado el nombre de Simón a Pedro, que quiere decir «roca». Jesús le dijo que él era la roca sobre la cual se construiría la iglesia.

En aquel momento, estoy seguro de que Pedro no entendió lo que le dijo Jesús. Él era solo uno de los doce hombres que seguían a un rabino muy especial. Un rabino que Pedro creía que era el Mesías, pero después de la muerte de Jesús en la cruz y de su resurrección, Pedro tal vez tuvo muchas dudas acerca de si la iglesia iba a sobrevivir. Por supuesto que hay muchos milagros maravillosos registrados en el libro de Hechos, pero en aquel tiempo, también hubo muchos obstáculos que tuvo que enfrentar la iglesia. Había problemas políticos en todos lados; en algunos casos, los seguidores de Jesús tuvieron que ocultarse para predicar el evangelio y muchos de ellos murieron como mártires por su fe en el Mesías. Otros seguidores simplemente se dieron por vencidos y regresaron a sus raíces y a su religión judías. Otros desistieron y no siguieron religión alguna.

¿Podemos imaginar la clase de carga que debe haber sentido Pedro por la iglesia que se suponía tenía que ayudar a edificar? ¿Se habrá preguntado alguna vez si habría hecho lo suficiente? ¿Se habrá sentido como un fracasado pensando que debería haber hecho más?

Finalmente, Pedro fue crucificado. La tradición dice que se sintió tan indigno de morir de la misma manera que Jesús que pidió que su cruz fuera puesta al revés, con la cabeza hacia abajo. Me pregunté: *¿Cuáles fueron sus pensamientos finales?* Estoy seguro de que no pensó que unos cientos de años después los creyentes iban a construir una iglesia encima de su tumba, o que mil años después de eso, levantarían una basílica que llevaría su nombre.

Con la evidencia que Pedro tenía, ¿cómo podría haberse imaginado que la iglesia iba a crecer tanto, o el impacto que tendría ahora en el mundo?

No creo que pueda haberlo imaginado.

Él era un simple pescador a quien le habían dado las llaves del Reino, y al igual que todos nosotros, es posible que haya tenido días cuando pensaba que las llaves estaban atascadas en la cerradura.

Bajé las escaleras de piedra y me detuve frente a la tumba de Pedro, pensando en la responsabilidad que se le había encomendado y que nunca llegó a ver cuánto había crecido el cristianismo.

De pie frente a la tumba de Pedro lloré y me acongojé. Sobre todo, oré. Al principio no supe el por qué, pero en un momento de revelación lo supe. Dios me estaba pidiendo que le devolviera las llaves de mi «reino». El me las había dado y me las había encomendado por un tiempo, pero ahora era tiempo de devolvérselas.

Señor, no puedo aguantar esta carga por más tiempo. Entonces miré la tumba del hombre a quien, por un tiempo, se le había dado la responsabilidad de ser el guardián de la iglesia cristiana. Ahora Pedro no estaba en este mundo, y solo quedaban sus huesos; sin embargo, de alguna forma la iglesia continuaba prosperando y creciendo. Cuando Pedro murió, nada se desmoronó. Dios había protegido y cuidado de la iglesia sin Pedro. Ahora había esta enorme catedral construida encima de sus huesos.

Un día yo también moriría y al igual que Pedro, ya no podría cuidar ni proteger a mis seres amados. Dios me estaba pidiendo que le devolviera la responsabilidad que por tanto tiempo había llevado sobre mis hombros.

Señor, soy como Pedro; soy un hombre simple del campo. He cuidado y protegido a los que me has pedido que guardara y protegiera. He sanado a aquellos que tú me has capacitado para sanar, pero de la misma forma en que liberaste a Pedro de ser el guardián de tu iglesia cuando murió, libérame ahora a mí. Dejo todas mis preocupaciones e inquietudes sobre tu altar y ahora te devuelvo lo que siempre ha sido tuyo: el control. Por favor, bendíceme, bendice a mi familia y bendice a la familia Chapman para tu gloria.

En forma instantánea sentí la presencia de Dios, seguida de un sentimiento de liberación. Un peso enorme me había sido quitado de los hombros. No puedo decir que nunca más me preocupé por mis hijas o que no me inquieté en cuanto a cómo marchaba la familia Chapman, pero ya no cargaba el peso de la responsabilidad por ellos. En ese momento también sentí que desaparecía el temor que sentía de que algo le pudiera suceder a Mike, y de que Cathy y Jennifer se pudieran quedar solas.

Algo muy dramático cambió para mí.

Todavía yo tenía un hombro fuerte en el que la gente se podía apoyar para llorar, pero ahora, yo también podía llorar.

Al igual que las mariposas de María, yo también había sido puesto en libertad.

Capítulo 31
EL SUEÑO DE LA VIDA

✦

Mike y Cathy, con su hija, Jennifer, habían estado viviendo en Oswego, Nueva York, por varios meses. Ya habían pasado nueve años y medio desde la muerte de su hijo. En lo emocional, nada había cambiado, ya sea positiva o negativamente. Mike todavía parecía retraído y muy triste. Aunque yo ya no me sentía responsable por su bienestar, todavía me preocupaba su nivel de sufrimiento.

Steven sabía de mi preocupación. Cuando me dijo que iba a realizar un concierto cerca de la casa de ellos en Nueva York, yo invité a Mike y a Cathy para que asistieran. Ellos habían conocido a Steven y a Mary Beth durante sus previas visitas a nuestra casa. A ellos les gustaba su música, y por supuesto que se entristecieron con la noticia de la muerte de Maria. Yo oré pidiendo que el ver la forma en que Steven se había vuelto hacia Dios en su dolor los inspirara.

A Steven le había resultado difícil volver a viajar, cantar y escribir música otra vez. No obstante, en mi opinión, su música reciente estaba entre lo mejor de sus composiciones. Tal vez porque era algo que sentía muy profundamente. Aun en su angustia más profunda, Steven continuó buscando al Señor y llevando el nombre de Cristo hasta lo último de la tierra. Su música reflejaba su profunda fe y confianza en Dios. Recientemente, Steven también había comenzado a contar más de su historia en sus conciertos. Yo esperaba que una tarde de su música fuera un tiempo significativo para mi hermana y para mi cuñado, y que se sintieran alentados, sabiendo que Steven comprendía su dolor.

✦ ✦ ✦

Después del concierto, Cathy me llamó para decirme que le había gustado mucho.

—Siempre me ha gustado mucho la música de Steven y fue maravilloso verlo cantar en persona —me dijo. Sus siguientes palabras me sorprendieron—. A Mike y a mí también nos gustó la iglesia donde se realizó el concierto. Pensamos visitarla algún día.

—Sería muy bueno —le dije tratando de no sonar demasiado entusiasmado—. Espero que les guste.

Yo sabía que Cathy y Mike no habían encontrado una iglesia en la que se sintieran cómodos desde que se mudaron de Illinois y, de hecho, Mike no había asistido en forma regular a ninguna iglesia desde la muerte de Jon. Escuchar la música de Steven y su testimonio parecía haber traspasado el estoico exterior de Mike y haber despertado algo dentro de él.

Aquella noche, Karen y yo oramos por ellos. Pedimos con fervor que volver a una iglesia los restaurara y desarrollara su fe.

✦ ✦ ✦

Cathy me había dicho que ella y Mike pensaban visitar la iglesia «algún día», y eso resultó ser el domingo siguiente. Se estaba realizando un servicio de sanidad en esa iglesia y mientras ellos estaban allí, Dios sanó algo dentro del corazón de Mike. Decidieron regresar al siguiente domingo y luego al siguiente después de ese. Por primera vez desde la muerte de Jon, Cathy y Mike comenzaron a asistir a la iglesia en forma regular.

Dios estaba comenzando a reparar el enorme vacío que había en el corazón de Mike y él finalmente estaba dejando que Dios lo hiciera. En los meses siguientes, la fe de Mike aumentó. La próxima vez que estuvimos juntos, me fijé que sus ojos, que antes se veían vacíos y apagados, ahora brillaban con el fuego del Señor. Hablaba más acerca de su fe y a menudo conversábamos de lo que Dios estaba haciendo en su vida.

La vida renovada que se veía en su mirada y la vitalidad que se notaba en su persona fueron una transformación que solo podía venir de Dios. Aunque acercarse más a Dios no quitó el dolor que perduraba en el corazón de Mike, le hizo más fácil enfrentar cada día con esperanza. Mike se sentía alentado de saber que Jon ya no sufría, que estaba feliz en el cielo y que un día él lo vería de nuevo. Me imaginaba a los dos sentados uno al lado del otro con sus cañas doradas de pescar en una corriente de agua azul cristalina.

Dios nos recuerda que todos los días aquí en la tierra vamos a tener luchas. Él abre y cierra puertas en nuestra vida, y algunas veces, quedamos confundidos y desconcertados por las cosas que él permite que sucedan. La vida es tanto preciosa como incierta. Durante los años cuando nuestro dolor era tan reciente y agobiante, todavía teníamos preguntas acerca del suicidio de Jon. Aunque no teníamos todas las respuestas que anhelábamos, teníamos todo lo que necesitábamos. Dios es real, es bueno y es nuestra esperanza para el futuro.

Observando a Steven y a Mike sobrevivir el increíble dolor que ambos habían experimentado, supe que la respuesta al sufrimiento es enfocarse en Dios. Sin embargo, para mí, una cosa era caminar al lado de seres queridos que sufrían y alentarlos a que se volvieran a Dios y otra muy diferente era enfrentarme a mi propio dolor, sabiendo el sufrimiento que me esperaba allí.

Muy pronto, yo tendría que enfrentar mi dolor personal más agudo y no estaba seguro de que mi fe estuviera lista para tal desafío. ¿Creía yo que Dios es quien dice ser? ¿Podría yo apoyarme en él, o le daría la espalda de nuevo? Y lo más importante, después de todo lo que Dios me había mostrado, ¿creía yo que el cielo era tan real como para actuar basado en eso?

✦　✦　✦

El verano estaba llegando a su fin y ya se vislumbraba el otoño. Karen estaba fuera de la ciudad ese fin de semana, así que el domingo llevé a mi mamá y a mi papá a la iglesia y luego fuimos a almorzar. Cuando la camarera tomó nuestras órdenes, mamá pidió lo que piden todas las mujeres sureñas: un plato de algo que no sería suficiente para alimentar a un pajarito. Yo pedí el plato especial de ese día y mi padre, por alguna razón, pidió el bistec más grande que tenían. Después de hacer su pedido, dejó la mesa para ir al cuarto de baño. Se demoró mucho y cuando regresó se veía pálido.

—¿Te sientes bien? —le pregunté. Durante el año anterior, mi papá había estado luchando con el síndrome mielodisplásico, que a veces se llama «preleucemia». Su médula ósea había dejado de producir los glóbulos blancos que se necesitan para luchar contra las infecciones. Cualquier enfermedad era causa de preocupación.

—He estado pasando sangre en la orina —dijo.

—¿Te sucedió ahora? ¿En el cuarto de baño?

—Desde el viernes.

—¿No pensaste que eso era algo que le debías decir a tu hijo, *que da la casualidad que es médico?*

—No tuve nada ayer.

—¡Papá! ¡Tienes ochenta y dos años de edad!

—Bueno, no quería molestarte.

En ese momento, la camarera nos trajo la comida. El plato de bistec de mi padre fue el último que puso en la mesa. Él tomó el tenedor y el cuchillo para cortar un pedacito y yo le quité el plato de un tirón. Me miró como si me fuera a morder la mano.

«Tenemos que ir al hospital para que te revisen y no puedes comer nada hasta que te hagan los exámenes».

Afortunadamente, mamá estuvo de acuerdo. Ella y yo comimos con rapidez y mientras estábamos pagando la cuenta, papá estiró la mano para comerse un poco de comida del plato de mi mamá.

—Papá, cuando te dije que no podías comer, ¡eso también incluía la comida de mamá!

Yo no sabía lo que le pasaba, pero si iba a necesitar una operación o algunos exámenes, los médicos querrían estar seguros de que él tenía el estómago vacío.

Él se quejó.

—Te lo debería de haber dicho *después* del almuerzo.

Nos pusimos de pie para irnos, pero papá se tuvo que sentar de nuevo rápidamente. Lo dejamos descansar un minuto antes de que tratara de nuevo, pero se sentía tan débil que lo tuve que ayudar a llegar al automóvil.

En el hospital, los médicos le hicieron algunos exámenes y determinaron que era probable que tuviera una hemorragia interna, pero no pudieron identificar dónde. Le pusieron cuatro unidades de sangre, su recuento de glóbulos se normalizó y él se sintió mejor. Unos pocos días después le dieron de alta y regresó a casa. Pensamos que sus problemas habían terminado.

✦ ✦ ✦

Dos semanas después, papá estaba entreteniéndose en nuestro jardín y yo me uní a él para pescar en el lago. A medida que avanzaba la tarde, noté que mi padre comenzaba a ponerse pálido.

—¿Te sientes bien? —le pregunté cuando terminamos lo que estábamos haciendo.

—En realidad no.

—Bueno, te voy a acompañar a tu casa.

Camino a su casa, yo iba al lado de él y noté que no se veía nada bien. Parecía débil y cansado. Lo ayudé a acostarse y cuando me pareció que se veía cómodo, me fui.

Cuando llegué a casa, le conté a Karen acerca del incidente.

—Tu mamá dice que cada vez está más débil y que le cuesta levantarse —me dijo Karen—. ¿Crees que deberíamos comprarle una de esas sillas en que la persona se sienta y la silla lo ayuda a ponerse de pie?

Estuve de acuerdo y unos pocos días después llegó la silla.

La pusimos en su dormitorio, que era donde le gustaba mirar los partidos de béisbol en televisión.

—Veamos cómo te sientas en la silla y te pones de pie —le dije. Puse la silla en la posición de ponerse de pie y lo ayudé a llegar a ella. Parecía usar una pierna más que la otra.

—La rodilla me está dando un poco de problema —me dijo.

A mi padre le habían operado una rodilla cuando era joven y ahora tenía artritis en esa articulación. El ortopedista le había puesto una inyección para que se sintiera mejor. Aparentemente, eso no lo estaba ayudando. A pesar de todo, papá llegó a la silla, se puso de espaldas, se sentó y usó el control remoto para ponerla en una posición que le resultaba cómoda. Entonces, con éxito, siguió el proceso contrario para ponerse en pie. Parecía que la silla lo iba a ayudar.

Una vez que estuvo sentado, charlamos por un rato y luego me fui a mi casa. Dos horas más tarde, mamá me llamó. «Papá no se puede levantar».

Fui con David a la casa de mis padres. Papá no podía salir por sí mismo de la silla. Aun cuando básicamente la silla lo levantaba hasta una posición de pie, David y yo lo tuvimos que levantar para acostarlo en su cama.

Él estaba transpirando un poco y se sentía afiebrado. El corazón le latía con demasiada rapidez y tenía la rodilla roja. Todas esas eran señales de una infección severa y para mi padre, eso podía ser mortal. Era serio y teníamos que hacer algo de inmediato. Lo miré, acostado en su cama, ardiendo de fiebre, y supe que era él quien tenía que tomar una decisión.

—Papá, estás muy enfermo. Si te quedas aquí, es probable que mueras en un día o dos. ¿Quieres ir al hospital? Allí te podemos tratar. —Yo sabía que probablemente él no iba a querer ninguna medida extrema, pues hacía mucho tiempo que había firmado una orden de «no resucitar»—. Por lo menos allí te podemos mantener cómodo.

—Lo que diga Margie —dijo, dejándole la decisión a mi mamá.

Nos habíamos asustado antes, pero de pronto el peligro era real. Papá se estaba muriendo y yo no estaba seguro de estar listo para dejarlo ir. Yo quería asegurarme de que él había entendido lo que estaba en juego, así que traté de nuevo.

—¿Quieres morir en casa? Mamá no te puede cuidar. Tendríamos que tener enfermeras que nos ayuden las veinticuatro horas del día.

—Entonces vamos al hospital —dijo con renuencia.

Como médico, había medidas que yo podía tomar para tratarlo, pero no estaba seguro de si él me permitiría usarlas. Tampoco estaba seguro de si yo las quería usar. Tanto mi padre como yo sabíamos que él iba a ir al cielo y eso era algo que él esperaba con ansias. *¿Por qué querríamos prolongar lo inevitable?* No obstante, yo ya sabía la respuesta. Aunque él iba a estar mejor en el cielo, yo lo iba a extrañar muchísimo. Yo había visto el intenso dolor que ambos, Steven y Mike, habían experimentado al principio, así como también la añoranza que sentían aun años después de haber perdido a alguien que amaban. Yo no estaba listo para eso. Extendí la mano y le toque el brazo a mi papá, con la intención de decirle algo cariñoso que lo ayudara, pero él habló antes.

«Dije que voy a ir al hospital, pero ¿puedes mover tu mano? Me estás haciendo doler el brazo».

✦ ✦ ✦

En el hospital, los doctores determinaron que tenía comprometido el sistema inmunológico. Había desarrollado SARM, que es una infección virulenta de estafilococos extremadamente difícil de tratar. Lo peor es que mientras él luchaba contra la infección, su cuerpo se volvió séptico y la inflamación estaba causando daños irreparables en sus órganos. La situación no se veía bien y lo admitieron a la unidad de cuidados intensivos. Siguiendo las instrucciones de mi padre, el doctor escribió en su historial «no resucitar»; si algo pasaba, no lo iban a reanimar. La enfermera comenzó a administrarle en forma intravenosa los antibióticos que le había recetado el doctor y se nos aconsejó llamar a nuestros familiares.

Darles la mala noticia a mi hermano y a mi hermana no me resultó fácil, pero lo hice. Cathy todavía estaba viviendo en Nueva York. Le tomó un par de horas hacer los arreglos necesarios para llegar a Nashville desde Oswego, pero me llamó y me dijo que iba a llegar en dos días. Tim todavía vivía en Huntsville, e iba a viajar en automóvil para llegar al día siguiente.

Las elecciones médicas que teníamos eran bastante simples: podíamos honrar los deseos de mi padre y dejar que las cosas siguieran su curso; después de todo, papá tenía ochenta y dos años de edad y había vivido una vida buena. O lo podíamos mantener vivo usando los medios necesarios, incluyendo máquinas que lo ayudaran a respirar y tubos que lo ayudaran a alimentarse. Papá ya había decidido que no quería esa última opción; sufría dolores muy intensos. Yo no quería que él sufriera, así que entendí por qué dejarlo ir era una buena opción.

Sin embargo, yo quería mantener vivo a mi padre por lo menos hasta que Tim y Cathy le pudieran decir adiós. Y egoístamente, yo no estaba listo todavía para dejarlo ir, para enfrentar la angustia de vivir sin él.

Hablé sobre mi dilema con Matthew Bueter, que era su médico.

«No lo vamos a poner en máquinas que le prolonguen la vida —dijo el doctor Bueter—. Eso va en contra de todo lo que tu padre ha pedido que se haga, pero hay algunas cosas que podemos hacer en forma razonable para ayudarlo a sentirse mejor hasta que llegue tu familia».

El doctor Bueter ordenó que le pusieran varias unidades de sangre para reemplazar la que mi padre estaba perdiendo, lo cual aumentaría los glóbulos de su sangre. Era lo mismo que habían hecho cuando mi padre estuvo en el hospital la semana anterior. Nuevamente, eso dio buen resultado. Después de recibir esa transfusión de sangre, mi padre pareció tener más vitalidad. También durante el siguiente día y medio respondió mejor a los antibióticos. Le bajó la fiebre y lo mismo ocurrió con su pulso. Supimos que se sentía mejor cuando comenzó a pedir que le dieran comida.

Para entonces, los miembros de la familia habían comenzado a llegar. Clyde, el hermano menor de mi padre, que tenía la enfermedad de Alzheimer, y las hermanas gemelas de mi padre también llegaron, una de Montgomery, Alabama, y la otra de Columbia, Tennessee. También llegaron otros amigos y miembros de la familia.

El ver a mi padre animarse y conversar con la familia me dio la seguridad que necesitaba de que la transfusión de sangre que se le había dado había sido la decisión correcta. Papá se pudo despedir de cada uno de sus familiares y para cuando sus visitas terminaron, cada uno de ellos había podido aceptar lo que iba a suceder.

Cuando llegó la hora de irse, Clyde caminó lentamente hacia la puerta, se dio vuelta y se detuvo. En un momento de lucidez, dijo:

—Bueno, supongo que ahora me toca a mí seguir llevando a la familia adelante.

Me reí suavemente.

—Sí, tío Clyde, estoy contigo en eso.

Mi padre estaba cada vez más fuerte y finalmente se decidió que podía pasar del hospital en Nashville al hospital en Ashland City, donde estaba mi consultorio.

✦ ✦ ✦

El hospital tiene lo que se llama una unidad de transición. Es un área de rehabilitación para las personas que necesitan algunas semanas de terapia física antes de poder regresar a sus hogares. Allí fue donde pusimos a mi padre. Había solo dos médicos y yo era uno de ellos. Puesto que el otro médico estaba fuera de la ciudad, fui designado como el médico encargado de la atención de mi padre. A diferencia del hospital de Nashville, donde yo podía consultar con otros médicos cuando no estaba seguro de lo que debía hacer, aquí yo *era* el único médico de mi padre.

Mi padre estaba en la lista de «no resucitar», así que casi todo lo hacíamos estaba relacionado con la terapia física y con aliviarle el dolor. Típicamente, en una situación como esa, yo veía al paciente una vez por semana, pero tratándose de mi padre yo iba a verlo todos los días y a cada momento libre que tenía. Yo quería aprovechar al máximo el tiempo que le quedaba.

Todavía estaba recibiendo antibióticos en forma intravenosa, pero después de unos pocos días, su recuento de glóbulos comenzó a bajar de nuevo. Yo tenía una elección: podía ordenar otra transfusión con más unidades de sangre, como ya habíamos hecho dos veces, o podía tratarle solamente el dolor. Papá y yo sabíamos que el ciclo descendente continuaría. Una transfusión cada pocos días lo reanimaría, pero luego sus glóbulos comenzarían a bajar de nuevo. Papá no se iba a mejorar. Se iba a morir. ¿Valía la pena hacer ese tipo de intervención para darle unos pocos días más de vida? Continuar prolongando lo inevitable no era lo que él quería, a menos que hubiera una buena razón. Y él no creía que la hubiera. A menos que su médula comenzara a funcionar bien en forma milagrosa, era simplemente un asunto de tiempo.

Sin embargo, el pensamiento de dejarlo partir y de nunca más poder hablar con él me hizo sentir un dolor profundo. Mientras él estaba allí, aunque solo fuera por unos pocos días o unas semanas más, yo todavía podía tocarlo y sostener su mano entre las mías. Una vez que se fuera, nunca más lo podría hacer. No estaba seguro de poder dejarlo ir. Como su médico y como su hijo, yo tenía mucha influencia en cuanto a las decisiones que él y mamá tomaban y podía tratar de convencerlos para que hicieran una intervención agresiva.

Pensé en los cientos de veces en que había aconsejado a pacientes en esa misma situación. Mientras que no había respuestas correctas o incorrectas, cuando la muerte era inevitable, en realidad yo nunca había entendido por qué alargar la situación. Ahora sí lo entendía. Todo cambió para mí cuando fui *yo* el que tuvo que enfrentar la elección.

De todas formas, yo tendría que tomar una decisión al día siguiente.

Antes de irme para mi casa, pasé por la habitación de papá para recoger a mi mamá y llevarla a mi casa conmigo. Entré al cuarto y miré al hombre débil que yacía en esa cama de hospital. Eventos de mi vida con mi padre pasaron de repente delante de mis ojos. Recordé las muchas veces que habíamos salido en su camión a través de la campiña; también el día en que él estaba afuera arreglando la antena del televisor cuando me enteré de que había ganado a Tex por medio de aquel programa de televisión; la Navidad en que él sacrificó su orgullo para comprarme una bicicleta a crédito; la tarde en que, parado frente a los casilleros de mi secundaria, me dijo lo que le había sucedido a la familia Alday; mis graduaciones de la universidad y de la facultad de medicina; su mudanza a Kingston Springs y cuando había bailado con mi mamá en las bodas de mis hijas.

Extendí la mano y tomé la suya.

—Papá, no creo que vayas a superar esto —le dije, mientras las lágrimas me hacían arder los ojos. Aunque el cielo es maravilloso, y yo había visto mucho más que la mayoría de la gente, todavía quería que mi padre se quedara conmigo.

No obstante, él estaba listo para irse.

—Lo sé. Estoy listo —me dijo simplemente. Entonces como siempre lo hacía en momentos de gran emoción, tomó sus herramientas. Solo que como ahora estaba acostado en una cama del hospital, le pidió a mamá que lo ayudara.

«Asegúrate de que Reggie reciba mis herramientas para trabajar en el jardín. Quiero que le des el arado cincel y el azadón...».

Yo trataba de contener los sollozos que se me estaban formando en la garganta. Mi padre siempre había plantado una huerta desde antes de que yo pudiera recordar; el pensamiento de que me daba sus herramientas para trabajar la tierra era una señal de que verdaderamente estaba listo para partir.

✦ ✦ ✦

Todo el día había luchado con lo que se debía hacer. En mi casa, había estado huraño y retraído. Karen sabía lo que me estaba preocupando. Aunque papá y mamá podían tomar la decisión que quisieran, ella sabía que lo que yo recomendara tendría mucha influencia en la decisión de ellos. Karen también sabía de la gran responsabilidad que esa decisión representaba para mí.

Oramos juntos antes de que me durmiera y las palabras finales de Karen fueron: «Estás haciendo todo lo que se supone que hagas. No te preocupes». A diferencia de las noches anteriores en que me había dado muchas vueltas, aquella noche me dormí de inmediato.

Sentí la misma sensación que había sentido tantos años antes mientras dormía en el bosque. Sentí como que me estaba cayendo, dando vueltas en la oscuridad, antes de aterrizar súbitamente en un lugar muy brillante.

✦ ✦ ✦

De nuevo estaba en un lugar que era mucho más real que el mundo en el que vivimos. Los colores eran más vívidos, y los aromas de pan recién horneado y de madera de cedro recién cortada eran más intensos que los que había experimentado en la cocina de mi madre y en el taller de mi padre. Aspiré profundamente y me di cuenta de que estaba de pie a la entrada de una enorme catedral, una que era aún más suntuosa que la Basílica de San Pedro en Roma.

Mientras me maravillaba de los alrededores, quería entrar a la catedral para ver su esplendor interior, pero noté un cuarto adyacente a la entrada donde algo estaba ocurriendo. Escuché que alguien estaba dando direcciones, casi como si estuviera enseñando. La cadencia y la forma de hablar me sonaron conocidas. Me moví hacia la voz; no fue caminando ni tampoco flotando, más como que estaba pensando en ir hacia la voz y de pronto me encontré allí.

Vi a un hombre de pie sobre el sexto de siete peldaños de mármol en una bóveda que llevaba a un jardín o a un cuarto con jardín. El hombre me pareció conocido; era joven, de unos treinta años de edad, y aunque estaba de espaldas a mí, me di cuenta de que dirigía o supervisaba a trabajadores que estaban construyendo la puerta entre los dos cuartos. Parecía estarles enseñando la mejor forma de pulir y de pintar la entrada en la que estaban trabajando. Ellos parecían estar poniéndole los últimos toques al gran orificio.

Esa no era una entrada común y corriente. El arco se elevaba unos seis metros por encima mío en su parte más alta. Tenía dos sólidas puertas de roble que estaban parcialmente abiertas, lo suficiente como para poder ver la brillante luz interior. Subí hasta el tercer escalón para ver mejor un invernadero de vidrio al otro lado. Una corriente de cristalina agua azul corría a través del cuarto pasando por rocas que sobresalían del suelo y llegaba a una piscina a la entrada, lo cual le daba un reflejo deslumbrante al invernadero. Los caminos que se originaban en la puerta se curvaban alrededor del agua, invitando a los visitantes a caminar por el lugar donde los peces nadaban en el agua burbujeante. Di un profundo suspiro. Los aromas del cedro y del pan recién horneado estaban allí, pero también estaban acompañados de aromas más ricos y profundos como el de la tierra, similares a la fragancia a terreno fresco que se aspira después de una lluvia primaveral.

—¿Qué está pasando? —pregunté.

El hombre se volvió hacia mí y sonrió. De inmediato lo reconocí. Era mi padre, James; solo que en lugar de verse como el demacrado hombre de ochenta y dos años de edad que yacía sobre la cama de un hospital, ¡se veía como si tuviera un poco más de treinta años de edad! Estaba feliz, sin ninguna enfermedad, totalmente sano.

—¿Qué piensas de este lugar, Reggie? —me preguntó. De nuevo, no hablábamos con voces audibles ni escuchábamos con nuestros oídos. Era como si estuviéramos conectados a un nivel más profundo—. Está casi terminado; creo que voy a estar muy bien aquí. ¡Este lugar es aún mejor de lo que yo imaginaba!

✦ ✦ ✦

Me desperté y sentí la paz y la presencia de Dios.

Supe lo que se suponía que hiciera.

Capítulo 32
A PRESTO! EXPRESIÓN ITALIANA PARA DECIR: «¡HASTA PRONTO!»

✦

Cuando desperté, me tomó un momento darme cuenta de dónde estaba y de dónde había estado hacía unos pocos momentos. Fue entonces cuando respiré el suave aroma del cedro recién cepillado. El olor, que había sido tan fragante y fuerte antes de que abriera los ojos, ahora persistía en mis sábanas. De igual forma, cuando desperté, todas las cosas en mi cuarto parecían de alguna forma más apagadas y borrosas que los colores que habían sido tan intensos, tan poderosos, tan vívidos y tan brillantes solo un instante antes. En un sueño, Dios me había bendecido con otra visión del cielo que me pareció más tangible, más auténtica y más real que cualquier otra cosa aquí en la tierra, ¡al igual que el sueño en el que había visto a la familia Alday!

Yo había visto a mi papá en los escalones del cielo y no se veía para nada como el hombre demacrado que se estaba muriendo, acostado sobre una cama en el hospital de Ashland City. ¡Papá se veía fantástico! Sano y completo. Mucho más joven que sus ochenta y dos años de edad. Me probó de nuevo que el tiempo en la tierra no es igual al tiempo de Dios. A través de los años, las experiencias que tuve con mis pacientes me habían enseñado que no pasamos la vida caminando hacia la eternidad; caminamos al lado de la eternidad. Ahora Dios había abierto el velo y separado el presente del futuro, permitiéndome ver un anticipo de la vida de mi papá en el cielo.

Me entusiasmé tanto que me sentí mareado.

Ahora en verdad podía dejar ir a mi papá sin sentir remordimientos. Yo sabía que él iba a ser feliz allí y que no tendría dolor. Lo más importante es que yo sabía exactamente adónde iba y la forma de encontrarlo cuando yo llegara a ese lugar. Él estaría trabajando en el jardín al lado de la entrada, el lugar con el arco de seis metros de altura sobre las puertas de roble con terminaciones de cedro recién cortado.

Karen se dio vuelta y me vio sonriendo.

—Papá va a estar bien —le dije—. Va a hacer un viaje. Vamos a estar tristes y lo vamos a extrañar, pero *mi papá* va a estar en su hogar en los brazos de *nuestro Padre*. ¡Eso es algo para celebrar!

—¿Qué pasó? —me preguntó Karen.

—Dios me dio una visión de papá en el cielo y allí hay un lugar extraordinario con todas las cosas que le encantan a papá que lo están esperando. Para decirte la verdad, me siento un poco celoso.

—Dime lo que viste —me dijo ella acercándose más a mí. La abracé y le conté mi sueño, comenzando desde el principio y dándole todos los detalles a continuación.

—Y hay plantas en el jardín, esperando que papá las atienda. Hay un arroyo en el cual puede pescar y hay obreros de la construcción que lo pueden ayudar con sus proyectos. En el cielo, él está completamente sano; está joven y vigoroso de nuevo.

—Espera... ¿hay obreros de la construcción en el cielo?

—Yo los vi. —Pensé por un instante y me di cuenta de que no les había visto el rostro—. Tal vez son ángeles.

Con todos sanos y perfectos, me di cuenta de que Dios no iba a necesitar médicos en el cielo.

—Creo que yo también voy a trabajar en la construcción. De otra forma, no voy a tener trabajo.

—Oh, Reggie —me dijo Karen con una risita—, tú harías cualquier cosa cuando llegaras al cielo, con tal de que finalmente pudieras quedarte allí.

Ella tenía razón.

✦ ✦ ✦

Más tarde aquella mañana, fui a la habitación de mi papá en el hospital y les conté a él y a mi mamá lo que había soñado. Les expliqué que no veía mucho sentido en continuar con las transfusiones de sangre. Su tiempo era limitado y las transfusiones solamente posponían lo inevitable.

Él estuvo de acuerdo. «Estoy listo para irme», dijo.

Como esperaba, continuó declinando durante el fin de semana.

El domingo en la mañana me di cuenta de que era probable que no pasara de ese día. A menudo, si un ser querido le dice al paciente que está bien que se vaya, ese es el permiso que la persona necesita para partir. Yo quería darle ese permiso a mi papá. Cuando no quedó nadie más en el cuarto, me incliné hacia él y le dije: «Te amo, papá. Y está bien que te vayas cuando estés listo. Yo voy a cuidar de mamá».

✦ ✦ ✦

Toda la familia se reunió en el hospital, en la habitación de mi padre. Mamá estaba allí junto a Karen; a mi hermana, Cathy, y a mi hermano, Tim. Tres de mis cuatro hijos estaban allí, así como también Ciarán, el esposo de Ashley. Kristen y David no habían podido viajar de Irlanda. La única persona que todavía no había llegado era Caleb, el esposo de Julia, quien había tenido que tocar en un concierto la noche anterior y estaba en camino de regreso a la ciudad.

Mi mamá estaba callada. No habló mucho y cuando lo hizo, su voz fue muy suave. Yo vi en su rostro lo agradecida que estaba de tener a todos sus hijos y a la mitad de sus nietos allí para despedirse de papá. Estiré la mano y tomé la de ella.

«Papá no se está muriendo —le dije—. Se está preparando para nacer en otro mundo».

Ella me dio unos golpecitos suaves en la mano y me miró con interés, así que continué. Le expliqué las similitudes entre la respiración final de una persona que deja esta vida —respiración de Cheyne-Stokes—, y la de una madre que está en trabajo de parto.

—Suenan muy parecido; es una clase de respiración rítmica seguida de respiraciones que suenan como un gemido.

—¿Qué más? —me preguntó.

—Cuando los bebés nacen en este mundo, lo hacen pataleando y gritando, pero las personas como papá, que saben adónde van, se van de este mundo y con mucha paz nacen en el siguiente.

—Eso es maravilloso.

—Papá puede estar muriendo al dolor y al sufrimiento de este mundo, pero está naciendo a un mundo mucho mejor para toda la eternidad.

Ella sonrió al pensar en eso.

—Mira a los tres hijos que diste a luz. Antes de salir del canal del parto, cuando el médico nos vio la parte de arriba de la cabeza, dijo: "Veo la corona de la cabeza".

Ella asintió.

—Lo que estamos viendo con papá es su coronación en el cielo. Cuando entre al vestíbulo, le van a poner una corona en la cabeza porque habrá nacido a la eternidad.

—Me gusta mucho ese pensamiento —dijo ella.

Le recordé todas las cosas que yo había visto en el cielo —los aromas, los colores— y cuánto más real y tangible parecía todo allí comparado con lo que hay aquí. Le hablé sobre el gozo en los rostros de la familia Alday y que tres días antes, en mi sueño, papá era joven y estaba sano en el cielo.

✦ ✦ ✦

Caleb llegó y saludó a todos, y yo fui con él al lado de la cama de papá. Cuando papá se movió le dije:

—Papá, Caleb está aquí ahora. Todos estamos aquí a tu lado y te queremos mucho.

—Yo también los quiero mucho. A todos ustedes —dijo y luego se volvió a dormir. No lo supimos en ese momento, pero esas fueron sus últimas palabras.

Papá había estado yaciendo sin moverse por menos de una hora y yo sabía que no estaría con nosotros por mucho más tiempo. A veces hablábamos y a veces nos quedábamos callados, pero la habitación había estado en quietud por varios minutos cuando escuchamos una voz que dijo: «¿Podemos cantar?».

Todos mis hijos tienen inclinación artística y varios de ellos también son músicos. En la habitación aquel día también estaban Ciarán, quien trabaja en obras musicales de teatro, y Caleb, quien toca la guitarra para su padre, además de tener su propia banda. Cualquiera de ellos podría haber hecho esa pregunta en cuanto a cantar, pero no había venido de ninguno de ellos. Fue un pedido especial que hizo mi hermana, Cathy, quien, al igual que yo, no puede cantar para nada.

«¿Podemos cantar una canción? —repitió—. ¿Para papá?».

Alguien comenzó a cantar un himno y todos los demás nos unimos. Cantamos todos los himnos antiguos que sabíamos que le gustaban a mi papá. Hubo sonrisas cuando los jóvenes cantaban en diferentes voces e improvisaban cuando no sabían las palabras. Los que no teníamos inclinación musical, como yo, hicimos lo mejor posible para seguir a los demás. Entre un himno y otro, alguien oraba o contaba una historia acerca de papá. Parecía una celebración. Fue una fiesta en la cual papá era el invitado de honor, no el paciente que estaba a punto de morir.

Todos extrañamos a Kristen. Aunque las circunstancias le impidieron estar presente allí, estaba con nosotros en espíritu. Cuando alguien sugirió que cantáramos «In Christ Alone [Solo en Cristo]», pensé que era muy apropiado. Ese era el himno favorito de Kristen y lo habían cantado en su boda.

Durante el himno, la respiración de papá se volvió más errática y más trabajosa, y todos le pusimos las manos sobre el cuerpo para que supiera que estábamos allí. Entonces, mientras cantábamos el himno, la tarde del 4 de septiembre de 2011, exactamente treinta años después del día en que murió su madre, papá respiró por última vez en este mundo y nació al mundo siguiente.

Tomé mi estetoscopio, se lo puse en el pecho y escuché cuando su corazón dejó de latir. Sentí que el calor de su espíritu se iba y que una brisa fresca envolvía la sala. Yo les había explicado esa sensación a Karen y a mis hijos muchas veces antes, pero nunca la habían experimentado. Esta vez, mamá, Karen y mis hijos también fueron testigos. Cuando mi padre tomó su última bocanada de aliento, sintieron que el calor se iba; la misma sensación de la que yo les había hablado por años. Luego observaron cuando la palidez se apoderó de su caparazón.

Su alma se había ido.

Mi papá ya no estaba aquí.

Cuando papá cruzó al otro lado, fue como si su cuerpo físico se hubiera marchitado. Karen también lo notó.

«Este no es papá —dijo ella—. Es casi como si hubiera envejecido ante nuestros ojos. El gozo de su rostro y el brillo que irradiaba han desaparecido».

Yo estuve de acuerdo. Cuando sentí que su espíritu pasaba cerca de mi mejilla, se sentía liviano y juvenil. Era como si él hubiera desechado su cuerpo, pero ahora estaba más sano de lo que jamás hubiera estado. Me recordó cuando había visto a Jimmy y a Jerry en mi sueño. Y tenía la sensación de que Jesús estaba de pie con los brazos abiertos esperando para abrazar a mi papá al igual que una vez me había abrazado a mí.

Tomamos nuestras pertenencias, salimos del hospital y fuimos a mi casa. Aquella tarde solo se derramaron unas pocas lágrimas y eran lágrimas de gozo porque estábamos celebrando el nacimiento de mi papá en el cielo.

✦ ✦ ✦

El funeral se llevó a cabo unos pocos días después. Enterramos a papá en el sur del estado de Georgia, cerca de la familia de mi mamá y de las granjas donde habíamos pasado tantos veranos recogiendo sandías.

Cuando regresamos a Tennessee, fue muy difícil dejar a mamá sola en su casa vacía, especialmente cuando bajé su equipaje y lo puse en su dormitorio, sabiendo que papá nunca más estaría allí. Yo había prometido ser su protector, y sin embargo, no sabía la forma de hacerlo sin sentirme abrumado por la responsabilidad. Recordé aquel momento en Roma cuando de pie cerca de la tumba de San Pedro le había entregado todas las cosas a Dios.

¿Pero cómo lo hago ahora? ¿Cómo lo hago aquí, con mamá?

Cuando estaba sacando las últimas cosas del automóvil, un vecino a quien no conocía muy bien llegó en su automóvil y me dijo: «¿Puedo ayudar de alguna forma?».

Yo lo había visto un par de veces. Vivía en el mismo barrio, a unas pocas cuadras de distancia. Se había enterado de la muerte de mi padre y había estado al tanto para cuando mamá llegara de regreso a su hogar. Hablamos en forma breve y antes de irse, me dio su número de teléfono. «Déle esto a su mamá. Si ella necesita algo y usted no puede estar allí, dígale que me llame a mí».

Mientras él se alejaba en su automóvil, lágrimas de agradecimiento me rodaron por las mejillas. Dios había enviado a un vecino de buen corazón como recordatorio de que no tenía que hacer todas las cosas yo solo. Dios siempre estaría con ella.

Y conmigo.

Lo único que yo tenía que hacer era volverme hacia Dios.

✦ ✦ ✦

Como médico, he estado al lado de muchos pacientes cuando dieron su último suspiro y cruzaron al otro lado, pero es una experiencia totalmente diferente cuando el paciente es tu padre. Mi sueño me ayudó a darme cuenta de que, aunque lo iba a extrañar, papá en verdad estaba en el *paraíso* y que yo lo vería de nuevo pronto.

En cierta forma, la muerte es como un viaje a Italia.

Cuando mis amigos me dicen que van a viajar a Italia, me alegro mucho por ellos. Yo he estado allí y sé lo que están a punto de ver. Sé lo verdes, hermosos y fragantes que son sus campos. El arte es asombroso y hay tal despliegue que en comparación, un museo local aquí parece aburrido. Yo me siento entusiasmado por ellos, pensando en todo lo que van a experimentar.

Aunque estoy contento de que ellos viajen a Italia, para ser honesto tengo que admitir que también tengo otros sentimientos. Estoy un poco triste, porque voy a extrañar hablar con ellos mientras están ausentes. Cuanto más cercana está la gente de mí —por ejemplo, familiares o amigos íntimos—, y cuanto más tiempo van a estar viajando, la tristeza se hace más real. También siento una punzada de celos. Sé que va a ser un viaje increíble y que mientras ellos están disfrutando de esa aventura, yo voy a estar con la rutina cotidiana.

Aunque voy a extrañar a los viajeros y me gustaría ir con ellos, jamás trataría de hacer que perdieran su vuelo para que se queden aquí. En verdad quiero que disfruten de cada momento que pasen en Italia y que experimenten todo lo que el paraíso italiano tiene para ofrecer.

Sé que nuestra separación no será para siempre.

Lo mismo es cierto cuando nuestros seres amados dejan esta vida y se van al cielo. ¡La buena noticia es que pronto me reuniré con ellos! Ellos simplemente han tomado un vuelo que sale antes que el mío. Se debe a que la muerte no es un viaje exclusivo; es un viaje que todos vamos a tomar, solo que nuestro itinerario de partida es diferente.

No estoy seguro del tiempo previsto para mi partida. Puede ser meses o aun años desde ahora, pero sé que Jesús ya compró mi pasaje. Su gracia también compró el de usted. Él pagó por ellos con su vida. Lo único que nosotros tenemos que hacer es canjearlos con nuestra fe.

Así que cuando estoy en una terminal de aeropuerto (o al lado de una cama en el hospital) observando a mis amigos y familiares que tienen la fortuna de abordar un vuelo más temprano, me siento feliz por ellos, pero también sé que voy a estar triste por no poder hablar con ellos por algún tiempo. También voy a estar un poco celoso porque ellos están en un vuelo que sale antes. No obstante, cuando se vayan, no les diré adiós. En cambio les voy a decir: «*A presto!*», que es la expresión italiana para «¡Hasta pronto!».

Si uno de sus seres queridos se ha ido de esta vida antes que usted, sé que puede ser desalentador. Sin embargo, por favor no le dé la espalda a Aquel que le está ofreciendo el pasaje, como lo hice yo hace muchos años. *¡Usted también puede ir!* Su pasaje ya está pagado; hay un asiento que lo está esperando. Simplemente, extienda la mano hacia Dios que se lo está ofreciendo y recíbalo como un regalo.

Una vez que llegue, todos vamos a estar en el mismo alojamiento celestial. Amigos y seres queridos que se han ido antes van a estar esperando para saludarlo y van a estar muy felices. Cuando lo vean a usted, pienso que el gozo de ellos va a aumentar, y lo más importante es que la Persona que más lo ama lo va a estar esperando con los brazos abiertos. En ese momento, en vez de estar llegando a Italia, se va a dar cuenta de que ha llegado a *su hogar*.

Mientras espera que le llegue el tiempo de partir, trabaje haciendo lo que Dios le ha dado para hacer aquí. El azadón de papá tiene un lugar muy especial en mi granero como recordatorio de que, aun en mi tristeza porque él se fue al mundo que *sigue* a este, yo debo de seguir el ejemplo de mi padre: tomar mis herramientas y hacer lo que Dios me ha pedido que haga a favor de *este* mundo.

Aunque usted tal vez tenga algunos años más para trabajar antes de su cita para partir, consuélese con el pensamiento de que el viaje inimaginable de toda una vida lo está esperando en el futuro. Y a mí. Yo tal vez viaje con poco equipaje, pero una vez que llegue allí, mis planes son quedarme para toda la eternidad.

A presto!

Epílogo

✦ ✦ ✦

Dios me ha permitido ver algunas cosas que no se pueden explicar. Me ha dado vistazos del cielo que la mayoría de la gente no ha experimentado, así como el privilegio de caminar con muchas personas al comienzo y al final de su vida. Como resultado de todas esas experiencias, no veo la muerte como la ve mucha gente.

Concibo la muerte como un viaje alegre al hogar para aquellos que conocen a Cristo. Cuando se me presenta la oportunidad de estar al lado de alguien que regresa a su hogar para estar con Jesús, ¡yo quiero estar allí! No le temo a la muerte, ni tampoco a la muerte de los que son de Jesús. Por el contrario, esas oportunidades me alientan; me dan energía y me hacen querer ser parte de ese milagro. La vida me ha mostrado que la muerte no es el fracaso de la medicina sino la victoria del alma.

Mi deseo de pasar la eternidad con Dios es profundamente vehemente y todos los días anhelo mi cita final, el momento de regresar para estar allí por siempre. Nunca me he sentido tan bien recibido y alentado como cuando estuve en el cielo, y quiero que todo el mundo experimente esos sentimientos.

Aunque he tenido algunas experiencias muy vívidas, no sé cómo se verá o qué fragancias habrá en el cielo el día en que se convierta en mi hogar. Tampoco sé si se verá igual o si tendrá los mismos aromas para usted. Muchas veces Dios usó la fragancia de las lilas y de las frutas cítricas para recordarme el cielo; sin embargo, en el sueño que tuve antes de que muriera mi padre, el cielo olía a madera de cedro recién cortada y a pan caliente recién salido del horno. ¿Estarán esas fragancias allí solo para mí, o todo el mundo las disfrutará? No lo sé. Lo que sí sé es que como sea que se vea o huela el cielo para usted, será más intenso que cualquier cosa que haya experimentado aquí en la tierra.

No solo se intensificarán los colores y las fragancias sino también los sentimientos de amor, gozo, paz y aceptación. Debido a que yo deseo esas cosas con tanta intensidad, he comenzado a buscarlas de este lado del velo y creo que por eso es que las he encontrado... a menudo con mis pacientes.

Cuando les hablo a otros médicos, especialmente a los que no son creyentes, acerca de las cosas que he visto, ellos tratan de ponerlas en diferentes compartimientos. Es como si me estuvieran diciendo: «Está bien, pero eso debería quedarse en la caja que dice religión. Lo puedes sacar de allí los domingos, pero tu adiestramiento científico es lo único que puedes usar en tu práctica médica de lunes a viernes». Piensan que es lindo que yo haya tenido esas experiencias, pero consideran que mis citas con el cielo no deberían tener nada que ver con la forma en que practico la medicina. Aun mis catedráticos en la facultad de medicina me enseñaron que no debo creer en nada que no tenga evidencia objetiva y científica que lo apoye.

Yo entiendo este punto de vista, pero desde mi sueño, parece que todas mis experiencias —tanto científicas como espirituales— están en el mismo espacio, mezcladas juntas. Todo está junto en la misma caja. Cuando practico medicina, no puedo separar mi fe de lo que he aprendido. Para mí, todo viene de la misma fuente.

Aunque he recibido algunas muestras anticipadas de la vida venidera, no creo que sea porque soy una persona especial. Creo que las fragancias del cielo, así como las imágenes y los sonidos, están alrededor de nosotros si prestamos atención a aquellos que están más cerca del velo, especialmente a los enfermos, los huérfanos y las viudas. El sueño que tuve hace muchos años el día 4 de julio me quitó la ceguera y me ayudó a ver a Dios en lugares y maneras en que nunca había esperado verlo. Si yo no hubiera estado tan enojado y herido, tal vez no hubiera necesitado ese sueño para ver el cielo.

Si usted mantiene su fe separada de su trabajo, de sus relaciones o de sus pasatiempos, o si un dolor en su vida lo ha separado de Dios, por favor no espere a que un evento futuro le trastorne los compartimientos de su mundo. Mire a su alrededor y creo que verá que todas las cosas pertenecen al «compartimiento» de Dios.

El cielo está mucho más cerca y es más real que cualquier cosa que experimentamos en esta vida. Creo que, en última instancia, esta es la razón por la cual he visto esos destellos: porque siempre los estoy buscando. Creo que si usted mira detenidamente, también los experimentará.

Una nota final de Reggie

✦ ✦ ✦

He llegado a ver la muerte no como un fin, sino como el principio de la vida en nuestro hogar eterno, donde nos vamos a reunir con muchos de nuestros seres queridos. Especialmente dulce será cuando veamos cara a cara a Aquel que nos amó y que vino para buscarnos... a Jesús.

Aunque Dios me ha permitido atisbar algunas veces más allá del velo que separa este mundo del siguiente, mis mayores vistazos del cielo vienen de una fuente que está disponible tanto para usted como para mí: la Biblia.

Si anhela saber más acerca del cielo, lo aliento a que lea la Biblia. En primer lugar quiero dirigirlo al Evangelio de Juan, el libro que Dios usó cuando comenzó a revelarme su verdad.

> Pues Dios amó tanto al mundo que dio a su único Hijo, para que todo el que crea en él no se pierda, sino que tenga vida eterna. (JUAN 3:16)

> Jesús le dijo: «Yo soy la resurrección y la vida. El que cree en mí vivirá aun después de haber muerto. Todo el que vive en mí y cree en mí jamás morirá. ¿Lo crees, Marta?». (JUAN 11:25-26)

Cuando regresé a Birmingham después de mi viaje de campamento el 4 de julio, comencé a aprender de memoria, con Karen, la Epístola a los Filipenses. Mientras estudiaba ese libro, las palabras sanadoras del apóstol Pablo pulsaron una sólida cuerda de gracia en mi interior. Eran justo lo que yo necesitaba.

Para mí, vivir significa vivir para Cristo y morir es aún mejor. Pero si vivo, puedo realizar más labor fructífera para Cristo. Así que realmente no sé qué es mejor. Estoy dividido entre dos deseos: quisiera partir y estar con Cristo, lo cual sería mucho mejor para mí; pero por el bien de ustedes, es mejor que siga viviendo. (FILIPENSES 1:21-24)

Nosotros somos ciudadanos del cielo, donde vive el Señor Jesucristo; y esperamos con mucho anhelo que él regrese como nuestro Salvador. (FILIPENSES 3:20)

Cuanto más leía las Escrituras, más quería conocer al Dios que estaba vivo y que me había encontrado cuando yo no lo estaba buscando. Él se me dio a conocer a su tiempo y a su manera, puesto que yo no había hecho nada para merecer la vida renovada que él me había dado.

Comencé mi primer estudio formal de la Biblia en la Epístola a los Romanos. Era un regalo estudiar, como alguien nuevo en la fe, un libro que es una piedra angular del Nuevo Testamento.

Lo que ahora sufrimos no es nada comparado con la gloria que él nos revelará más adelante. (ROMANOS 8:18)

Estoy convencido de que nada podrá jamás separarnos del amor de Dios. Ni la muerte ni la vida, ni ángeles ni demonios, ni nuestros temores de hoy ni nuestras preocupaciones de mañana. Ni siquiera los poderes del infierno pueden separarnos del amor de Dios. Ningún poder en las alturas ni en las profundidades, de hecho, nada en toda la creación podrá jamás separarnos del amor de Dios, que está revelado en Cristo Jesús nuestro Señor. (ROMANOS 8:38-39)

Creo que nuestro deber es compartir nuestras historias para alentar a otras personas y señalarles el camino a nuestro Señor. Todavía estoy asombrado de que Dios me haya dado la oportunidad de contar mi historia, pero estoy muy agradecido de que lo haya hecho.

A medida que piensa en las formas en que Dios ha estado obrando en su vida, quiero llevarlo a otros pasajes de la Biblia que espero que lo llenen de anticipación conforme piensa en nuestro hogar celestial.

Jesús respondió: «Te aseguro que hoy estarás conmigo en el paraíso». (LUCAS 23:43)

Esteban, lleno del Espíritu Santo, fijó la mirada en el cielo, y vio la gloria de Dios y vio a Jesús de pie en el lugar de honor, a la derecha de Dios. Y les dijo: «¡Miren, veo los cielos abiertos y al Hijo del Hombre de pie en el lugar de honor, a la derecha de Dios!».

Entonces ellos se taparon los oídos con las manos y empezaron a gritar. Se lanzaron sobre él, lo arrastraron fuera de la ciudad y comenzaron a apedrearlo. Sus acusadores se quitaron las túnicas y las pusieron a los pies de un joven que se llamaba Saulo.

Mientras lo apedreaban, Esteban oró: «Señor Jesús, recibe mi espíritu». (HECHOS 7:55-59)

Sí, estamos plenamente confiados, y preferiríamos estar fuera de este cuerpo terrenal porque entonces estaríamos en el hogar celestial con el Señor. (2 CORINTIOS 5:8)

Nos levantó de los muertos junto con Cristo y nos sentó con él en los lugares celestiales, porque estamos unidos a Cristo Jesús. (EFESIOS 2:6)

Finalmente, quiero dejarlos con el pasaje que tal vez refleja mejor la gracia de Dios en mi vida:

Cuando alguien se vuelve al Señor, el velo es quitado. Pues el Señor es el Espíritu, y donde está el Espíritu del Señor, allí hay libertad. Así que, todos nosotros, a quienes nos ha sido quitado el velo, podemos ver y reflejar la gloria del Señor. El Señor, quien es el Espíritu, nos hace más y más parecidos a él a medida que somos transformados a su gloriosa imagen. (2 CORINTIOS 3:16-18)

La libertad y la paz también están disponibles para usted, si acepta lo que dicen las Escrituras. Lea la Biblia con atención, escuchando lo que le dice el Espíritu de Dios y pidiéndole que le revele las muchas formas en las cuales él trabaja en la vida de las personas que están alrededor de usted. Entonces escuchará, verá y experimentará que nuestro Señor y Salvador Jesucristo es real, tanto aquí en la tierra como en nuestro hogar eterno en el cielo.

Reconocimientos

✦ ✦ ✦

Soli Deo Gloria: Alfa

Dedico este libro a Karen, mi esposa, mi guía y mi ancla. Sin ti, la vida que llevo, y por lo tanto este libro, no podrían haber existido. Gracias por señalarme el camino del Señor y por hacerme responsable de su verdad. Te amo por toda la eternidad.

A mis hijos —Kristen, Ashley, Julia y David—, por los años que han escuchado nuestra historia, que ahora ha llegado a ser muchas de las historias que conforman este libro.

A Marjorie y a James Anderson, mamá y papá, por enseñarme temprano y a menudo las lecciones de la vida que Dios había planeado para mí, y por orar por su hijo pródigo hasta que Jesús me encontró y me trajo de vuelta a su familia.

A Dot y a Cotty Renken (los padres de Karen), por criar a una hija tan maravillosa, quien ama primero al Señor y luego a mí.

A mis yernos irlandeses, David (del norte) y Ciarán (del sur), por mostrarme que Dios puede cambiar el mundo.

A Steven Curtis y a Mary Beth Chapman, quienes siempre me alentaron y guiaron para escribir este libro y llevárselo a las personas indicadas en el tiempo indicado, es decir, en el tiempo de Dios. Gracias también por darme un yerno fantástico, Caleb, y por convertirse en miembros de mi familia.

A Bobby y a Terri Price, y su familia de cantantes, quienes me inspiraron a dejar de relatar estas historias y a escribirlas. Gracias por compartir su vida con nosotros y por estar a nuestro lado en las tierras más altas durante la inundación del 2010.

Al equipo de Creative Trust —Dan Raines, Kathryn Helmers y Jeanie Kaserman—, cuya sabiduría y guía, desde el principio hasta el fin, han sido inigualables. La ayuda que me dieron en cuanto a encontrar «mi voz» en la página escrita ha sido nada menos que un milagro. Su consejo en cuanto a buscar a la persona indicada para que escribiera conmigo fue otro momento de la guía fiel de Dios llevándome a seguir su dirección.

A Jennifer Schuchmann. ¿Quién podía suponer que Dios iba a hacer trabajar juntos a una escritora del Medio Oeste con un entusiasta hombre del campo del sur del país y permitir que ambos mantuviéramos nuestro propio estilo literario? Desde el principio, ninguno de los dos estaba seguro de que nuestros estilos de escribir, que son muy distintos, fueran a armonizar, pero Dios sí lo estuvo y nos bendijo a través del proceso.

Al equipo editorial de Tyndale House Publishers. Me siento humilde y honrado de que Dios pusiera este libro en las manos de una familia tan fantástica, y de que continuara guiando y ayudando a terminar esta obra en lo que es hoy. Desde el principio, ustedes han sido fantásticos. Solo Dios sabía antes de que nos conociéramos que la *Living Bible*, Biblia publicada por Tyndale, sería un instrumento imprescindible que Dios usaría para traerme de vuelta a él. Por eso, estaré siempre agradecido.

A Jan Harris. Cuando hablamos por teléfono me dijo: «Dios va a poner este libro en la casa publicadora de su elección y el equipo de Tyndale estaría honrado si fuéramos nosotros». Dios lo hizo y ahora soy yo el que se siente honrado. Gracias, y también al resto del equipo: Yolanda Sidney, Sarah Atkinson, Nancy Clausen, Katie Fearnley, Dean Renninger, Brittany Buczynski y a tantas otras personas por ser parte del plan de Dios. Ustedes nos han tomado bajo sus alas, nos han protegido y nos han guiado.

A Sharon Leavitt, quien nos hizo sentir tan cómodos que nuestra visita nos pareció que estábamos regresando a casa. Usted está siempre dispuesta a responder a todas nuestras preguntas y a ayudarnos a navegar a través de este nuevo mundo.

A Kim Miller, mi editora. Si se me permite usar una analogía médica, usted fue la enfermera de la sala de partos, quien es la primera que toma en sus manos al bebé recién nacido, lo coloca debajo de las luces y anota las señales vitales iniciales. Siempre voy a recordar sus palabras amables y suaves de aliento. Gracias a usted, el mundo va a ver mi primer libro, que ha sido limpiado y que ahora está envuelto en una frazada de fragancia dulce.

Al personal de los hospitales, salas de emergencia y hogares de ancianos con los que he trabajado lado a lado en las trincheras, ayudando a los necesitados y dándoles esperanza a los que se sienten desesperanzados. Mi agradecimiento a ustedes es eterno.

En forma especial quiero darles las gracias a los pacientes que me han permitido ser parte de su vida y a quienes les tomé la mano mientras Dios les tomaba la otra mano en el otro lado. Ha sido un honor y un privilegio estar a su lado y ver el velo del cielo.

Soli Deo Gloria: Omega

Dr. Reggie Anderson

Acerca de los autores

✦ ✦ ✦

REGGIE ANDERSON, DOCTOR EN MEDICINA

El doctor Reggie Anderson se crió en Plantersville, Alabama, un pequeño pueblo rural que encarna la sabiduría y los sencillos principios con los cuales creció. Es graduado de la University of Alabama, donde sus estudios especializados fueron en química y en el idioma inglés. Mientras asistía a la facultad médica de dicha universidad, conoció a su esposa, Karen. Completó su residencia en medicina familiar en la University of Tennessee en Jackson.

Con más de veinticinco años de práctica en salas de emergencia y medicina familiar, Reggie ha visto prácticamente todas las clases de muerte posibles, incluyendo asesinatos, suicidios, muertes por vejez y bebés que murieron recién nacidos. Su enfoque positivo y su convicción de que la vida próxima es más real que la presente le ha permitido tomarles la mano a pacientes que están muriendo y a otros que sufren, dándoles esperanza mientras los prepara para cuando se abra el velo que separa a este mundo del que sigue.

Reggie y Karen han criado a cuatro hijos, tres hijas que están casadas y un hijo que actualmente asiste a una escuela de enfermería. Él y Karen viven en una granja en Kingston Springs, Tennessee, y a menudo abren su hogar a personas afectadas por desastres naturales u otras crisis.

Hace poco, Reggie recibió el Frist Humanitarian Award, otorgado por la institución Centennial Medical Center en Nashville. Fue elegido entre más de novecientos médicos nominados como candidatos para ese premio a nivel nacional.

Reggie es miembro de la organización American Academy of Family Physicians y trabaja en la Frist Clinic, donde continúa atendiendo a los pobres y a los necesitados en consultorios satélite ubicados en Ashland City y Kingston Springs, Tennessee. También está encargado del personal del TriStar Ashland City Medical Center, y es el director médico de tres hogares de ancianos. Para más información sobre Reggie, visite: www.citasconelcielo.com.

JENNIFER SCHUCHMANN

Ya sea que esté escribiendo o dictando conferencias, a Jennifer le encanta el desafío de encontrar conceptos difíciles y de buscar las formas de hacerlos fáciles de entender, prácticos y que ayuden a transformar vidas. Su punto fuerte es organizar grandes cantidades de material que no ha sido editado y transformarlas en un libro, al tiempo que conserva la voz y el punto de vista del autor. Le encanta ayudar a los autores que tienen mensajes que pueden cambiar vidas a contar sus historias a audiencias nuevas.

Algunos de sus libros recientes son: *Taylor's Gift* [El regalo de Taylor] (Revell, 2013), escrito por Todd y Tara Storch, acerca de la historia de un matrimonio que donó los órganos de su hija que murió esquiando, y quienes más tarde conocieron a los recipientes de dichos órganos; *Redescubrimiento del Espíritu* (Zondervan, 2012), por Jim Cymbala, un estudio profundo sobre el Espíritu Santo; y *By Faith, Not by Sight* [Por fe, no por vista] (Thomas Nelson, 2012), por Scott MacIntyre, el joven ciego finalista del concurso *American Idol*. Una selección de sus libros pasados incluye: *One Call Away* [A una llamada] (Thomas Nelson, 2011), la historia de Brenda Warner, y *First Things First* [Primero lo primero] (Tyndale, 2009), por Kurt y Brenda Warner, un éxito de venta del *New York Times*.

Jennifer es la locutora del programa *Right Now with Jennifer Schuchmann* [Ahora mismo con Jennifer Schuchmann], que se

transmite semanalmente en NRB Network, Sky Angel satellite y
DIRECTV. Recibió su maestría en administración de negocios de
Emory University, con énfasis en mercadotecnia y comunicaciones,
y la licenciatura en psicología de la University of Memphis. Ella y
David, su esposo, han estado casados más de veinte años y tienen
un hijo, Jordan. Si quiere más información sobre Jennifer, visite:
WordsToThinkAbout.com, o sígala en Twitter @schuchmann.

Disponible en su librería favorita

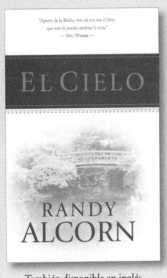

También disponible en inglés
HEAVEN

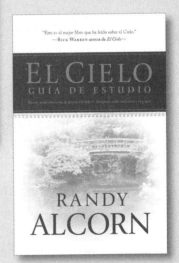

También disponible en inglés
HEAVEN Study Guide